CÉSAR PORTELA

EMOTION AND REASON IN ARCHITECTURE
LA EMOCIÓN Y LA RAZÓN EN LA ARQUITECTURA

CÉSAR PORTELA

EMOTION AND REASON IN ARCHITECTURE
LA EMOCIÓN Y LA RAZÓN EN LA ARQUITECTURA

Concept / Concepto
César Portela Architect

Texts / Textos
César Portela Architect

Art Direction / Dirección de arte
Mireia Casanovas Soley

Layout / Maquetación
Guillermo Pfaff Puigmartí

Translation / Traducción
Textcase

2012 © LOFT Publications

Via Laietana, 32, 4º, Of. 92
08003 Barcelona, Spain
Tel.: +34 932 688 088
Fax: +34 932 687 073
loft@loftpublications.com
www.loftpublications.com

ISBN: 978-84-9936-879-5

Printed by / Impreso en
Liberdúplex, Spain

CÉSAR PORTELA

EMOTION AND REASON IN ARCHITECTURE
LA EMOCIÓN Y LA RAZÓN EN LA ARQUITECTURA

LOFT

CÉSAR PORTELA, PLACE MAKER

"The best director is the one you cannot notice."
Billy Wilder

There are architects who seem to draw their energy and their imaginative capacity from deep roots that bind them to their native country. Identification with the earth, rather than getting lost in self-satisfaction, can become a determining factor, an unfettered force. That is the case with Sverre Fehn in Norway and for Luis Barragán in Mexico, to cite two examples of symbiosis between an architect and his cultural environment. It is also the case with the relationship that César Portela has established with Galicia through his architecture. This does not mean that the work of these architects can be reduced to a mere parochial circumstance, but it does mean that the universality of their work, paradoxically, stems from the roots of the place and also from a conscious acceptance of the limitations that the place entails.

The Galician landscape has historically been characterised by the interweaving of the inhabited world and the natural world, by an intense dialogue between man and nature. The ruggedness of the land, the delicate fit between the shapes of the earth and the sea, the rich and varied mantle of greenery, the intricate topography of the valleys, the moist atmosphere and the light that highlights contrasts and shadows: all these contribute to the image of Galicia where the spread of human settlements is not a profanation of nature but an exaltation of its sacredness and its irreplaceable referential role.

César Portela forms part of this reality and at the same time is conscious of its precariousness and instability. It is not enough to possess knowledge; an abstract defence of certain values is not enough to preserve this difficult equilibrium. It is also essential to generate specific architectural projects that contribute to the positive transformation of the land. From this standpoint, Portela's architectural project itself is not the most important issue; it is rather the synthesis and harmony he creates with that unique and recognizable place where he works. The place existed before we arrived and it will continue to exist after we disappear. Consequently, the success or failure of every project should be judged by its greater or lesser capacity to improve the place and extract its full potential.

Thus, architecture is, first and foremost, a backdrop that has been carefully prepared so that life can take possession of it with all its strength, variety and richness. The project is conceived of as the basis for a life experience; even when it is seen in its most isolated form it appears populated with features and footprints that lend it a curious vibration. In the end this becomes the decisive factor in judging an architect's skill: the degree to which life, or nature, takes over the work and engages in an open dialogue with it.

Throughout his lengthy career César Portela has created a series of strategies aimed at inserting architecture into the very heart of nature, as if the work had somehow always existed there. He does not camouflage the work but achieves a naturalness common to popular culture that even today, for the keen observer, constitutes an unsurpassable example of how to intervene in a landscape without impinging upon it or destroying it.

One of these strategies consists of maximising the *invisibility* of the project; sacrificing the fixed character of architecture and understanding it as a system of relationships that activates and showcases aspects of a reality that already existed but are now enhanced by the discrete mediation realized by the project. His long and arduous training has enabled César Portela to impart this invisibility to his projects. This is why, unlike in other contemporary architects, there is in his work no trace of anxiety in revealing himself, at exhibiting himself from every angle.

Many of his latest projects are focused around a central idea: the construction of public places in the natural environment. In so doing, Portela is responding to a particular human aspiration that has gained urgency in recent times, even though it has been present throughout history. These public places immersed in nature do not have to be removed from the urban structure, nor need they exclude architecture as an artifice. The only requirement is that natural elements be the protagonists and that human intervention be restricted to a counter-argument. To shed clear light on what we are referring to, we need cite only two great examples of twentieth century architecture: the Woodland Cemetery in Stockholm created by Erik Gunnar Asplund and Sigurd Lewerentz, and the Peine de los Vientos in San Sebastian, Spain, the work of Eduardo Chillida and Luis Peña Ganchegui.

Galicia's geography allows constant interaction with nature, and it is not difficult to find this interaction reflected throughout César Portela's career, an interaction that reveals the nature of reality itself: the Aquarium in Villagarcía de Arosa, his structures on the banks of the Arnoia River as it runs through Allaríz, and the restoration, for cultural purposes, of the islands of San Simón and San Antonio islands in the Vigo *ría*. In five of his most recent works, Portela's mastery of this interaction is more evident than ever. These projects are very distinct from each another: a lighthouse and a small rural cemetery next to the steep Costa da Morte; a museum dedicated to the sea and convention center built on the ruins of two old factories, and the creation of spaces for public activities in the *carballeiras* next to the village of Lalín.

These projects take advantage of geographical features characteristic of the Galician landscape: the silhouette of the coast against the open sea; the *ría* as an intermediate feature between land and open water, and the lush, extensive woodlands of the interior. In spite of their differences, at the heart of all these projects lies the same purpose: to make the natural environment accessible and inhabitable through a calculated series of interventions in which natural elements are a substantial part of this extended game of connections and relationships instigated by architecture.

No one suggests that these ideas are novel or unprecedented. On the contrary, there is an explicit continuation of the long tradition that begins with prehistoric megaliths, continues with the agoras of ancient Greek cities and medieval plazas open to the landscape, and, finally, with monuments in the midst of woodlands or the countryside, such as those conceived in the Enlightenment. If there is anything new in what Portela offers it may be the specific way in which this chain of public places is prolonged, starting from fragmentary or even marginal occasions, with intense links between the natural environment and the physical reality of Galicia.

The architecture of César Portela, seemingly without effort, reconciles his strong sense of space with his ability to integrate specific landscapes and cultures. Therein lies the secret of his vitality and appeal. In spite of the forcefulness of his constructions, César manages to render his interventions unnoticeable or merges them with the passage of time. What prevails is a sense of belonging to a longstanding tradition that continues to transmit knowledge. César Portela is a creator of places, for which the necessary qualities are modesty, intelligence and a strong vocation for immersing and dissolving himself in his own work, just as human remains return to nature. Paying attention to the place means recognising the individuality of inhabited spaces and understanding that they can only be formed through a process of sedimentation and a plurality of actions spread over the course of time. Every place is rooted in the earth, but is transformed by recording the marks of time. Every place exists, more or less hidden. Human beings uncover it and reveal it through architecture, whether it be through a building or a simple glance. Every place is a space endowed with memory.

César Portela possesses an instinct for place and knows that what assures the quality of his work is that the place prevail and be enriched, while the creator slowly pursues his way towards a glory of the most anonymous kind.

Carlos Martí Aris
Design Professor
Architecture Critic
Barcelona, December 2007

THE POETRY OF ARCHITECTURE IN CÉSAR PORTELA

"All that we have felt, thought and desired from our earliest infancy is there, pressing against the present which it is about to join, pushing against the portals of consciousness that would fain leave it outside."
Henri Bergson

Architecture is thought, a word articulated in space. A word of a singular nature, it is received from inside, living within. Its effect hardly requires a glance, since its meaning transcends the logic that inspires it and is transmitted in the flow of mere sensations. As happens with music, architecture affects us emotionally without the need to understand the principles of its composition; instead, by just knowing how and why it is made, we deeply enjoy it.

There are poetic roots to the making of architectural space that, when united to the knowledge of how to make it a reality, give form to the human experience. In order to properly understand a planned space, it is essential to find these roots, or grounding, that give meaning to the work and place it in the context of the overall culture of its era.

The architecture of César Portela, in each of his works, has always seemed to us a word in time, and also, obviously, as a word on the land. A word spoken by real people in real places. But when we consider his works in their entirety we discover their true dimension: facing one another, in mutual correspondence, we are beckoned to fully understand their world. At that moment these works, which at first appear as separate, precious beads, taken together illuminate the present and provide a bridge to the mysteries of existence. Joined together, they reveal a vein in their make-up that reveals the deep structure of knowledge, but which is simply drawn, like the brilliance and concision of a constellation in the night sky.

In his work we can make out a spiral shape, revolving and flowing around an ever more precise focal point, immaterial and timeless, archetypal; flowing both downward and ahead; spiralling in an ever-increasing simplicity and clarity. We feel that what drives and guides this work is a love for life and for its straightforward expression, and we understand that the purpose of this architecture of essential shapes is not to resolve for all time the spaces to be designed, but to discover the infinite variety of how they are experienced. The more intense this experience, the deeper and more complex, the richer in plasticity, rhythm, and music, the more it overflows with surprises, evocations, and connections with art of all ages, with the gifts of nature, with the landscape, with the house of man, the more elemental and simple it becomes. The more agile and seaworthy the boat and the lighter its load, the richer the journey.

Portela's design of the El Prat railway station illustrates this rule well, but is no more faithful to it than any of his previous works, such as the bus station in Córdoba, the Casa de las Palabras or the lighthouse at Punta Nariga; or the single family houses in which his fundamental concept of vertical, central space begins its evolution. This concept is rooted to the earth like a tree: devoid of matter and invested with significance and inspiration; transubstantiated by the overhead opening and the measured flow of light towards the planes of the walls. In the windows – a threshold and archway between intimacy and the horizon – it blends with lights, lines and voices from outside, with breezes and plants, the presence of the sea, the passing of the hours, or simply, distance.

The self-restraint of his buildings and their poetic essence transform places into stages, ethereal and magical boxes where forces and movement contend with each other and then find equilibrium in a complete and measured arrangement of spaces. The sea, not as a spectacle, not by accident but rather as origin and oracle, immediate or simply present, has been, more times than not, the natural setting for most of these projects: the seas of Vigo, Cádiz or Ayamonte, of Almuñécar or Finisterre, almost always on the ambiguous and fertile boundary between interior and exterior, between fresh water and sea water, the cultivated and the wild. Facing the sea, buildings evoke the many forms of its invocation: horizons of pathways and the landscape, the near and the far, perspective, the vertical, time, life and death, seriousness and dreams.

Childhood harbours the imprint of our first encounter with the world. The hollows of this footprint are glasses that we return to throughout our lives from which to drink clear water, holding back the imposible and murky torrent of time. Therein lies everything that we come to truly possess: shells from the beach or the smell of lemongrass in the courtyard; swimming in the ocean; the warm caress of golden sand; the fun of walking with our earliest friends; the touch and precision of human speech or the ease of the manners that we like and have learnt from our parents, friends or teachers; the seduction of unfamiliar people and places; the infinite variety and attraction of the city; the impressive depth of the night in the countryside or loneliness at sea.

Architecture, like our footprints, is also a vessel, a repository of time. Although its form may be one of many changing versions of its language, it means to halt the flow of time that leaves empty hours in its wake. Well executed architectural space wraps these hours in its calm, protected from the winds. César Portela's works make us feel this equilibrium, an eternal peace in our innermost being that awaits us in its sheltering shade along the path.

Damián Álvarez Sala
Seville, October 2007

CÉSAR PORTELA, THE ARCHITECT AND THE SEA

That César Portela has a special relationship with the sea is evident. That he communicates this relationship in what he builds, however, requires a certain amount of reflexion. It is not only about the world of the sea itself, its amalgam of boats, seamen, journeys, adventures or the tangible dreams of Conrad's memoirs or of Hemmingway's adventures. Nor is it about the world of physical sensations in Swinbourne's battle against the waves, nor Stevenson's memoirs, nor the subtleties of Bachelard's reflection on water as an object. Nor Canaletto's flat and detailed seascapes, Turner's subtle approach nor Delacroix's stormy one.

César does not portray a wild or tranquil sea, nor one close at hand or distant, shallow or with green depths. In fact, we see in his works no specific messages about the sea; rather, the sea's presence or better the insinuation of its presence suffices, expressed in what is built. Everything in his special architecture presents the essential quality of being next to the sea. His works are the driving force or the catalyst for a special relation between the sea and those who watch it. His works stir passions, emotions, forebodings, yearnings; theirs is a particular vision imbued with the sea.

We find the same difference between nature and landscape. The sea is present, but landscape arises from the way we look at it, relate to it. César chooses a site, places himself there and constructs a place; perhaps the key to the relationship between site and construction is in the way he places himself there. In César Portela's coastal projects, there is not only an everpresent respect for the sea, but affection as well. He never becomes arrogant, even when creating a lighthouse with a searchlight mounted 45 metres above the sea and a retaining wall that must contain the waves.

In these projects that require the control of massive forces, he chooses a restrained and respectful geometry that reflects tranquillity back onto the encounter. This is of necessity but is accomplished using primordial techniques that recall ancestral ways of living next to the sea. We see none of those unfortunate notions of conquest or victory over unleashed forces, none of the arrogance of one who knows ahead of time how to win an unavoidable fight. None of the proud ostentation of the grandiose window or the structure cantilevered over the cliff. None of the rhetorical details from pre- or post-modernity that claim identify in a celebrated movement.

It may be that from a strictly architectural point of view César Portela's buildings on land are as interesting as his coastal projects, if not more so, but it is by the sea that he best reveals his skill at constructing landscapes. His works show an enviable talent for establishing a clear dialogue with the sea, as much with the vast roiling waves or the deceptive tranquillity of the high seas, as with the remote peacefulness of ripples inside the *ría*.

Because of this, I suggest you take your time when visiting his coastal works. This will allow you to appreciate the different profiles revealed by the particular relationship between each building and the sea, a varied repertoire that is unquestionably worth the effort.

Miguel Aguiló
PhD in Civil Engineering
February 2012

CERTAIN EMOTIONS

One of the attributes of art, throughout all time and space, is undoubtedly its capacity to move us. In the reinterpretation of life, the oblique portrait of what we are, in the interweaving of shapes, sounds or words, a work is sometimes produced – perhaps a piece, an event, an object – with enough charm to touch the very core of our soul and to change its colour forever. From that point onward, we are not the same. After we come into contact with a work of art, it changes us irreversibly. A film such as *Miracle in Milan*. A sculpture such as the Victory of Samothrace. A song such as *Piedra y camino*. A poem such as *Canto a Bolívar*. A painting such as *La Danza*, a novel such as *The Goose Man* and other such books, events and objects. Indelibly in my memory, I hold a list of my own encounters with the mystery of human creation; everyone has their own list, and throughout our life we modify and enrich it.

However, when discussing architecture things are not that simple, and here I get to the heart of the matter. It must be clearly and firmly acknowledged that architecture is an art that does not admit of easy intimacy. Architecture produces a shudder in one's awareness that is more strange, more rare and much less obvious. I have experienced this natural ecstasy in the presence of certain works of architecture. To be honest, not many.

Rome's Pantheon is one example that strikes me with a sense of the deepest essence, of which I have not been able to free myself, nor have I wanted to. Another example is the chapel of San Miguel de Celanova, extravagantly ambitious in its rural modesty. Yet another is the indescribable Aula Magna at the Universidad Central de Venezuela, which time and again squeezes our hearts in its fist, trying to extract tears.

I say these things and refer to these examples because among the emotions (I repeat: strange, dark and rare) that architecture has awoken in me, I cannot help but include those triggered by some of César Portela's works. As I name them, I relive them; I revive them as if I myself were the designer. César is, without doubt, the architect who has touched the depths of my sensitivity most profoundly. I admire all of his works, I respect them, I think of them and I recognise their great importance in the history of the architecture of our time. However, some of them, a mere handful, have signified an encounter with the other side of the moon in certain moments and situations in my life.

A new, unfamiliar feeling that is different every time: my mind was enthralled when I visited the Cordoba bus station, the Fisterra cemetery and the Museo del Mar de Vigo. Three masterpieces. At the station, I came to understand how the past and the present converge at one point. I fell silent, overwhelmed. In the cemetery, I realized, quite suddenly because I did not know it before, what the absolute fusion of art and nature meant. I was flooded with the sensation that I was walking in a civil but sacred place, and a sign of life in death remained imprinted on my retina. At the museum, I discovered a window over the Vigo *ría* that had always been closed for me, or rather had not even existed, unimaginable in its perspectives and its portrayal of the landscape. I bowed my head and christened myself anew with the image of open sea. From then on, I was never quite the same. Marks, impressions or maybe scars remained.

Thereafter, I became frightened of César. He has too much power when it comes to inventing and arousing emotions.

Farruco Sesto
PhD in Architecture
Minister of Culture of Venezuela
Caracas, August 2003

A PROFESSION: ARCHITECT

"Architecture is what nature cannot make."
Louis Khan

All living beings have needs, but human beings have desires as well.

Art is what comes close to us; it brings us closer to our desires and our passions. Science is another matter. In science, imagination is essential just as in art, but reason prevails.

Throughout our existence human beings have only encountered two ways of explaining the mysteries of the world and our own mysteries: science and art, apparently different, almost opposite. In reality, however, this difference is less than it seems, because ultimately Einstein's theories have much in common with Van Gogh's skies.

Art satisfies a substantial part of our desires; architecture also has to satisfy an important part of our needs, and our occasional whimsies; creating living spaces that are not only beautiful and that free our spirits but also provide security, shelter and comfort to our bodies. Thus, if our works do not meet these needs we are not good builders; if we meet these needs but do not manage to fulfil our desires with the beauty and emotion of our works, we are poor artists. In either case, we are not good architects.

But, what is architecture? Architecture fundamentally refers to the construction of space. Just as painting speculates with colour, sculpture with shape, literature with words, photography with the image, music with sound and cinema with images and time, architecture speculates with space. It defines space in an accurate and anticipatory way. According to Lao Tse, "architecture is not four walls and a roof; it is also, and above all, the air that remains within, the space that they enclose". In short, architecture speculates with space using materials, shapes, textures and colours.

The conception of this space — the first dream that unleashes the architectural act: imagining, dreaming of a room, a house, a square, a park, a neighbourhood, a villa, a city — is an essential part of a much wider creative process. Without this dream, without imagination, without this creative dimension, architecture would not be possible. Dreaming, then, is necessary, we could even say essential, but not sufficient. As architects, we have to be compulsive dreamers, but we cannot — or must not — limit ourselves to simply dreaming; we must also build, materialise our dreams. As for the materials we use, we must know them, choose them, work with them and use them to their utmost potential depending on their specific qualities. All of this inevitably leads us to the realm of technology.

Architecture is both art and technology, but art and technology at the service of society; at the same time that it is an expression of the person or people who create it. The social function of architecture is essential because that is its first and ultimate purpose. This social aspect of architecture keeps it, or should keep it, removed from the dangerous self-absorption often suffered by other kinds of artistic expression; its social purpose makes architecture indispensable, never gratuitous.

Poorly construced architecture suffers from moisture, is not sufficiently insulated against heat or cold or collapses. It may be beautiful, but it is bad architecture. Other buildings that are well built but that do not inspire emotion also fail. They are not real architecture but settle for being mere buildings.

Art and passion are born with us and we carry them with us forever. Technique and craft we acquire. We allow passion and art to flourish, to emerge, to manifest themselves. We must learn technique and craft with effort and over time.

If as architects we are not capable of releasing our passions and expressing them through our work, we fail as artists and as architects; we may even risk madness as human beings. If we succeed, if the spaces and forms we build inspire emotion and express our artistic passions, but they are not well built, we fail as engineers and as architects. It may appear that the artist can be satisfied only with his or her feelings, or passion, but that is not the case; any artistic expression, whether poetry, painting, sculpture, music, literature, or architecture, always requires a certain amount of craft.

This is why the architect needs a heart as well as a head, and why both should be in balance and go hand in hand. If the first dominates, we are dealing with artists, with poets of space rather than with architects. If the head dominates, we are dealing with an engineer, nothing more. In neither case are we dealing with an architect.

In architecture, it is difficult but indispensable to maintain a permanent balance between heart and head, between emotion and craft, between passion and reason, between art and engineering. Ours is a balancing act along the knife's edge between the world of engineering and art; we create between the useful and the beautiful, reason and emotion, theorem and poem. This is the source of the almost constant schizophrenia we suffer as architects; as we practice our profession the tension is always with us, and unavoidable.

In architecture, it is not enough to intuit or feel the space, nor even to visualise it and then portray it on a blueprint: we must have the ability to build it. It is essential to make the abstraction real, to formalise the idea, to turn a space into material, to construct the passion.

Passion for an idea sometimes comes to us, but we lack the craft or engineering to make it materialise. Other times we have the craft and the necessary engineering but lack sufficient inspiration to imbue the project with feeling. In the former, we do not know how to build it, or we build it badly. In the latter, we build it, and may even build it well; it can be a technically correct work yet lack emotion and passion; in the end, a cold but technically well built building, a far cry from art and totally unrelated to architecture in its fullest sense.

This permanent dialectic, the ferocious and constant struggle between what we want to do and what we are capable of doing, between what we imagine and dream and what we are capable of making real; these persistent tensions line the hard and prickly path of architecture. It is a tortuous, difficult path, full of emotions, frustrating and at the same time joyful. It is a long, hard path that demands a great deal of effort and sacrifice but is also enormously satisfying.

This is why I encourage you to take up the path; confronting, overcoming and enduring difficulties and at the same time, although it seems contradictory, enjoying them. Knowing that the important part of every journey, including the journey of life, is the journey itself and nothing else. The journey is even more important than the destination to which it leads, as Homer reminds us in *the Odyssey*, Kavafis in his *Ithaca*, Buñuel in *The Milky Way* or Picasso with his long life of unswerving daily work.

We are reminded of the struggles and joys by many of our colleagues who get up every morning and go to work without fuss, headlines or cameras, without seeking attention or thinking about magazines, prizes, or critics. They simply go to a drawing board or a scaffolding, to lend themselves to the excellence of the building from their own particular trenches, with no other tools than a pencil, a computer or a ruler, working almost always alone and mindful of the workmanship of the project and the quality of life of its future residents and owners, whom they rarely know. In the midst of a competitive and materialistic world where success and money come first, they commit themselves to the utility and quality of spaces, the beauty of certain forms and the wellbeing of human beings. They do this without recognition or appreciation, because most of the time we never know who these people are.

This sometimes comes at the expense of our private lives and those of the people around us, both family and friends. The great but little known novelist from Extremadura, Spain, Carlos Caba, was a close friend of my father, who was himself a magnificent draftsman. When I was young, Caba wrote in my mother's diary:

"Being a wife is very difficult: being the wife of an artist, more difficult still. An artist – and here we include architects – always has a lover: the imagination. And, as with all lovers, it tends to excite the neurons, while the spouse, or the family, has to understand it and accept it."

Why do we do all this? Out of necessity, to fulfill ourselves as artists and human beings. And for our own satisfaction, for few things give us greater satisfaction than to instill a piece of paper, a canvas, a stone, a building with emotion, to impart excitement to this building, this stone, this canvas or this piece of paper, knowing that someone else, in turn, may be excited by it and find pleasure in it.

César Portela Fdez-Jardón
Pontevedra, December 2011

INTERVIEW

FISTERRA CEMETERY, 1998-2000.
CÉSAR PORTELA.

Architecture Archives Collection (College of Architects of Almería)
CONVERSATION IN THE CEMETERY. A leisurely dialogue between César Portela and Carlos Martí.

1. LOCAL / UNIVERSAL

C.M. When talking about your oeuvre, a reference to the binomial of the categories local/universal is inevitable. You have always had a particular interest in designing outside Galicia, and you certainly have done so extensively (in Andalusia and more recently in Catalonia, as well as in Japan, Egypt and Venezuela). Still, the works that are the most closely tied to the circumstances of your everyday life are the ones that have earned you the most recognition as an architect. In your opinion, how do these factors influence your design process?

C.P. To tell you the truth, I don't see a major difference between "local" and "universal". To me, everything is both local and universal at the same time, and I'm not quite sure where to draw that line separating them. It is easier for me to distinguish what is good from what isn't: whether the action is situated appropriately or not, whether it is within or beyond the scale; whether I got the volume right or not, or the shape, or the materials... or the colours; whether the result is useful, beautiful and comfortable or not; whether I convey emotion or leave you untouched.

Whenever I am commissioned a new project, the first thing I try to find out is who it is for, what its purpose is and where it is supposed to be built. And I say that this is the first thing because I may have to decline the commission, as I've done a few times, if my work does not match the tastes or wishes of my client, or if I think that it's actually better not to build anything in the site I was offered. This doesn't happen to me anymore. I've got a body of work under my belt and now anyone who wants to offer me a project knows how I do what I do, what I know how to do, what I don't know how to do and what I'm not willing to do.

Once this first test is passed and I've accepted the commission, I try to delve further into both the future users (by studying their needs, tastes and desires) and the place (not only from the topographical and climatologic standpoint of its natural setting, but also from the perspective of the history and culture that have shaped its personality).

Then comes a long process, a veritable obstacle course, which also resembles a long-distance race, in which I have to get the *human scale* and the *territorial scale* right at the same time; along with the *formal language* and the *constructive language*, making them both merge into one: the *architectural language*. And then I have to ensure that without striving too hard it is also a personal language, my own, yet one that can be understood by the future users and meets their needs.

In this arduous, laborious process, sometimes you move forward and sometimes you slip back, which means that you have to try and try again. All of this requires time, enthusiasm, effort. You have to give it your all, as if every time were the first. You also have to accept a huge responsibility, as if it were the last project in your life.

If, on top of that, you're lucky, the result may be the Ethnographic Museum of Toga-Mura or Azuma Bridge, both in Japan, or perhaps the Ciudad Bolívar School of Fine Arts in Venezuela, the Bus Station of Córdoba or Los Toruños Park in Cádiz, all of which are attached to a place, and are thus as local as the Gypsy Homes in Pontevedra, or the Cemetery of Fisterra and Punta Nariga Lighthouse, both on the Costa da Morte, or the Museum of the Sea of Galicia in the Vigo *ría*.

I think that anyone could understand these works because they are clear; they have no hidden catch, as they say. I also think that they can thrill anyone, and in this sense they are universal, since being universal means nothing more than being local with no barriers, no complexes, no prejudices...

C.M. We would probably agree if I say that all of this cannot be simply the outcome of rational thinking but that it also requires a certain instinct, something like an inner voice. To what extent are you conscious of all of this in the way you view architecture and approach design?

C.P. I think I'm aware of the road trodden, but that only happens after you travel along it, not before. You go, or you should go, where your heart takes you. You use your head, or you should use it, to avoid stumbling along the pathway of life, to veer away from precipices, to avoid stepping on any landmine of the many that you encounter every day as you walk through the open field of life. My heart is what first led me to study architecture and then move to my town, Pontevedra, to make works that can be regarded as local because of their proximity. But the same motivation then spurred me to try my hand in other places around Spain, and then in Asia, Africa and America, places that are far away distance-wise but close in the essential matters, if you manage to grasp them.

Ultimately, what determines a design is the climate, the culture and the human needs. And we humans are all more similar than we think. So is the essence of architecture. A house in the Toga-Mura Valley surrounded by snow is essentially very similar to a *palloza* in the Os Ancares Mountains of Galicia: in both cases, the entire space revolves and is arranged around the home, the hearth. This is the "space of smoke", as Yago Bonet calls it. And in a Caribbean house, the essential element is its central space, the "cool place" that Alejo Carpentier mentions, analogous to the home courtyards of Andalusia around which the entire life of the house is built. In short, you are guided by your head, but what ultimately pushes or pulls you, what leads you, is your heart. At least mine does.

This does not mean that you don't have to use your head, even if only to avoid brain atrophy, which is so common. You have to try to express yourself the way you are in the design. You can't put your head first by planning everything so much that you say: since this work near where I live, I'm going to make it in the Galician style, and this other one in Japan has to be made in the Japanese style. If you use the right materials and techniques and the Galicians or Japanese are pleased, the result will be a Galician or Japanese work. Plus, it will be a good work.

Works of architecture have to be made the way the site and the future users want them to be made, using the most appropriate materials and techniques, yet also knowing how to work within your budget. This is the only way you can do it well, or at least not too badly. Later on, the critics and historians will come and say what they have to say. And if they say it is reasonable, that there's a bit of everything, we'll take note. In the end, we humans learn the most from our own mistakes, even though some people don't learn even from their own mistakes because they don't acknowledge them since they consider themselves infallible.

2. LESSONS FROM THE MASTER

C.M. Tell me a bit about your professional partnership with Aldo Rossi in the design of the Museum of the Sea. How far did your participation in that project extend?

C.P. When the Ministry of Culture of the Regional Government of Galicia decided to build the Museum of the Sea of Galicia in Vigo, on the coastline, on a plot of land occupied by dilapidated canning boats, the Director General of Heritage, who was aware of my friendship with Aldo, asked me to get in touch with him and went to Milan to commission the project to him. Upon his return he phoned me and said: "He's a charming fellow; he was very polite to me. He invited me to lunch and told me: 'I accept the commission but under one condition: that we do it together, Cesar and I.'" Unfortunately, too much time elapsed between that decision and the project getting off the ground, and in the meantime Aldo died. So ultimately I was the one to develop the project, and I was in charge of the construction, although the ideas were shared. I say they were shared because I thought about him in each line, in each decision I made throughout the entire project and the construction, and I constantly asked myself of all the possible solutions which one Aldo would like the best.

C.M. Back when he was emerging as an architect, no one was unmoved by Aldo Rossi's designs: the reactions ranged from visceral rejection to unswerving support. Today we can view this phenomenon with a bit of perspective. So from this perspective, what are the aspects of his work that seem the most enduring?

C.P. What I would primarily emphasise regarding Aldo as an architect is his extraordinary body of theoretical work. His work as a designer is perhaps less important, although I would like to highlight four of his works that I believe are extraordinary: the Monument to the Resistance in Cuneo, the Gallaratese residential building in Milan, the Cemetery in Modena and the Teatro del Mondo in Venice. None of them would be unworthy of being included in an anthology of the most important works of 20th century architecture.

His theoretical reflections, especially as contained in his book *The Architecture of the City*, were like a beacon at sea or a star in the desert sky that illuminated us and taught us that architecture is much more than buildings. They taught us that in addition to enclosed, covered and private spaces there are open, public spaces, empty spaces that form the interstices between buildings which almost always end up being more important than the buildings themselves. And that the city is the sum of all of these parts and their intertwined relationships. Today, many people know this and proclaim it, although very few actually believe it and practise it. But Aldo Rossi was the first one to say it and argue it. This discovery more than justifies an entire life and in itself earns him a prominent place in the history of architectural thought.

I was Aldo Rossi's disciple and friend, as you were. To me friendship is one of the most valuable things in life, if not the most valuable. And since your question leads me to speak about it, I can tell you that personally Aldo was a very generous individual, one of these people who gives a lot, much more than what they receive. That's why I was his friend and I loved him as a brother. This is why I will always have him on my mind. Just as you will.

3. NATURE AND PUBLIC SPACE

C.M. There is one element that always appears in your work and that paradoxically becomes more important the smaller the work is, namely geography. That is, the human interpretation of nature. Studying some of your projects has truly helped me to articulate this theoretical reflection in which I am involved on the construction of *public places in nature*.

C.P. A design is always the result of dialectically comparing a series of needs and a place, and of putting both of them through the prism of the designer's particular way of understanding and shaping space. And, in turn, all of this has to fit within the limits of time, money, regulations...

I have always believed, and I increasingly believe with even greater conviction, that the most important thing when acting in a place is to observe it and study it carefully, to approach it with care and to enter it on tiptoe, respectfully, or perhaps on your knees if you will, as if it were a holy sanctuary. I think that my work has transformed many *communal spaces* into *public places in nature*, as you call them. The difference may lie in this ability to transform a natural place into an urbanised place, to make it more accessible and comfortable yet with this barely being noticeable, without its losing its original personality, its freshness, that is, while keeping its ties with nature alive.

This is similar to what a jeweller does, a good one, with a precious stone; a jeweller who keeps the stone's value when it is cut and even enhances it, because what he does is not destroy but sublimate it. This is the polar opposite of being a bull in a china shop and destroying or changing something, something valuable, needlessly or senselessly. We architects have an enormous responsibility because there are always two choices: helping to construct paradise on earth, or participating in the ceremony of destruction and chaos. Only a handful chooses the first pathway. I would like to consider myself one of them, but of course it is very easy to err and switch pathways almost without realising it. You always have to be on guard and make a huge effort not to get off track, and instead to constantly reorient yourself and never veer off course.

We have to make an effort to make the most of the nature and beauty of the place when shaping and locating our design. This should be architects' foremost goal, as well as their most unwavering obligation. And the more limited the economic means at our disposal, the more skilled we must be of taking advantage of the assets, the power and the synergies that are already in the site. After all, they are free, they are a gift; we deposit and place our design there with affection and care until we reach the ideal situation of being able to remove it, if need be, and returning the place to its natural state as it was in the past.

C.M. I recently supervised a doctoral thesis which I consider extremely valuable, written by an architect from Oporto, Madalena da Silva. In it, she analyses the issue of the square in the contemporary city, and when referring to this kind of public place, which often appears in your architecture (such as the island of San Simón and the Museum of the Sea in the Vigo *ría*, the *carballeira* in Lalín and the Finisterre cemetery itself), she calls them "geographic squares" (plazas geográficas).

C.P. I think that the main strength of my projects is that they have respected and made the most of their geographic surroundings. I often wonder what the *carballeira* in Lalín would be without the oak grove, or Punta Nariga lighthouse without that rocky enclave which it perches atop, and without the ocean as the backdrop. Or the Museum of the Sea in Galicia without the Vigo *ría* and the Cíes Islands as the boundary. Or Finisterre cemetery without Finisterre. Or the Ciudad Bolívar School of Fine Arts without the Orinoco lapping at its banks and surrounding it. Or Azuma Bridge without the Uchikawa River running under it. The answer always comes with self-criticism aimed at correcting mistakes as a reminder for future projects, and most importantly the steadfast desire to keep at bay this ego that we all have to ensure that it does not take centre stage, so that we are fully able see the values of the place and to respect them.

I am proud to have approached these and other commissions the way an artisan would (that is, the opposite of a celebrity), and to have inhabited a territory with thousands of years of history and been able to continue the efforts of so many other builders whose names we do not know, and to contribute to this process that enables us to take a conceptual leap from the architecture of the building to the architecture of the city and from there to the architecture of the territory, accompanied on this journey by friends like Aldo and you. What more could I ask for?

4. A CEMETERY OVERLOOKING THE FINIS TERRAE

C.M. The first thing that draws your attention when visiting the cemetery is the freedom of choice in the shapes and their arrangement over the terrain, especially in a place as rule-bound and full of conventions as a cemetery. What conditions had to converge in this project to make it possible to design it in these terms?

C.P. All projects are somehow autobiographical. This one is too, very much so. I always like to go through life free and unfettered, not as part of a herd. That's why as you draw closer you discover that those cubes, which seem identical, as we humans seem since we all have a head, a body and extremities, are actually different because they all occupy dif-

ferent places and this allows them to take different positions, to each have their own vantage point and to see life, in this case the ocean, from their own perspective.

For this reason, even though at first glance the whole may look like a bunch of stone cubes, they are all separate, in their own worlds, and different spaces are created between them which stake out the differences. In short, they reflect the way I like to be and the way I like relationships between people to be: together, yet free. There are no leaders in this set of cubes; it is not a herd. It is more like a group which is bound together by mutual respect, fraternity, autonomy, independence and freedom. Each has its own position and vantage point and does not invade the territory of the others; rather they respect each other and keep each other company and bring their synergies to the whole.

C.M. The cemetery which you've built stands in open contrast to one of the most extraordinary landscapes on earth: Galicia's Costa da Morte. You have to have a very steady pulse and good head on your shoulders to dare to intervene there without looking ridiculous. This is a widespread opinion among people who are familiar with these matters, and yet you fully accomplished it. What formal resources did you use? What references did you draw from?

C.P. The Costa da Morte is the westernmost coast in Europe which faces the rough sea, with constant wind and rain storms all year round. It is made up of a string of headlands and capes (*finisterres*) which jut out into and recede from the sea and often vanish, enveloped in clouds or fog, leaving in their lee estuaries, inlets and coves where boats, crops and even humans seek shelter.

They say that the inhabitants of this coast, most of them fishermen, are born in bed and die at sea. And when the latter happens, they have two choices: to remain on the bottom of the sea covered with a shroud of seaweed and sand, or to be buried under the earth in a rocky slope looking out towards the sea. One of these finisterres is Cabo Fisterra, the one that has adopted the generic name for itself. It is a mythical, magical place, a solitary place of extraordinary beauty; a profoundly mysterious place, the mute witness of the permanent clash of indomitable forces where the sense of solitude and freedom may comfort man by himself and make him fully feel the primordial reality.

In this place, nature overwhelms and diminishes man's presence. But if we look at it carefully, we gradually notice multiple structures and roadways that hark back to projects that used to meet multiple needs without destroying or violating either nature or the landscape. For this reason, the first question I had to ask when tackling this project and thinking about building on Cabo Fisterra was whether man's presence here was necessary, or whether it could be avoided.

If it were in fact necessary and this presence could not be avoided, the second question to ask stemmed from the relationship between the place and architecture, the latter viewed as the spatial response to the needs that this presence required. The question could be framed as follows: Is architecture something that should be imposed on the place, or to the contrary, should the place impose itself on the architecture?

It seems obvious that certain architectural elements have been imposed on their territorial setting, enhancing it and even at times creating their own landscape: the acropolis of Athens comes immediately to mind as an example of architecture that dominates the landscape supporting it. On the other hand, we can find examples of places that seem to call for their own architecture, like Frank Lloyd Wright's Kaufmann House, also known as Fallingwater, where the architecture is inspired by the forest around it, by the river and the tiny waterfall that run through it.

In both cases we are talking about quality architecture, architecture which strives to answer these questions (which could also be framed as: What architecture should be made in this place?), which can never be expressed emphatically because landscape and architecture maintain a balance of forces, an eternal dialectic which can be broken in favour of one or the other, depending on the circumstances. And thus, there will be landscapes that "provoke" the architectural action and landscapes that are "provoked" by this same action. Which of these two kinds of landscapes is found in Cabo Fisterra? There we find a "magical" and "mythical" landscape, but this character comes not only from the geography or the drama with which nature has built this last encounter between land and ocean.

In *This Business of Living*, Cesare Pavese tells us that "(…) the mythical place is not the individually unique kind, like a sanctuary or something similar (…) but the kind which bears a common, universal name; the jungle, the prairie, the island, the beach, whose indeterminateness evokes all islands, all beaches (…) and spurs all of them with its symbolic frisson." This common, universal name that characterises Cabo Fisterra is nothing other than the sea, and its landscape is the ocean.

Once we accept the presence of the sea as the primordial force shaping these landscapes, another question immediately arises, the third one: What should the architecture that we are pitting against this ocean be like? The architecture that Cabo Fisterra calls for, or at least that it asked of me, is a kind of architecture viewed as an extension of the landscape itself, dissolved in nature, silent, almost nonexistent. So how can architecture become like this when designing a cemetery over this terrain?

Our culture today has interpreted a cemetery as a place, a "holy ground", that is limited, bounded, enclosed; as an architectural realm that has an "inside" and an "outside". In contrast, the alternative offered here comes from a kind of cemetery that is "open" in structure, one that does not entail a great deal of clearing and levelling and instead tries to adapt to the topography to the utmost, thus minimising the architectural impact that an active, "compact" cemetery has on the landscape.

The design, in summary, entailed building a cemetery that is "fragmented" into a series of small buildings arranged around and beside the existing small pathways which run along the slopes of the mountain. It lacks any kind of enclosure and instead has the constant presence of the sea as its backdrop. The rupture of the concept of enclosed premises and the dissolution of its boundaries, the removal of walls, also means the loss of the usual spatial references. So how can we overcome this difficulty? By making use of other boundaries, other references. Which ones? The ones drawn upon by the ancient Celtic cemeteries: the sea, the river, the mountains, the sky. A cemetery whose walls are the hills, the mountains, the river and the sea, and whose ceiling is the sky.

C.M. One of the most difficult problems to solve in this kind of intervention is the need to build it in stages, which hinders the project from being envisioned as a complete whole. There seems to be a contradiction

between this indeterminateness and the form and ritual requirements inherent in funeral architecture. Yet this supposed contradiction seems to be resolved in your design. How did you accomplish this?

C.P. Architecture shapes the land, too, and in this case perhaps it is nothing more than a sensitive interpretation of it, which means designing while transcending the strict site of the project. The goal is not to define inward-facing objects but for them to reach out to appropriate everything around them: their geography and their history. The objects, viewed thus, become inseparable from their environs and vice-versa. The territorial surroundings accept the objects as their own, bringing them into their geography, their geometry and their memory.

The design I proposed acknowledges what already exists and is based on it, takes advantage of it, uses it and integrates it as part of the whole, creating several new objects, but primarily creating new tensions. After all, what matters here is not the stone module, which can be reiterative or even clumsy, but the relationships among the modules.

The important thing is not the objects themselves, and not even the actual design, but the strategy. The niches and graves are scattered along a pathway, a web of pathways already laid out which wind their way down to the sea. Their deliberate scattering reflects the intention for them to be found by chance, as if trying to remind us that death and the dead are there, right where we are, where the pathway of life takes us. Ultimately there is no need for us to find them because somehow they are always with us.

Oh, no! We're getting too solemn with all this talk about the cemetery and the dead! It would probably do us good to remember that famous saying attributed to no less than Leonardo da Vinci: "Make even the dead laugh, if possible".

January 2010

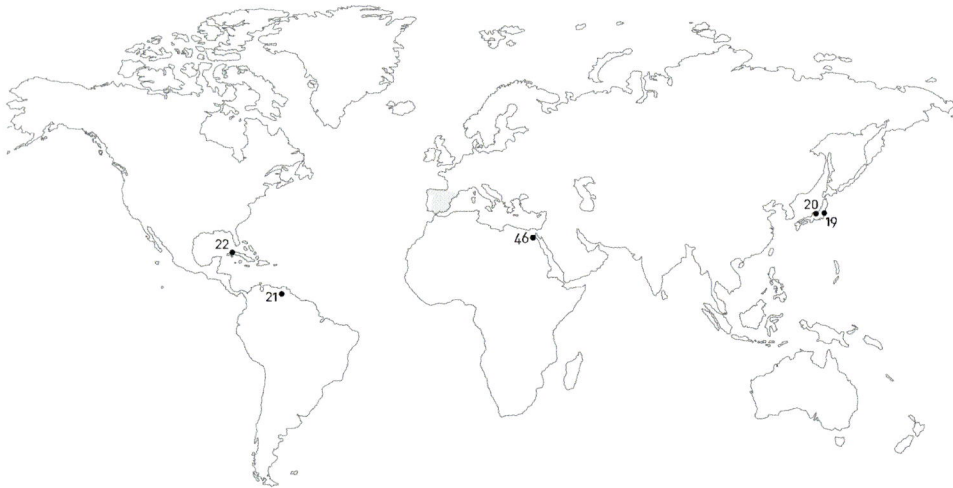

19 Azuma Bridge. Togamura, Japan
20 Social Center and Ethnography Museum. Shinminatto, Japan
21 School Fine of Arts. Ciudad Bolívar, Venezuela
22 Malecón Block No. 14. Habana, Cuba
46 Airport Control Tower. Sharm el Sheikh, Egypt

SPAIN
13 Bus Station. Ayamonte, Huelva
14 Bus Station. Córdoba
23 Almuñecar, Granada
24 Spain Pavillion at Expo 92. Seville
28 La Herradura Promenade. Alcalá de Guadaíra, Seville
31 Railway Station Terminal. Cádiz
32 Central Station. Valencia
33 Interchange Station. El Prat de LLobregat, Barcelona
35 98-Home Complex. Bilbao
43 Actions in Los Toruños Natural Park. Bay of Cádiz

PROJECTS

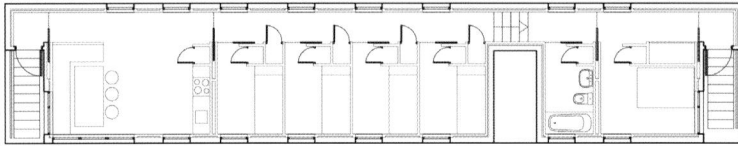

Five-bedroom apartment floor plan

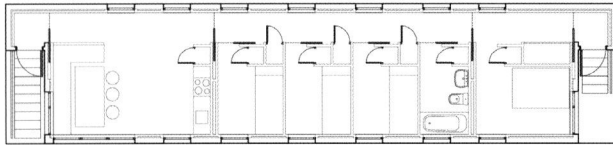

Four-bedroom apartment floor plan

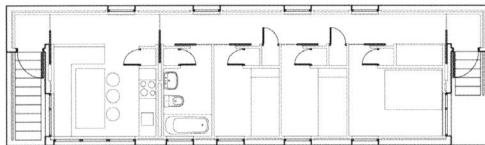

Side elevation

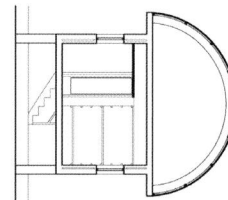

Three-bedroom apartment floor plan

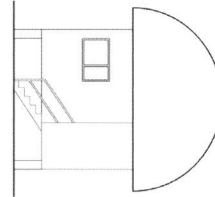

Cross section

0   5 m

01 HOMES FOR A GYPSY COMMUNITY
CAMPAÑÓ, PONTEVEDRA

In 1970, a charity organisation called Patronato de la Vivienda Gitana (Gypsy Housing Board) commissioned the design and project management for seven Romany family homes to be built in a forest clearing that dominates the last bend in the Lérez River before its confluence with the *ría* where the city of Pontevedra is located.

After several attempts at grouping the homes together in a single building and listening to the future users, they opted for small, very distinctive detached homes, influenced by traditional gypsy caravans and wagons, as well as *hórreos*, the traditional granaries of the region. The resulting image was of a gypsy wagon encampment, which was reminiscent of a field of these traditional grain stores because of its image as a settlement on rugged land.

The homes, which were small in area and extremely low cost, had to house large families with between seven and thirteen members each, which advised a similar layout of bedrooms and beds as found in a sleeping car.

The materials and construction techniques were chosen to make it possible for a large proportion of the project to be self-built. To this end, plastered and painted brick was chosen as a strong material for partition walls. The facades rest on precast beams arranged lengthwise and supported in turn by circular concrete columns that compensate for the uneven terrain. The ground floor is raised above the damp ground; in the space between the two there is room to store firewood, house pigs or chickens, dry clothes or lay out a blanket and play a game of cards or guitar. The roof is constructed from white slate panels anchored on semi-circular wooden formwork, ensuring a high degree of watertightness for the house and creating an accessible loft that could be used as an attic.

Design:
1970
Construction:
1971-1972
Developer:
Patronato Viviendas para Gitanos
Contractor:
Self-build

Collaborators
Design and construction management:
Pascuala Campos de Michelena

Section

0   5   10 m

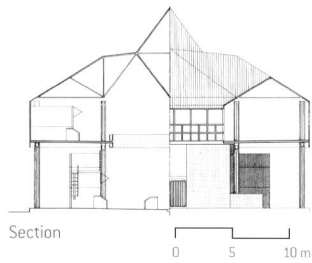

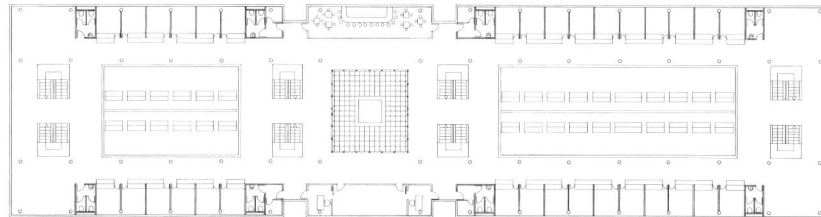

First floor plan

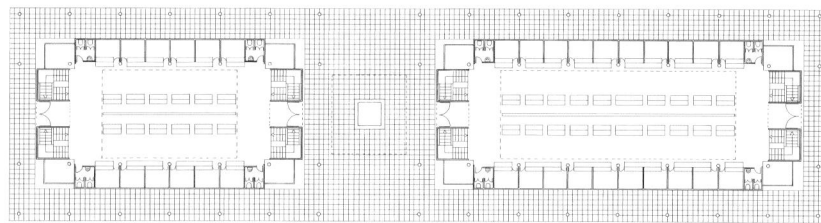

Ground floor plan

0   5   10 m

02 MARKET AND MUNICIPAL MARKETPLACE
BUEU, PONTEVEDRA

This building was planned to replace the ruins of a market and fish market on a site in the middle of the seaside promenade in the town of Bueu. This new building was planned so that, thanks to its significance and location, it would play a decisive role in shaping the seafront of the town, which largely depends on shellfish and fish, a need that was not previously being met.

The building, designed as a single space, has a porch around the perimeter where vendors can set out their stalls for the regional fortnightly farmers' market.

On the ground floor, the building is made up of two distinct sections separated by 15 meters. On the top floor, the two sections are joined by the continuous facades, which open up again on the inside, creating a central outdoor courtyard. This means that people can watch the dock and the sea from the main road, which smoothly descends perpendicular to the promenade.

Inside, both sections are large double-high spaces, bounded around the perimeter by vendors' stalls built with precast concrete panels and covered with translucent slate sheets over a metal structure. This allows a great deal of light to enter, and the dynamic shadows of gulls in flight are constantly projected through it. From the outside, the white roof looks like a hot air balloon that lights up at night and serves as a beacon for the whole *ría*.

Design:
1971
Construction:
1972-1974
Developer:
City Council of Bueu
Contractor:
Construcciones Ramírez

Collaborators
Design and construction management:
Pascuala Campos de Michelena
Surveyor:
Agustín Portela Paz

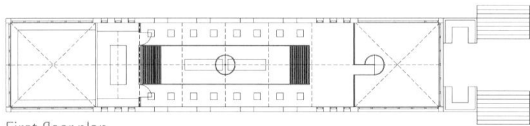

First floor plan

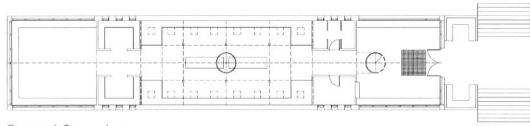

Ground floor plan

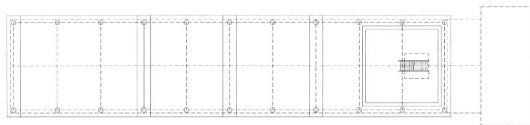

Lower floor plan

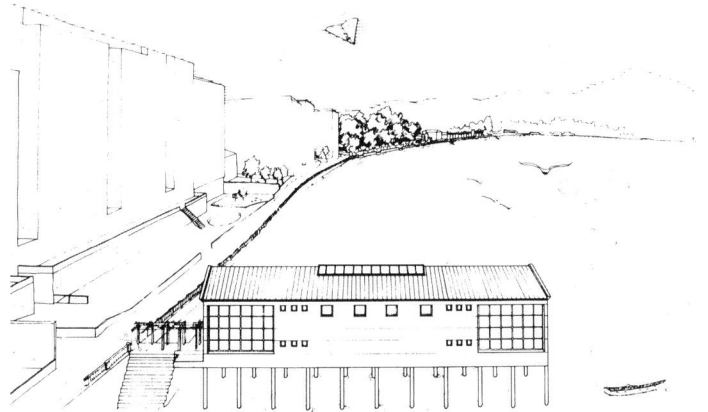

0   5   10 m

03 AQUARIUM

VILAGARCÍA DE AROUSA, PONTEVEDRA

The Galician coastline is a constant dialectic between land and sea that becomes paradigmatic in the Rías Bajas, especially Arousa. This building was constructed deep in this estuary, as part of the promenade that links the ports of Vilagarcía and Carril. The construction lies perpendicular to the coast, dipping into the sea. Its elongated silhouette and classic image are intended to partly counteract the disturbing visual effect of a nearby apartment building, which has created a type of screen with a negative presence because of its poor quality and its height.

This building has one floor and a half-floor, both rectangular, narrow and elongated, with a pitched roof resting on circular pillars to avoid hindering the movement of the sea.

The spatial organisation runs along two axes: one horizontal, which provides views of the sea from the land through the building itself, and one vertical, which affords views of both the sea and the sky.

The main material used is reinforced concrete, yielding a sturdy, monolithic structure that can stand up to the harsh environment in which it stands.

Design:
1984
Construction:
1986-1987
Developer:
Dirección General de Arquitectura, M.O.P.U.
Contractor:
José Malvar Construcciones

Collaborators
Management:
Fabián Estévez
Execution:
Andres Pita

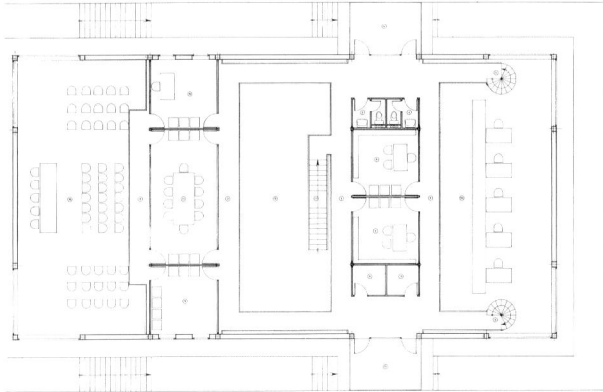

Upper floor plan

1 Main stair to ground floor
2 Hallway
3 Men's restrooms
4 Women's restrooms
5 Stair to ground floor
6 Interior office
7 Secretary's office
8 Utility room
9 Archive
10 Mayor's office
11 Committee room
12 Waiting room
13 Void
14 Terraces

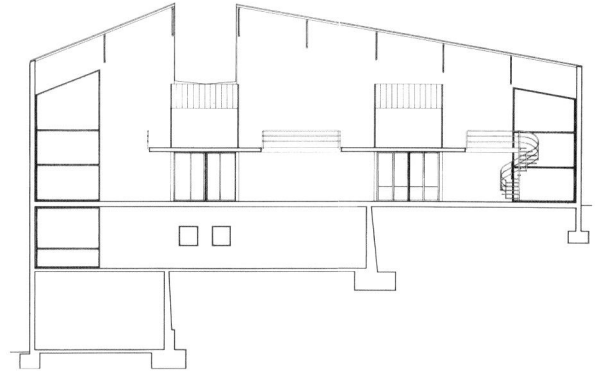

Longitudinal section

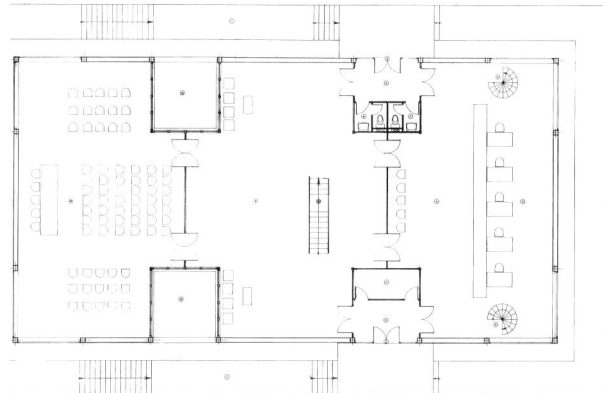

Lower floor plan

1 Exterior accesses
2 Accesses
3 Lobby
4 Public hall
5 General offices
6 Stair
7 Men's restrooms
8 Women's restrooms
9 Vestibule
10 Main stair
11 Reception
12 Planters
13 Auditorium

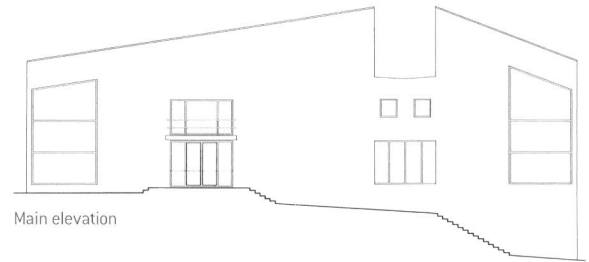

Main elevation

0   5   10 m

04 TOWN HALL

PONTECESURES, PONTEVEDRA

The new town hall building was built on an elongated site that faces an urban road and the ring road. The land ownership in the area and differences in elevation were making it difficult to connect the two roads, a problem that was solved on this city-owned plot with two staircases on either side of the building. This urban planning concern, the interior spatial organisation, the compactness of the exterior and the internal-external dialectic are the most notable aspects of the project.

On the ground level floor are the lobby, the general offices and the meeting room; they are all double-high spaces defined by prismatic spaces running cross-wise on an upper floor which house the mayor's, secretary's and auditor's offices, as well as the boardroom.

These upper offices are connected through individual passageways that can be reached from the lobby and other offices. The three major areas are separated at ground level by glass walls and double doors that open up to allow the entire floor to be converted into a single space.

The reinforced concrete exterior walls function as enclosure and support for the metal trusses.

Design:
1973
Construction:
1975
Developer:
City Council of Cesures
Contractor:
Construcciones Ramírez

Collaborators
Design and construction management:
Pascuala Campos de Michelena
Surveyor:
Agustín Portela Paz

Section A-A

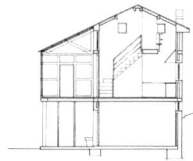
Section B-B

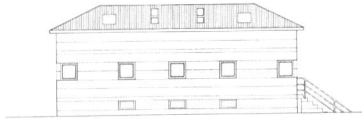
Main floor plan

Back elevation

Left side elevation

Ground floor plan

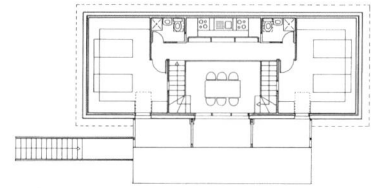
Right side elevation

Main elevation

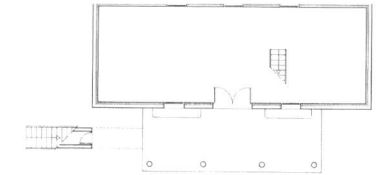
Basement floor plan

0   5   10 m

05 ARTURO ESTÉVEZ HOUSE

SALCEDO, PONTEVEDRA

This family home is a good representative example of buildings on the rural Atlantic coast of Galicia. It is designed to be permanently inhabited by a family with a modest income that resides in the country and largely lives off the land.

Its features are defined by an elongated space consisting of a ground floor, a main floor and an attic, which are enclosed by granite stone walls that in turn form the vertical structure. There is an exterior staircase leading into a gallery adjoining the main facade, which is oriented lengthwise and southward.

The ground floor houses a number of units: a cellar, warehouse, workshop and garage. These rooms can be made bigger or smaller as needed. There is also a storage area under a front porch consisting of columns supporting a covered balcony.

The main floor houses the home itself, although it can be extended with alcoves located on the upper floor, which would otherwise serve as an attic storage space.

Symmetry has been used as the representative and symbolic value of the shape. The essential materials used were stone, wood and glass. The goal was to establish a strong contrast between the strength of the stone prisms, which are more suitable for shelter and specific uses, and the lightness of the glass prisms, which serve as a counterpoint to the stone and have multiple uses.

With its remarkable steep slopes, the roof covers and joins all the aforementioned prismatic spaces. Together with the austere geometry of the prisms, it provides a visual expression of the whole.

A significant space has been set aside to the home as the core of family life where all the centripetal forces of the home converge, thus conferring upon it roomy double- and triple-high spaces characteristic of traditional North Atlantic architecture, also known as the "architecture of smoke".

Design:
1980
Construction:
1982-1983
Developer:
Arturo Estévez Rodríguez and
Aurora Barcala Lubián
Contractor:
Owner

Collaborators
Design:
Fabián Estévez Rodríguez
Surveyor:
César Carrera Vázquez

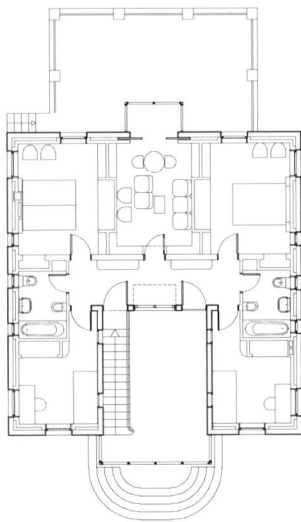

Main floor plan

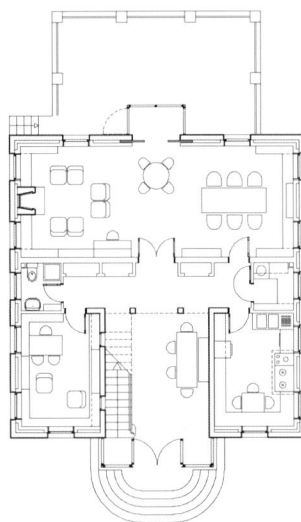

Ground floor plan

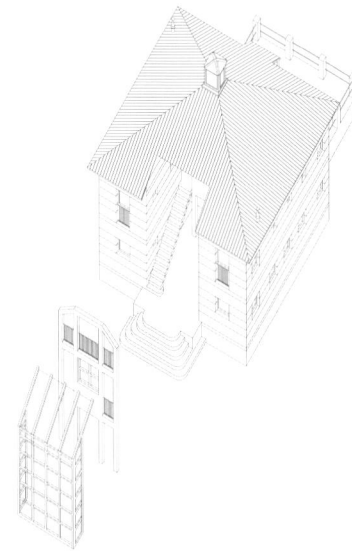

Axonometric

0   5 m

06 DANIEL PINO HOUSE

VILAXOÁN, PONTEVEDRA

This detached house on the coastal edge of the Arousa *ría*, the largest and most beautiful of the Rias Bajas, was designed to be inhabited all year round by a middle-class family consisting of a professional couple with a school-aged son and daughter.

Its location was determined by the shape of the plot (narrow and deep), as well as the views and dominant orientations (views to the north and warmth from the south). Another factor was the presence of an existing building, which has been preserved and used in part to support the new building and which plays the complementary roles of garage and boat and tool storage.

The building is located on the northern coastal side of the property. It acts as a barrier that protects the rest of the plot from the prevailing north winds and offers views from the promenade, conferring a higher level of comfort and privacy.

Design:
1987
Construction:
1989
Developer:
Daniel Pino Vicente and Carmen Moreno Badía
Contractor:
José M. Patiño Pinto, Construcciones

Collaborators
Design:
Fabián Estévez Rodríguez and Serafín Lorenzo Cadilla
Surveyor:
José Antonio Suárez Calviño

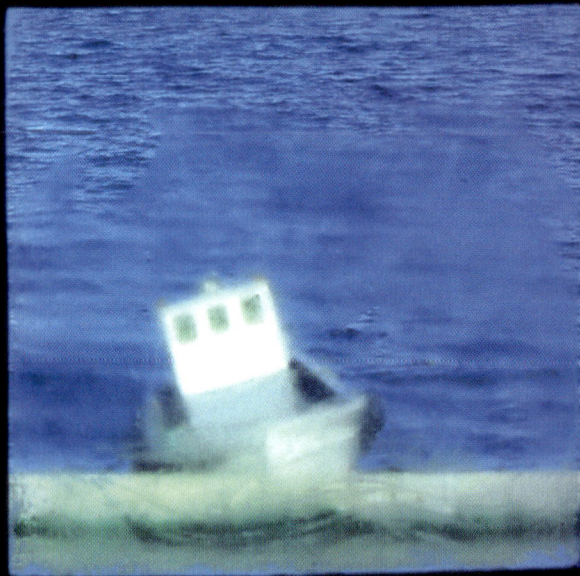

Northwest elevation

Northeast elevation

Ground floor plan

0   5 m

0   5 m

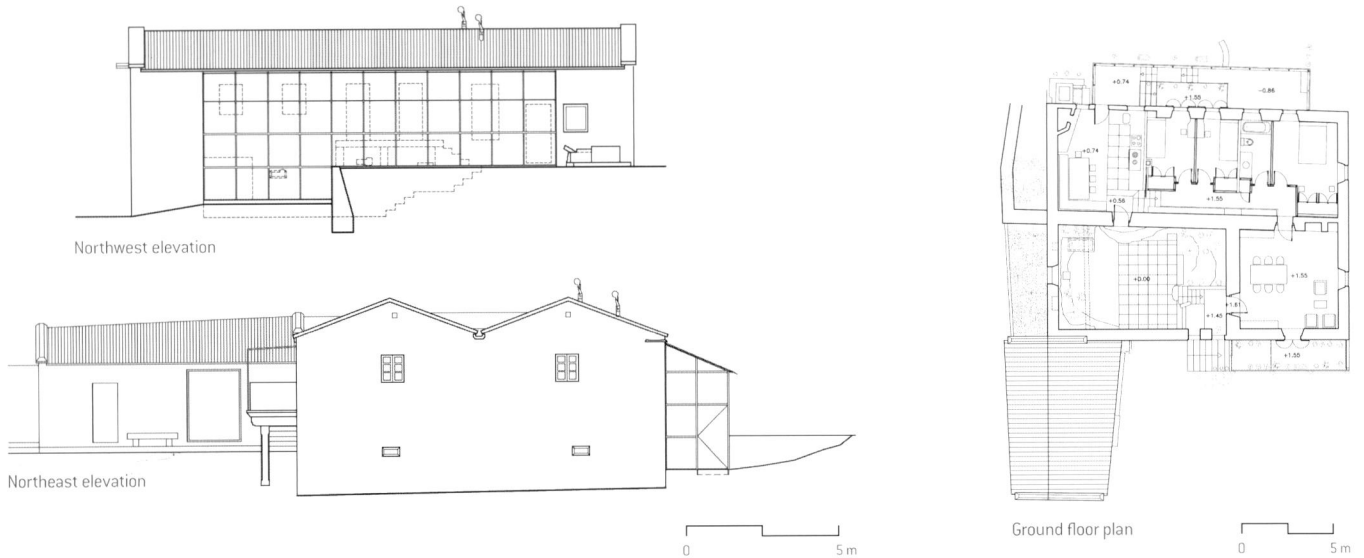

07 MANOLO NEIRA HOUSE

COTOBADE, PONTEVEDRA

The remit was to rehabilitate an old building which once housed a peasant family, with its stables, cellar and storage for farm tools, to create a family home that was originally planned as a second home and ended up being lived in year-round.

All of these conditions, plus the tight budget and the owner's desire to participate in the building process, determined the project design and the execution of the construction, which was carried out with the help of a mason, a carpenter and an installer, all of them local.

The reused stone walls are noteworthy architectural elements (some binding stones and others masonry) – these were renovated and painted on the inside to make them warmer, more cheerful and more comfortable. Also, skylights were placed at several places on the roof to allow light to flow into different areas (kitchen-dining room, hallway, reading area, living room, hall-interior garden...). Furthermore, it was possible to attach a large gallery to the front over the vegetable garden whilst leaving the stone facade intact. This gallery (covered balcony) is protected from harsh weather (wind and rain) and allows the doors and windows in every room to be opened, enlarging the inner space and connecting and organising the entire building.

Just as in Eastern martial arts, which use the opponent's momentum to topple and overcome them, here we have used a substantial portion of the qualities of an old building, rehabilitating and enriching them with new spatial, formal and material elements to coordinate a new architectural whole in which the new enriches the old and vice-versa, creating synergies between them as well as new, positive and complementary values.

Design:
1998
Construction:
1999-2003
Developer:
Manuel Neira Olivé
Contractor:
Owner

Collaborators
Design and construction management:
Fabián Estévez Rodríguez
Sculptures:
Sergio Portela

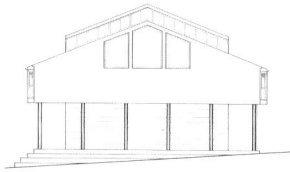
Side elevation

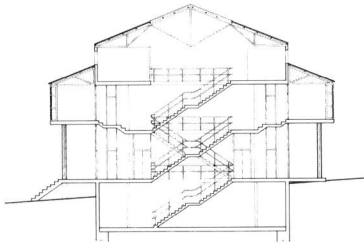
Section

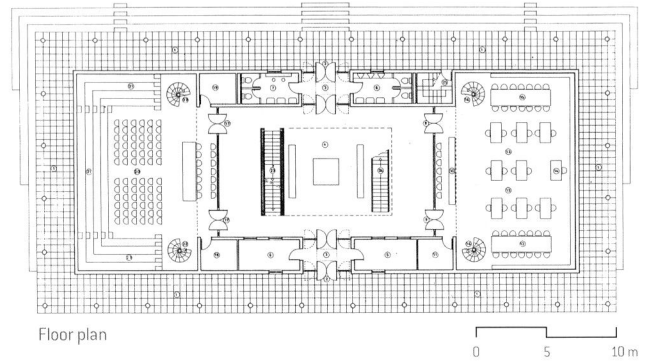
Floor plan

0   5   10 m

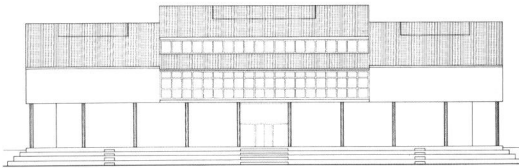
Front elevation

08 CASA DE LA CULTURA

CANGAS DEL MORRAZO, PONTEVEDRA

This is a building designed to host a set of cultural activities in the fishing village of Llanes. It is located in the geographical centre of the cove of the same name, north of the Ría de Vigo.

The building is exceedingly important because of both its function and its size and strategic location on the sea-front, making it visible from the city of Vigo, situated on the opposite bank, and from much of the *ría*.

The appearance of the building was specifically designed to relate to the traditional architecture found on the Galician coast, such as maritime storehouses, boat yards and canneries, and was enriched with the presence of a porch running around the perimeter and covered balconies.

Great care was taken in the selection of the type, texture and colour of materials and the interior space and forms. Those that have acquired singular importance include the pink granite ashlars on the front walls of the ground floor and the scallop shells along the top of the front walls, lending the whole building a pearly pink tone and a peculiar ethereal image, and yet the building still exhibits great formal austerity.

Design:
1984
Construction:
1986-1989
Developer:
City Council of Cangas
Contractor:
Construcciones José Núñez Miranda and Construcciones Barreiro

Collaborators
Design:
Fabián Estévez Rodríguez, Serafín Lorenzo Cadilla and César Carrera Vázquez
Surveyor:
José Luis Pazos Peinador

09 CARBALLEIRA SANTA MIÑA
BRIÓN, A CORUÑA

The place known as Carballeira de Santa Miña is a *locus* populated by hundred-year-old oak trees on a square plot, bordered on three sides by a local road and two service roads. Built around it are, in chronological order: to the north, the chapel-shrine of St Miña; to the south, the Casa do Concello (Town Hall); to the west, the tavern-*pousada* and to the east, the Casa de la Cultura (House of Culture). These buildings have helped to build and define this area of high environmental quality located in the geographical centre of the rural municipality of Brión.

The prime purpose of the intervention was to combine two essential aspects. On the one hand, the goal was to ensure respect for the tradition and cultural, historical and artistic heritage of a people, embodied in this unique and mythical place with a strong character of its own which is also characterised by the presence of the *carballeira* and hermitage. The other goal was to use building solutions that respond to today's needs and encourage the continuity of the human race in its territory. Recent upgrades, the reconditioning of the *carballeira* and the construction of the town hall, library, pond, pergolas and the bandstand, aim to overcome both realities dialectically.

Design:
1985
Construction:
1985-1986
Developer:
Dirección General de Arquitectura y Vivienda (MOPU); and Consellería de Cultura e Deportes (XUNTA DE GALICIA)
Contractor:
Construcciones y Obras Gallegas, S.A. (CONGASA)

Collaborators
Design:
Fabián Estévez Rodríguez, Serafín Lorenzo Cadilla and César Carrera Vázquez
Construction management:
Fabián Estévez Rodríguez
Surveyors:
José Antonio Suárez Calviño and Enrique Eijo Blanco

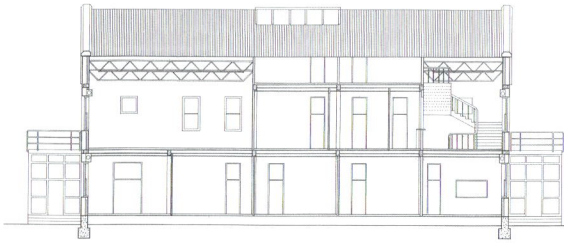

Section A-A

First floor plan

1 Hall
2 Cafeteria
3 Telex room
4 Free zone
5 Classroom
6 Conference room
7 Computer workshop
8 Vestibule
9 Terraces

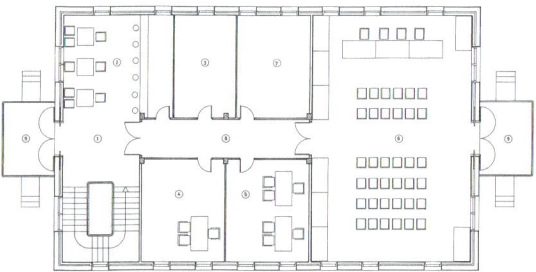

Ground floor plan

0   5 m

1 Accesses
2 Windbreaks
3 Vestibule
4 Control and information
5 Mechanical room
6 Staircase to upper floors
7 Waiting room
8 Men's restrooms
9 Ladies restrooms
10 Offices
11 Mapping room
12 Library's archive
13 Boardroom

10 FERRY BASE BUILDING

VIGO, PONTEVEDRA

At the southern end of the old ocean liner dock in the port of Vigo lies this small office building, the base for the cable-laying boat *Atlántida* belonging to the Compañía Telefónica Nacional de España (National Telephone Company of Spain). It has a rectangular floor plan and a prismatic volume with pitched roof, similar to old maritime sheds.

The size and shape of the layout and the space are largely shaped by the remit of urban planning regulations. However, within the narrow range of acceptability, the contrast between the main prism, made of stone, and the two smaller glass prisms has been accentuated so that they contrast with each other and explain each other.

The main materials used here were granite for the exterior, chestnut wood for the interior and stainless steel and glass as enclosures.

Design:
1986
Construction:
1987
Developer:
Compañía Telefónica Nacional de España (CTNE)
Contractor:
Empresa Auxiliar de la Industria, Auxini, S.A.

Collaborators
Design:
Fabián Estévez Rodríguez and Serafín Lorenzo Cadilla
Surveyor:
Ignacio A. Fernández Álvarez
Engineering:
Cámara, S.A.

Site plan

11 PUNTA NARIGA LIGHTHOUSE

MALPICA DE BERGANTIÑOS, A CORUÑA

At the eastern point of Punta Nariga on the Costa da Morte, on a rugged cliff pounded by the sea and endless storms, this lighthouse was built with a focal plane height of 50 metres, while the light covers a range of 22 miles.

Against this backdrop of untamed nature, a lighthouse introduces a new dialectic factor: the manmade. The headland-lighthouse-sea sequence is paradigmatic and mutates with the different seasons and times of day. In calm, clear weather, the quiet, serene atmosphere enhances the static image of the lighthouse; on stormy days, the changes of light and the movement of the clouds lend the whole scene a dynamic feel. By day, the solitary figure seems to sleep standing, and then in the evening it suddenly comes to life; it starts blinking and emitting flashes and bursts of light that tear through the darkness and penetrate the sea.

The set of buildings is divided into four well-defined sections. The first is a platform for public access in the guise of a triangular base. The second prism-shaped section also with a triangular base, which is inserted into the first triangle, houses the equipment and storage space on the first floor, while the lighthouse keeper's rooms are on the top floor. The flat roof becomes a lookout platform elevated seven meters above the top floor. The third section consists of the shaft, a circular cylindrical space with an outside diameter of 5.5 m and a height of 25 m. The room at the top of the lighthouse surmounts the whole structure and houses the lights.

The functional and formal relationship and contrast between these four elements, the well-defined geometry and the ground upon which they sit, as well as the sea that surrounds them, are the essential core of this project.

Design:
1990
Construction:
1994-1995
Developer:
Dirección General de Costas, Puertos y Señales Marítimas, and M.O.P.U.
Contractor:
UTE Puertos y Obras, S.A. and CYR Galicia, S.L. (PYO-CYR)

Collaborators
Design:
Fabián Estévez Rodríguez and Serafín Lorenzo Cadilla
Construction management:
Fabián Estévez Rodríguez
Surveyor:
José Antonio Suárez Calviño
Engineering:
José Antonio Suárez Calviño
Services:
Taelpo, S.L.
Sculptures:
Manolo Coia

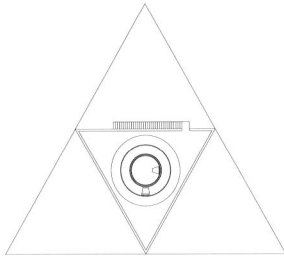

First floor plan

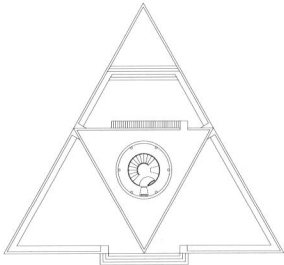

Second floor plan

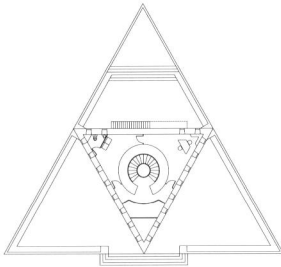

Third floor plan

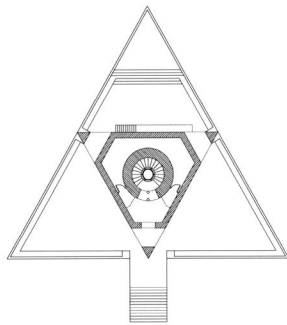

Ground floor plan

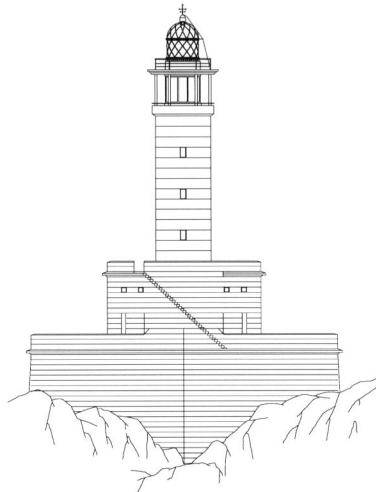

Sea elevation

Back elevation

Section

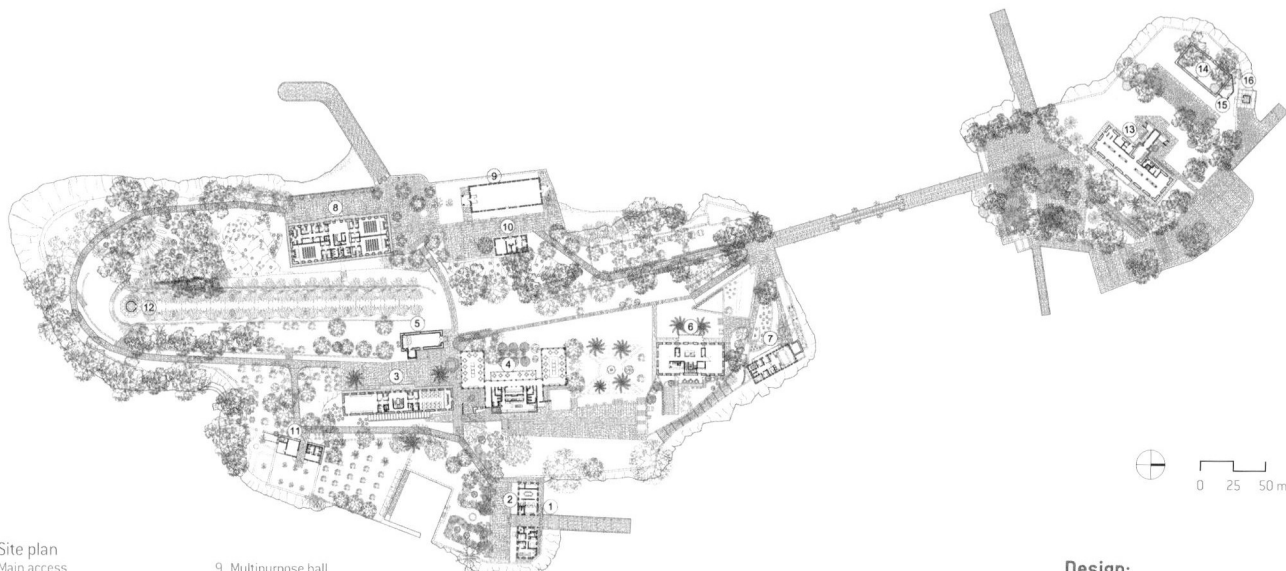

Site plan
1 Main access
2 Guard's home and administration
3 Sailing school
4 Café, bar, cafeteria
5 Chapel
6 Stella Maris residence
7 Talassotherapy
8 Courses, seminars
9 Multipurpose hall
10 Restrooms
11 Storage
12 Lookout Boca da Ría
13 Museum, library
14 Cemetery
15 Ossuary
16 Lookout Fondo da Ría

0   25   50 m

12 PROJECT IN SAN SIMÓN AND SAN ANTONIO ISLANDS

REDONDELA, PONTEVEDRA

Throughout the course of this work I have gradually become aware that the true purpose of architecture is not only to protect us from adverse physical circumstances but also to safeguard us from cultural and moral elements that constantly threaten us. Furthermore, what truly sustain good architecture are social, ethical and constructive principles, not styles. Styles become standardised and eventually enslave us; each of us should have our own style.

Throughout the course of this project, too, I constantly battled this very strong ego that we architects carry along with us and that constantly leads us to reassert our presence, working for our egos rather than the results that we are supposed to share. I tried to ensure that the true protagonist was the design rather than the creator; the actual functionality and beauty of the design rather than the creator's ego.

The result is an architecture that is brief, sober and silent, removed from styles and fashions. It seeks to create spaces to be enjoyed and not consumed. Every morning it is illuminated with natural light, and every evening it darkens with the shadows... Then, the new lamps, new galleries, new vantage points and new skylights, all made of glass and meant to enrich the existing architectural features, are illuminated with artificial light that acts like a beacon, inviting people to gather around and attracting all kinds of birds and insects, transforming them all into enchanted *volvoretas* .

Design:
1992-2002
Construction:
1992-2003
Developer:
Xunta de Galicia, and Consellería de Cultura, Comunicación Social e Turismo
Contractor:
Indeza, Varela Villamor, Agrupconsa, DIcsa, and Neorsa

Collaborators
Design:
Xosé Bar Boo, Jaime Rodríguez Abilleira, Teresa Táboas Veleiro, Paulino Sánchez Chao, Serafín Lorenzo Cadilla, and Pablo Menéndez Paz
Construction management:
Paulino Sánchez Chao and Fabián Estévez Rodríguez
Surveyors:
José Antonio Suárez Calviño, José Luis Rodríguez Portugal, and Ángel Güimil Sánchez
Botanist:
Francisco Fernández de Ana Magán
Engineering:
Antonio Reboreda Martínez
Services:
Luis Durán Ageitos
Sculptures:
Jorge Barbi, Manolo Coia, Moncho Lastra, Paco Leiro, Manolo Paz, Sergio Portela, Francisco R. Remiseiro, and Silverio Rivas

Elevations

13 BUS STATION

AYAMONTE, HUELVA

The new bus station in Ayamonte, on the outskirts of the city where it meets the marsh on the former site of the now-dismantled railway station, has breathed new life into the site by renovating it for public transport users. This space has been converted into a first-rate urban construction by reorganising the plot, creating a new space, the square/garden and lookout point/terrace overlooking the marsh.

The noticeably square site houses two clearly defined compounds: first, a front patio for passengers, which includes a service road for taxis and cars, a car park and a large square at the front entrance, and secondly the platforms/bays, which are covered by a canopy supported by two rows of columns that separate the ten planned bays.

The passenger building is based on the original central space of the old station, where a lobby representative of the period was created. The rest of the building is newly built, with two twin spaces on either side of the central section connected to it with glass enclosures that serve as covered waiting areas, giving the entire structure a high degree of transparency.

The platform area can be seen from the entrance square and vice-versa, enhancing the central space that presides over the building. At both ends of this hall are the wings of the passenger building. This succession of spaces makes up the backbone of the station.

Outside, there are stairs leading to the terraces at either end of the platform. They are attached to the side sections, as well as to the terraces, which are veritable lookout points over the marsh landscape.

Design:
1995
Construction:
1996-1997
Developer:
Consejería Obras Públicas y Transporte, Junta de Andalucía and City Council of Ayamonte
Contractor:
Ginés Navarro Construcciones

Collaborators
Design and construction management:
Antonio Barrionuevo Ferrer and Julio Molino Barrero
Surveyor:
Antonio Carretero Hernández
Engineering:
Antonio Reboreda Martínez
Sculptures:
Sergio Portela

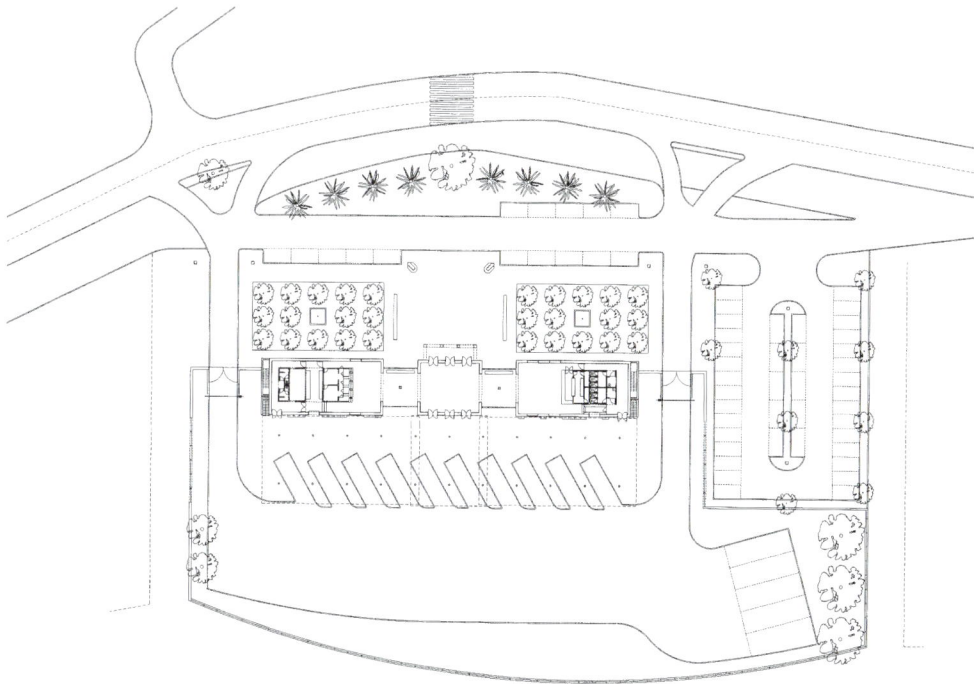

Site plan

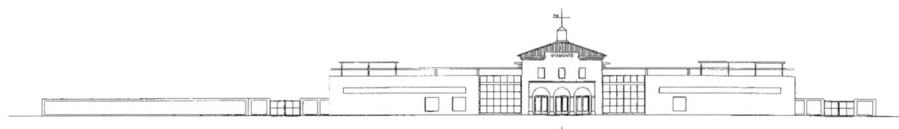

Main elevation

South elevation

0   5   10 m

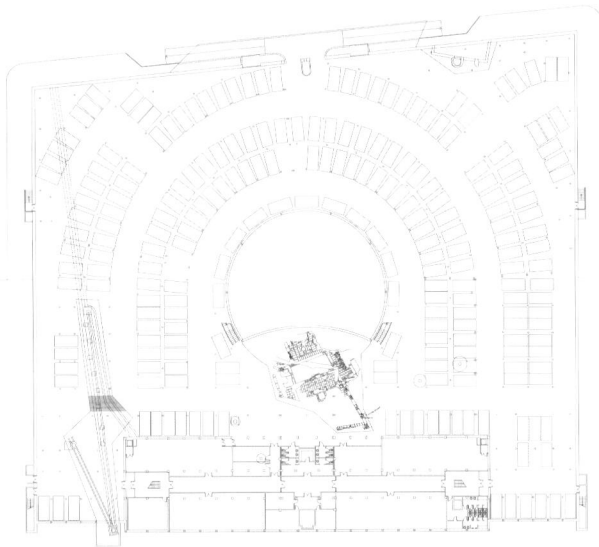

Basement floor plan

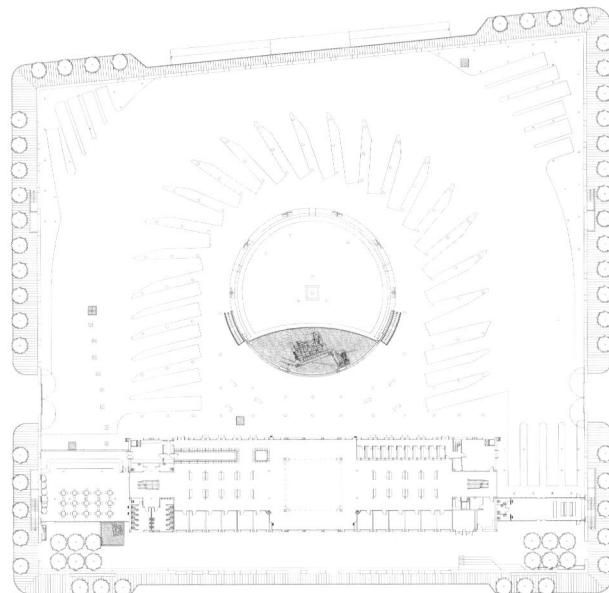

Ground floor plan

0   10   20 m

14 BUS STATION
CÓRDOBA

"Roman and Moor, Córdoba at peace."
Antonio Machado

The entire station is an enclosed by a wall that acts as a contextual boundary, defining and enclosing the space, and marking a dramatic difference between the exterior and interior, re-creating its own world. This wall appears to be double, presenting two faces. One is stark, austere, dry, tough, sassy and almost Roman. The other side is subtle, sensual, Arabian.

When I closed my eyes and thought of the design, I saw walls, large stone walls that marked out spaces, radically defining them while also subtly uniting them.

I saw the light that came rushing in, very strong, very dense. And, on the other side, the shadow, also thick, also strong, cast on these walls. Inside, a citadel, a *casbah*, a *caravanserai*, a souk, a cluster of buildings and the spaces between them, shaped by different levels, some vertical, some horizontal, situated at different heights, some rectangular, others circular. Their purpose is to provide shelter from the light: to dominate it, to capture it, to mitigate it, to sap it, to dim it, to spread its brilliance and, once it is tamed, to use it.

I saw great planes of shadow: lethargic or willing, and at the same time chinks of light in motion everywhere, but without the suffocating and blinding force of the outside sunlight. I saw the light crashing into the granite wall and bursting into thousands of twinkling stars, beating on the interior colour, over opaline stuccoed planes of yellow, blue, green and white.

I perceived masses of vegetation infused with bursts of scent, quiet backwaters and the sound of streams flowing. I saw friendly corners at those spots where the shadow shifts from objects into the air, creating mysterious, sensual atmospheres. I saw essential geometries with their accuracy and power. Essential geometries, but also subtlety. That is what I saw when I closed my eyes and thought about the project.

Design:
1994
Construction:
1996-1998
Developer:
Junta de Andalucía and Consejería de Obras Públicas y Transportes
Contractor:
Constructora San José, S.A.

Collaborators
Design:
Jaime Rodríguez Abilleira and Paulino Sánchez Chao
Construction management:
Juan Cuenca Montilla and Paulino Sánchez Chao
Surveyors:
Rafael Pérez Morales, Antonio Fernández Fraidía and José Antonio Suárez Calvino
Engineering:
Antonio Reboreda Martínez
Services:
Luis Durán Ageitos
Sculptures:
Equipo 57, Agustín Ibarrola and Sergio Portela

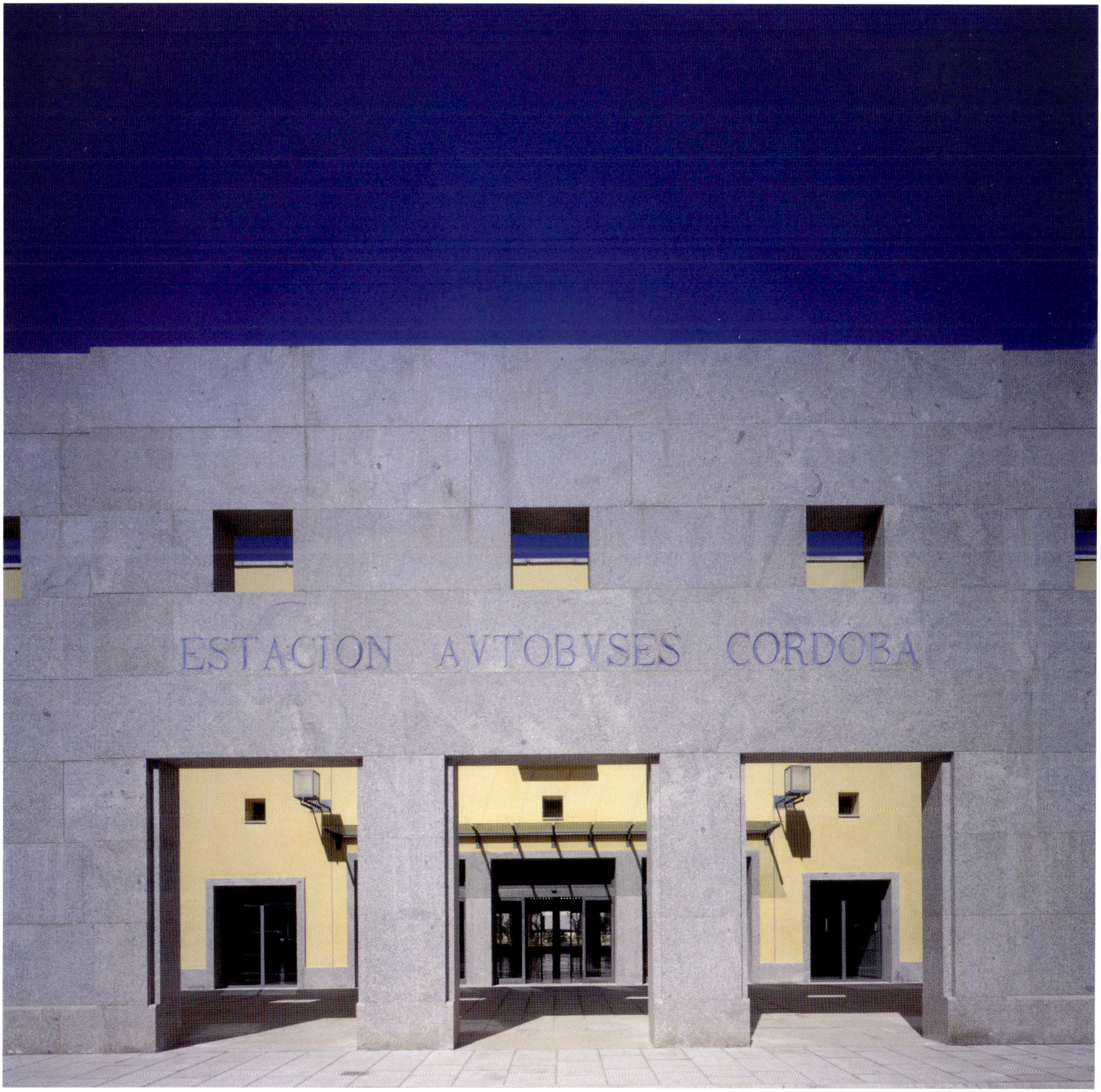
ESTACION AVTOBVSES CORDOBA

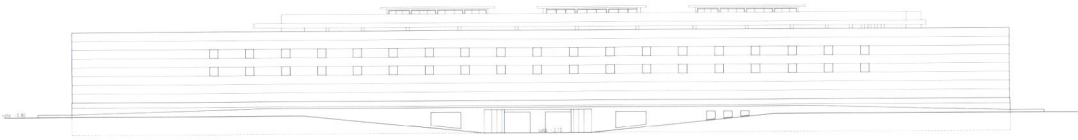

Northwest elevation

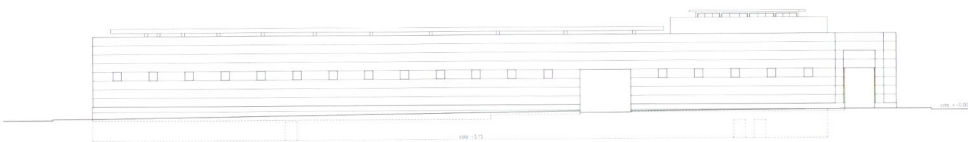

Southeast elevation

0 5 10 m

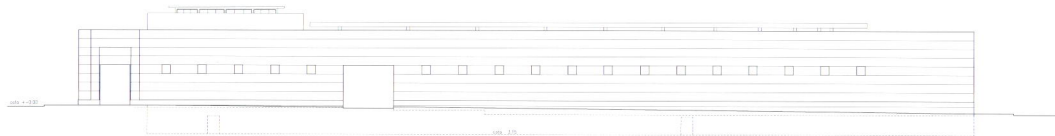

Northeast elevation

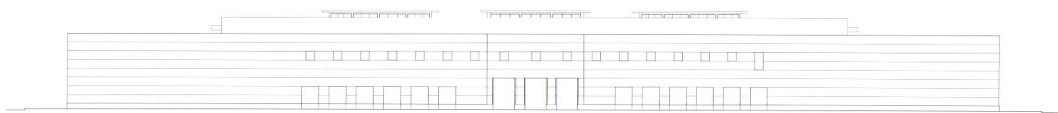

Southwest elevation

0   5   10 m

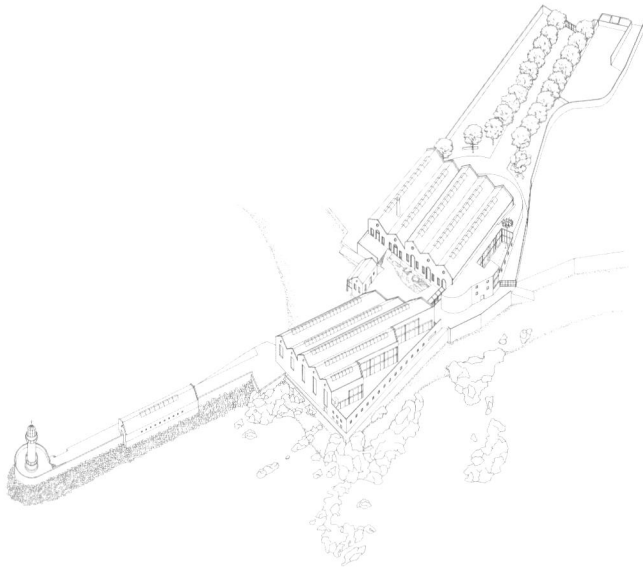

Axonometric views

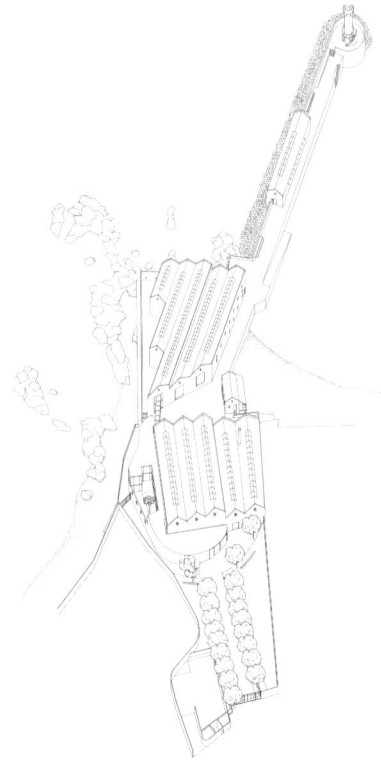

Design:
1992
Construction:
1993-2003
Developer:
Xunta de Galicia, Consellería de Cultura, Comunicación Social e Turismo, Concello de Vigo and Consorcio Zona Franca de Vigo
Contractor:
NECSO Entrecanales Cubiertas

Collaborators
Design:
Aldo Rossi, Rodrigo Portanet Fontana
Construction management:
Arturo Conde Aldemira and Rodrigo Portanet
Surveyors:
Alberto Loredo Iglesias and José Antonio Suárez Calviño
Engineering:
Antonio Reboreda Martínez
Services:
Luis Durán Ageitos
Sculptures:
Paco Leiro y Sergio Portela

15 THE MUSEUM OF THE SEA OF GALICIA
VIGO, PONTEVEDRA

The Museum of the Sea of Galicia is shaped like a headland, half natural, half artificial, in this outstanding site on the coastline near the city of Vigo, which incorporates the *ría* as a part of the design, unquestionably the most important part.

The project is designed as a unique and straightforward spatial environment, bounded partly by a perimeter wall and partly by the sea itself. It is full of smaller spaces endowed with strong character that accommodate the diverse requirements of the museum programme. When walking along and looking at these spaces, we encounter unusual and unexpected sequences capable of transporting us through gardens, buildings, courtyards, squares, promenades, walkways, docks... from terra firma to the sea. A harmonious continuum is achieved where public and private run in succession, combining and merging as part of a whole in which time and space are at the service of culture, without ever losing sight of the sea.

The entire complex consists of two sections connected by an elevated walkway, which can be enjoyed as an observatory from which to watch and appreciate the sea. The holes bored into the stone walls are like eyes gifted with geometry that captures seascapes wherever they may spring up and frames them, appropriating them, bringing them closer and showing them to visitors as if they were a collection of prints.

North elevation

South elevation

East elevation

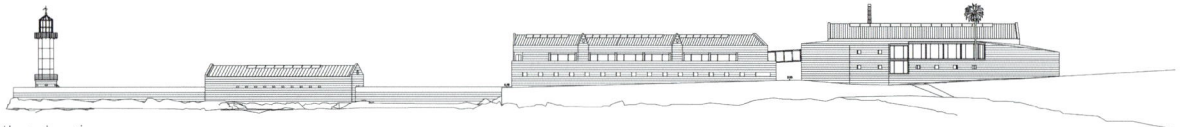

West elevation

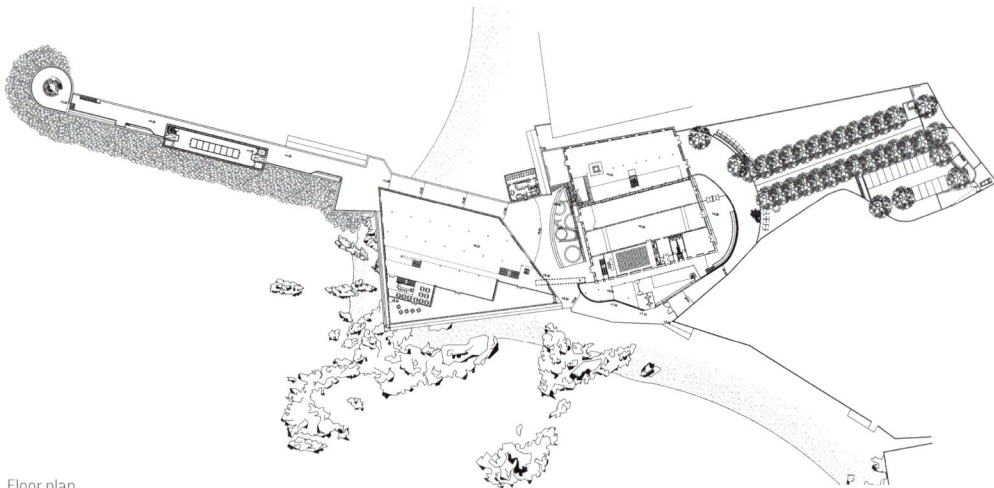

Floor plan

0   10   20 m

Perspective view

Preliminary sketches

16 MUNICIPAL CEMETERY
FISTERRA, A CORUÑA

When I designed and built the Finisterre Cemetery, the first thing I wanted to do was to give the dead the rest they deserve in a sublime place where architecture could merge positively with nature, as the land, sea and sky have done in the same place since time immemorial.

Just as the lone palm tree is capable of responding to the grandeur of the desert; just as the sail of a boat, however small, responds to the vastness of the ocean; and just as a burst of fragrance responds to the evening and renders it enchanted, with this project I wanted to respond to cultural, anthropological and spiritual concerns and to all humanity, so heedlessly moving towards a globalised society. I wanted to respond to this one-track thinking which, on the pretext of overcoming isolation and backwardness, destroys the diversity, complexity and identity of each group or individual, rendering us all not citizens of the world but global villagers; voracious consumers of a multinational market, and conditioning and destroying feelings, philosophy, science and art, everything that shows how rich, deep and marvellous people and life in general can be.

I wanted to finally prove that there is hope, that it is always possible to react to the system and to respond to it with any project, in any place, even if, as in this case, it is a place as remote as Finisterre and a work as insignificant as this cemetery.

Design:
1998
Construction:
2000
Developer:
Concello de Fisterra and
Diputación A Coruña
Contractor:
Construcciones Ponciano Nieto
and Construcciones García Justo

Collaborators
Design:
Juan Mosquera Muiños and
Serafín Lorenzo Cadilla
Construction management:
Miguel Ángel Rodríguez López
de la Llave and Fabián Estévez
Rodríguez

Sketches

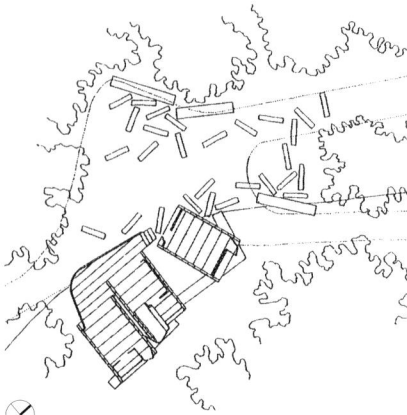

Site plan

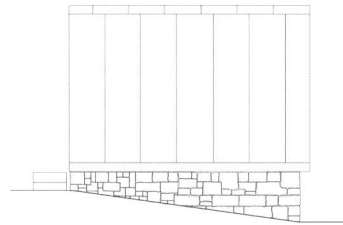

Side elevation

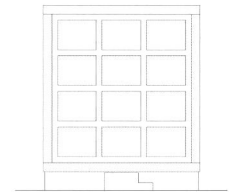

Front elevation

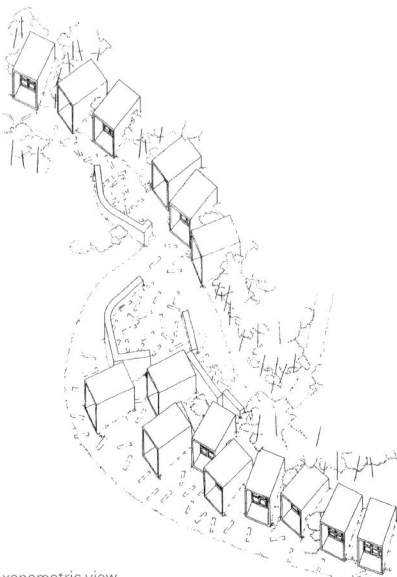

Axonometric view

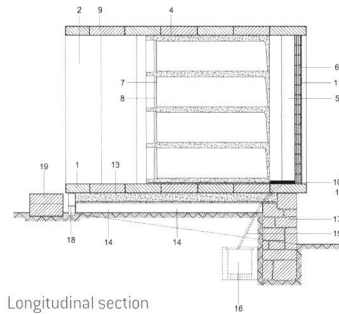

Longitudinal section

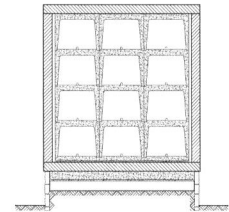

Cross section

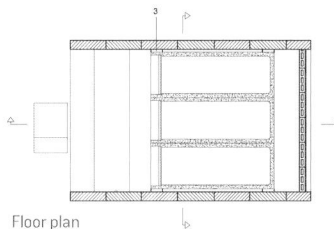

Floor plan

1 Modariz gray granite pavement (flamed)
2 Modariz gray granite walls (flamed)
3 Brickwork
4 Precast concrete niches
5 Void – air chamber
6 Concrete block wall
7 Prefabricated concrete inner lid
8 Granite exterior lid
9 Roof in Modariz gray granite slabs (flamed)
10 Caustic soda
11 Mortar finish painted with elastic paint
12 Reinforced concrete foundation (welded mesh)
13 Reinforced concrete slab
14 Stone cladding
15 Drain pipe
16 Valve box
17 Masonry wall (stone from excavation)
18 Masonry cladding
19 Single block stair in Modariz gray granite (flamed)

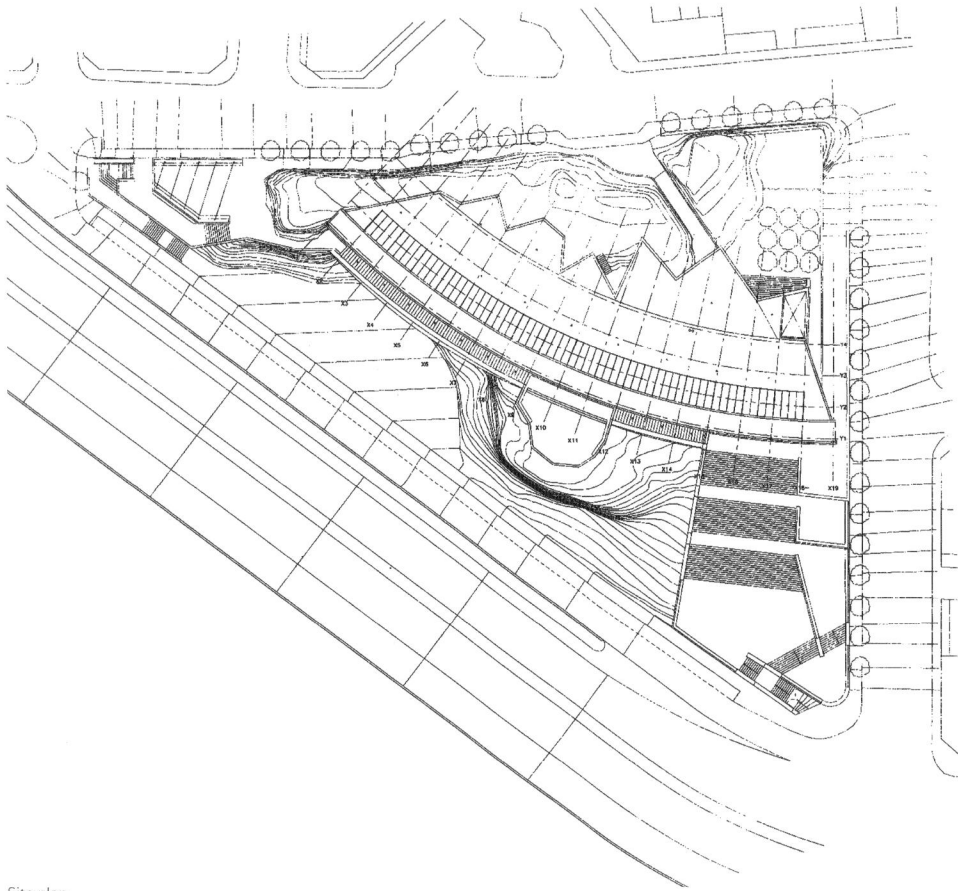

Site plan

17 "DOMUS" BUILDING
A CORUÑA

To insert a building into a site means not just giving it a geometry that allows you to easily fit it into topography of the land – in this case, the slightly capriciously-shaped rock mass of the old abandoned quarry in which it sits. It also means a fortuitous encounter, not only with the surrounding air and the sea water that almost washes over its foundations, but also with its inhabitants, with their needs, their desires, their tastes, their customs; with the way they feel, enjoy and organise the space...

Therefore, the building's encounter with the existing rock mass is entrusted to a series of spaces of varying functionalities and varied formal configurations, such as the bulwark, the square, the steps, the decks or terraces, the arcades, the garden, the lookout balcony, the pergolas and promenade, all elements of architectural composition with a strong traditional flavour, yet designed and resolved with the clear intention of being innovative.

The sharp profile of each, well-defined and differentiated from the others, does not diminish their role as integral elements of an entire larger and higher-order entity, into which they integrate harmoniously. These diverse public spaces, with their strong functional and formal autonomy, act as poles of a magnetic field whose centre is the building; within its context and shelter, these spaces are configured and organised.

Design:
1993
Construction:
1994-1995
Developer:
City Council of A Coruña
Contractor:
Cubiertas y MZOV, S.A.

Collaborators
Design:
Arata Isozaki, Toshiaki Tange, Masato Hori, Naoki Ogawa, Igor Peraza Curiel, Paulino Sánchez Chao, Amparo Casares Gallego, Federico Garrido Villa, and José Luis Gahona Fraga
Construction management:
Igor Peraza Curiel and Paulino Sánchez Chao
Surveyors:
José Antonio Suárez Calviño and Pablo Reboredo Canosa
Engineering:
Julio Martínez Calzón and Antonio Reboreda Martínez
Sculptures:
Fernando Botero

Scale model views

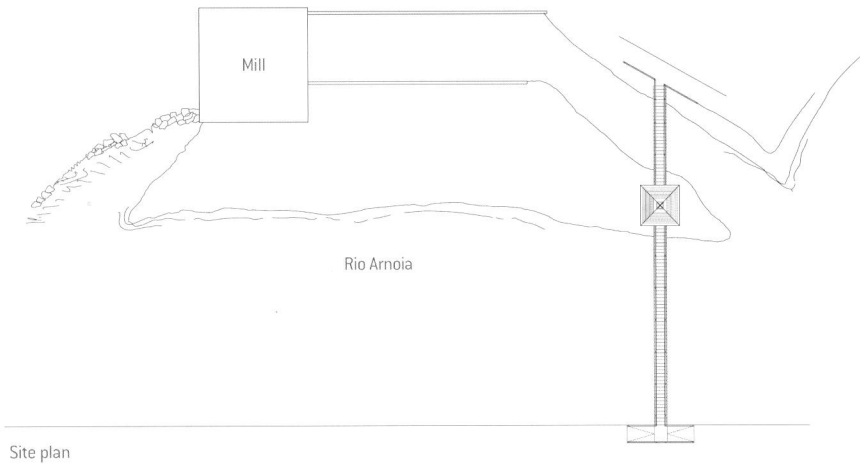

Mill

Rio Arnoia

Site plan

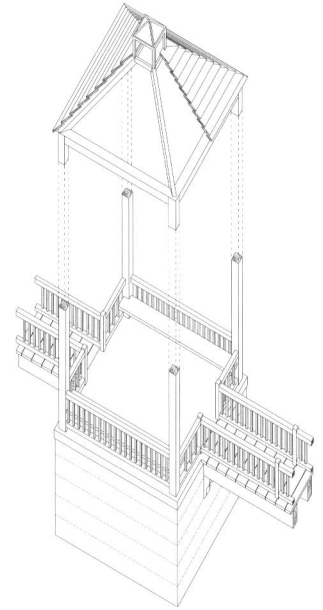

Partial axonometric view of bridge

18 PEDESTRIAN BRIDGE OVER THE ARNOIA RIVER
ALLARÍZ, OURENSE

The Arnoia River used to flow under two bridges as it flowed through the village of Allaríz: one, the Puente Viejo (Old Bridge), is medieval, narrow, mostly pedestrian, while the other bridge, also pedestrian, allowed the old Ourense to Madrid road to cross the city.

The development of the town and the recent showcasing of the river entailed the revitalisation of both the river banks and a series of old leather factories. Old mills have been resurrected as museums, and restaurants and recreation areas have been built, resulting in the need for a new pedestrian bridge: the Puente Nuevo (New Bridge).

The bridge crosses the river at the narrowest and most practical point, and perches on a small island for support. A shelter has been built on this support, wider than the rest of the passage, for benches where people can relax and enjoy the sights and sounds of the water in its ongoing stream through the channel between rocks and trees.

The bridge is reached via a staircase and ramp on one of the riverbanks, built entirely from chestnut beams and planks except for the cube on which it rests and the side supports, which are made of stone. On the other side of the bridge, the crossing is at the same level as the road that runs along the river.

The entire construction is like a delicate bridge flying over the river yet firmly supported, a contrivance that defies gravity, that is contrary to nature but capable of harmonising and integrating with it, not for camouflage but for contrast, as architecture should do and usually does.

Design:
1993
Construction:
1993
Developer:
Concello de Allariz
Contractor:
Escuela Taller "Ziralla"

Collaborators
Design:
Fabián Estévez Rodríguez
Surveyor:
Celestino Feijóo Rodríguez

Colored sketch

19 AZUMA BRIDGE
SHINMINATO, JAPAN

When we stumble upon a geographical feature, or any obstacle, while moving through an area we try to avoid it. We wade through rivers, and when we cannot, we build a bridge.

A bridge is "a structure of wood, stone, brick, concrete or iron that is built over rivers to cross them," but it must also be "a poem spanning two banks".

The proposed solution, which in addition to *crossing* also makes *resting* possible, is a *shelter* to protect from inclement weather and a *lookout point* from which to enjoy the surroundings. Formally, it consists of three distinct sections. There is an elongated central section, the crossing, which is lower, lighter and deeper, with a pitched roof and open sides. This space is bounded and flanked by the other two higher sections with square layouts, which are enclosed around the perimeter with glass and hipped roofs, which like ramparts define the bridgeheads. At night, these bodies resemble large lit lamps that illuminate and stake out the river. Through these sections, the river (the fluid, the world of fantasy) can be reached from the banks (the solid, the world of reality).

At its tensest moments, when it reaches its highest peaks, Japanese art reveals those moments of balance poised between *reality* and *fantasy*, between the *static* and the *dynamic*, and between *life* and *death*.

The functional, formal and constructive dialectic forged between these three sections, and thus the banks and the river, is the essence of the project.

In its more lucid moments, Japanese architecture shows a perfect symbiosis between *formal fantasy* and the *economy of means*, and the same holds true of the best Western architecture of all time.

Design:
1992
Construction:
1992
Developer:
Toyama Prefecture

Collaborators
Design:
Federico Garrido Villa
Construction management:
Junkichiro Fujita, Hitoshi Fujii, and Igor Peraza Curiel

Watercolor

20 SOCIAL CENTRE AND ETHNOGRAPHY MUSEUM
TOGAMURA, JAPAN

The design addresses an inescapable consideration: the encounter with a place symbolised by man's occupation of this mountainous area, seeking to fulfil one of his loftiest aspirations: to conquer nature without destroying it, to sublimate it through art.

The size, height difference and orientation of all three platforms that comprise the site chosen to locate the building, as well as the possible entrances, determined the functional and compositional organisation, which consists of three levels and two sections in distinct spaces.

The basement is located in the front over the lower-level platform and has a rectangular layout. It is on the same level as a lookout platform where two staircases meet the central entrance ramp.

The front section is attached to the rear section, which is the main volume of the structure and is divided into two areas: a multipurpose central area for theatre performances, which also serves as a meeting room, and a museum, which also serves as an exhibition hall divided onto two levels around the theatre.

In the winter, there is a fireplace waiting to be discovered in the centre of this platform and under the central skylight, and the room becomes a homey living room where the residents of the valley get together at weekends and chat around the fire.

The roof is hipped and has a central skylight that illuminates the inside by day, while at night the space is lit with spotlights, generating a visual beacon for the entire valley.

Design:
1992
Construction:
1993
Developer:
Toyama Prefecture

Collaborators
Design:
Jaime Rodríguez Abilleira
Construction management:
Junkichiro Fujita, Hitoshi Fujii, and Igor Peraza Curiel

21 SCHOOL OF FINE ARTS
CIUDAD BOLÍVAR, VENEZUELA

Ciudad Bolívar is located in central Venezuela, halfway between the Caribbean and the great plains, between the Amazon rainforest and the Orinoco River delta. At the edge of the city, on the left bank of the Orinoco River, three old abandoned traditional-style houses accommodate the new Escuela de las Artes del Estado de Bolívar (State of Bolívar School of Arts).

The project and then the work have sought at all times:
-To maintain values of all kinds – architectural, historical, constructional, landscape... – in the building as a whole.
-To restore old values which are now damaged or missing.
-To introduce new values as a result of new uses, consistent with the previous ones.

In addition to scrupulously respecting the needs of the remit, this project sought to turn all the school's terraces into real public squares to serve as a meeting place for students, teachers or visitors and a privileged vantage point for viewing the strange and wonderful spectacle provided by the flow of the river as it runs through Ciudad Bolívar.

Design:
1992
Construction:
1994-1995
Developer:
Estado de Bolívar

Collaborators
Design and construction
management:
Orlando Martín

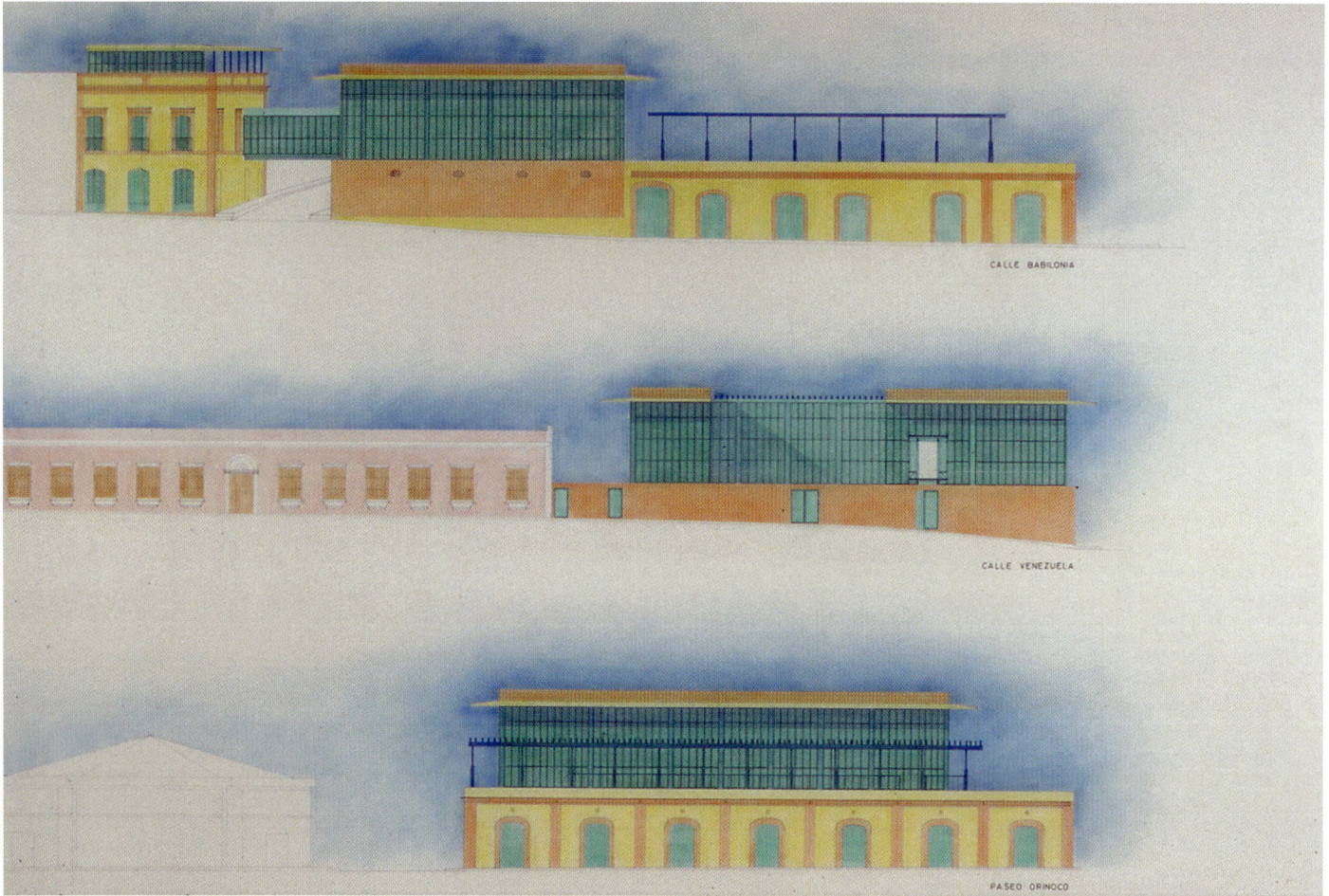

CALLE BABILONIA

CALLE VENEZUELA

PASEO ORINOCO

Location map

22 MALECON BLOCK NO. 14
HAVANA, CUBA

The Malecon is an urban district that has been essential in shaping the city of Havana. It is about seven kilometres from Avenida de la Marina, and it stretches from the heart of the bay to the mouth of the Almendares River. It shapes the city's seafront and is the prime architectural expression of its evolution throughout history.

One of these stretches, the most characteristic and emblematic one, and also the one that demanded the most urgent intervention, is the part between Castillo de la Punta and the Plaza de los Estudiantes. This is a quintessential urban space which is visited as a favourite meeting point all day long year-round by the residents of the districts of Old Havana and Central Havana, as well as the residents of other neighbourhoods and crowds of strangers.

Block No. 14 met the optimal conditions for intervention thanks to its state of conservation and its position as the head of the block. We were offered three alternatives:
a) To restore and rehabilitate the existing buildings, faithfully respecting the original building types, which were suitable for earlier inhabitants but totally inadequate for today.
b) To demolish the existing buildings that were still standing and build new ones faithful to new architectural parameters, forgetting all the values that still remain.
c) To carry out a complete overhaul based on respect for the true architectural values that still remain – the character, atmosphere and facades, whilst trying to meet the real needs of new users.

Obviously we chose the third option, respecting the enormous values still conserved by the Malecon as an urban architectural piece and as a facade that is emblematic of the city of Havana.

Design:
1996
Developer:
Xunta de Galicia; Ministerio de Obras Públicas, Transportes y Medio Ambiente and Ministerio de Asuntos Exteriores
(PROGRAMA MALECÓN)

Collaborators
Design:
Igor Peraza Curiel

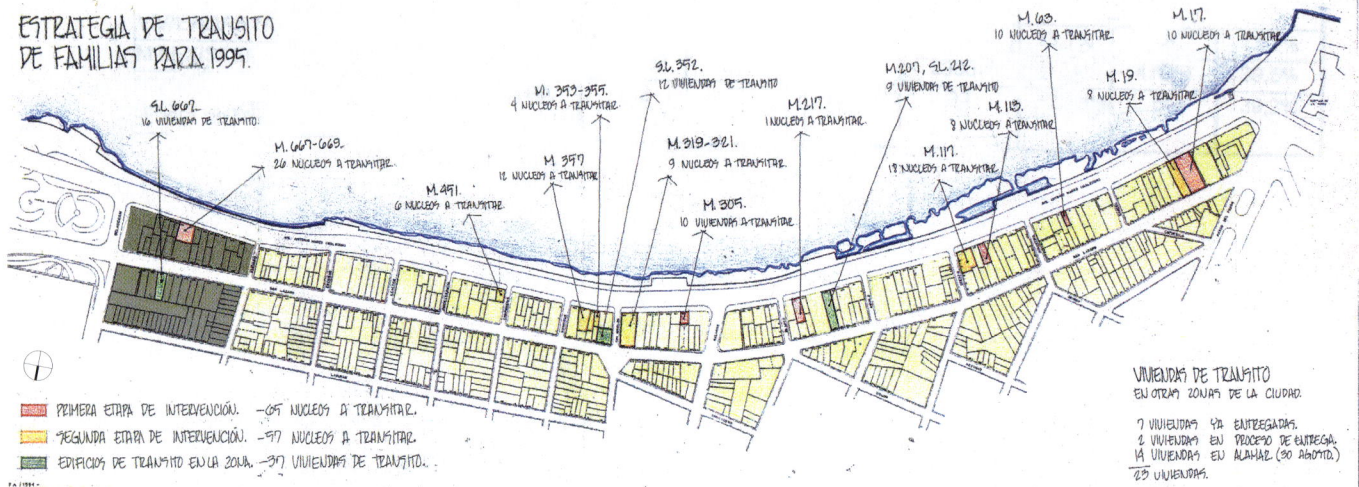

ESTRATEGIA DE TRANSITO
DE FAMILIAS PARA 1995.

General plan

162

Gervasio elevation

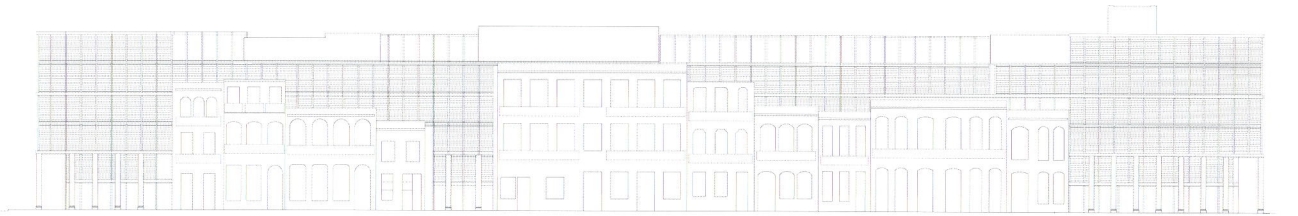

Belascoain elevation

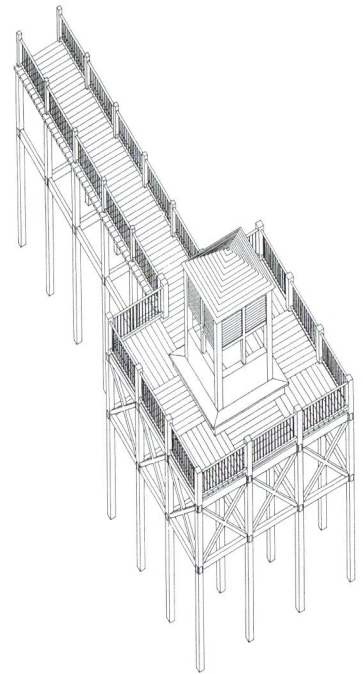

Axonometric view

Scale model views

23 PASEO MARÍTIMO DE LA HERRADURA (LA HERRADURA PROMENADE)
ALMUÑÉCAR, GRANADA

This is a narrow strip of land on the seafront situated along La Herradura beach on the west coast of Granada. The layout offers a functional and formal solution to the challenges of spatially defining the Paseo de Andrés Segovia, the town of La Herradura, the beach and the sea and rendering them accessible.

The solution entails a subtle yet clear solution laid out along two pedestrian paths that are well-defined by their location and layout. The horizontal one is a walkway running parallel to the ocean shore oriented east to west and slightly elevated above the level of the ground. It is designed for strolling through the heart of La Herradura from end to end along the beach without interference from the surrounding traffic. The other, which runs perpendicular to the first, is oriented north to south and works as a promenade-pier. It begins its journey in the town of La Herradura and ends 25 metres offshore after running along Rambla del Espinar at varying levels and crossing above Paseo de Andrés Segovia and the beach.

The walkway is a system built entirely of wood, 2.5 metres wide and with a consistent size. It is supported by pillars and is spatially and functionally delimited by Paseo de Andrés Segovia and the beach. Along its journey of approximately 1,800 metres, a number of unique elements are threaded like beads on a necklace, advancing towards the beach while forming pathways, squares and lookout points.

We can distinguish four parts in the promenade-pier, each with well-defined characteristics: the raised walkway on Rambla del Espinar, the bridge over Paseo de Andrés Segovia, the pier over the beach, and finally the sea with the Pabellón del Mar (Sea Pavilion), located on the pier, which serves as a lookout point/shelter providing views of the town centre, the beach, the heart of the bay and the sea.

Design:
1994
Construction:
1997-1999
Developer:
Junta de Andalucía; Consejería de Obras Públicas y Transportes; Ministerio de Medio Ambiente; and Dirección General de Costas
Contractor:
Ferrovial, S.A.

Collaborators
Design:
Antonio Barrionuevo Ferrer and Julia Molino Barrero
Construction management:
Antonio Barrionuevo Ferrer, Julia Molino Barrero, and Antonio Álvarez Gil
Surveyors:
Miguel Calleja García and Luis Chocano Higuera
Engineering:
Antonio Reboreda Martínez

Site plan

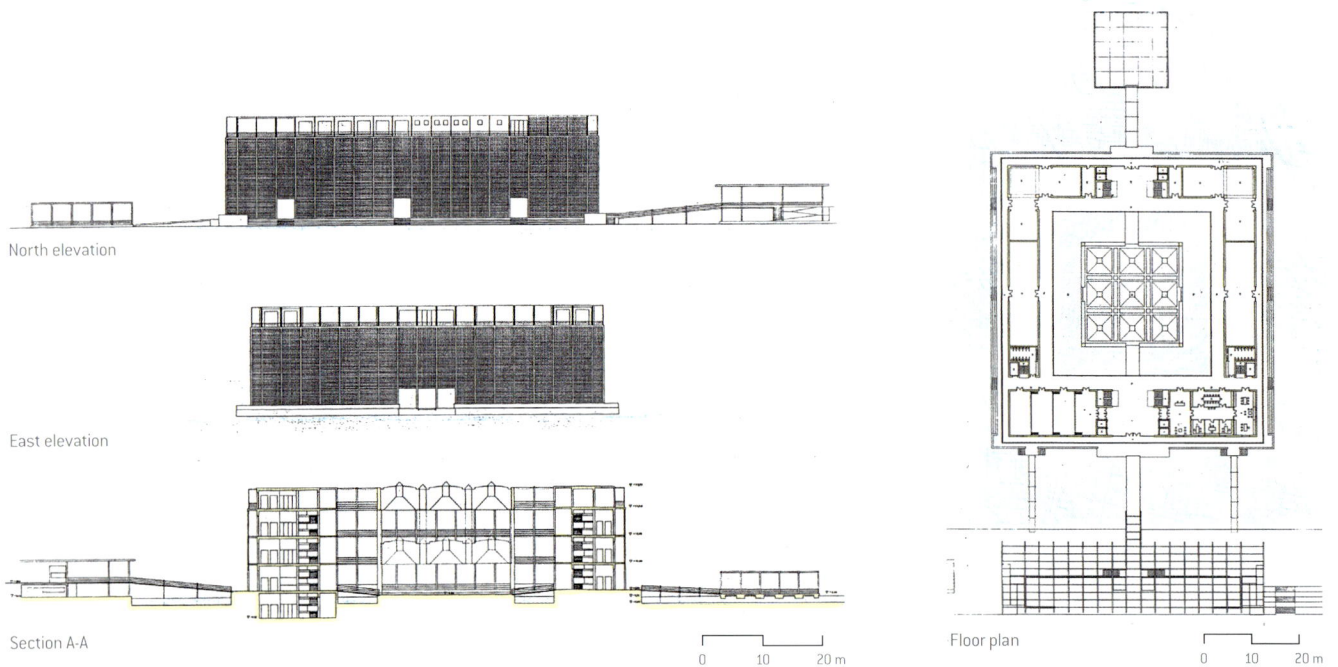

North elevation

East elevation

Section A-A

0   10   20 m

Floor plan

0   10   20 m

24 SPAIN PAVILION AT EXPO 92
SEVILLE

The proposed solution meant that the visitors' relationship with the lake and the pavilion should be seen as a privileged moment, and therefore the agenda of needs should be grouped in an order which will:

1. Respect and enhance the shoreline, giving it a proper definition and continuity, by building a perimeter walkway on two levels. The upper level, strictly for pedestrians, is shaded by a pergola that shelters the walkway from the sun and acts as jetty and entrance to the pavilion. The lower level is also for pedestrians, but is also occasionally used as a utility dock.

2. View the pavilion itself as a building emerging from the lake, separate from land to achieve the highest degree of individualisation and symbolism, characteristic of an important building. The building is constructed with a double section with a unique square plaza at the centre. Between these two sections lies a clear, shallow pool.

The central square is covered with a sliding metal structure which, like a large *plateau*, allows for exposure or representation, without neglecting the square's main role as the large, central *hall* surrounded by water, making it a meeting place and the true "heart" of the construction.

3. Place a platform next to the pavilion, floating on the lake, which symbolises Spain's seafaring vocation to navigate to foreign countries, while also making it possible for the public to use it to enjoy their surroundings, dance, watch night-time shows on the lake, or for it to serve as a floating stage. It thus becomes a true festive space that can be seen and enjoyed from the pavilion or from the perimeter path.

Design:
1990
Developer:
Ministerio de Relaciones con Las Cortes y de la Secretaría del Gobierno

Collaborators Design:
Ricardo Aroca Hernández-Ros

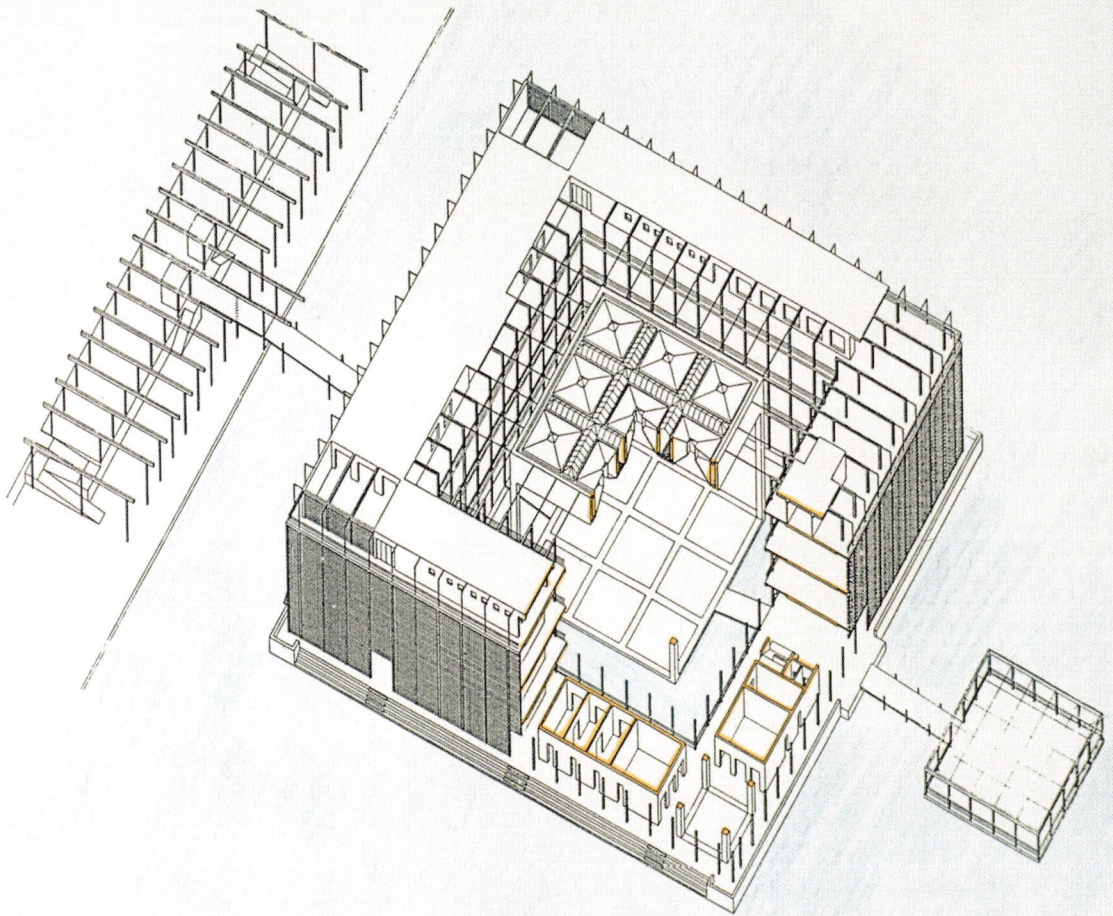

Axonometric view

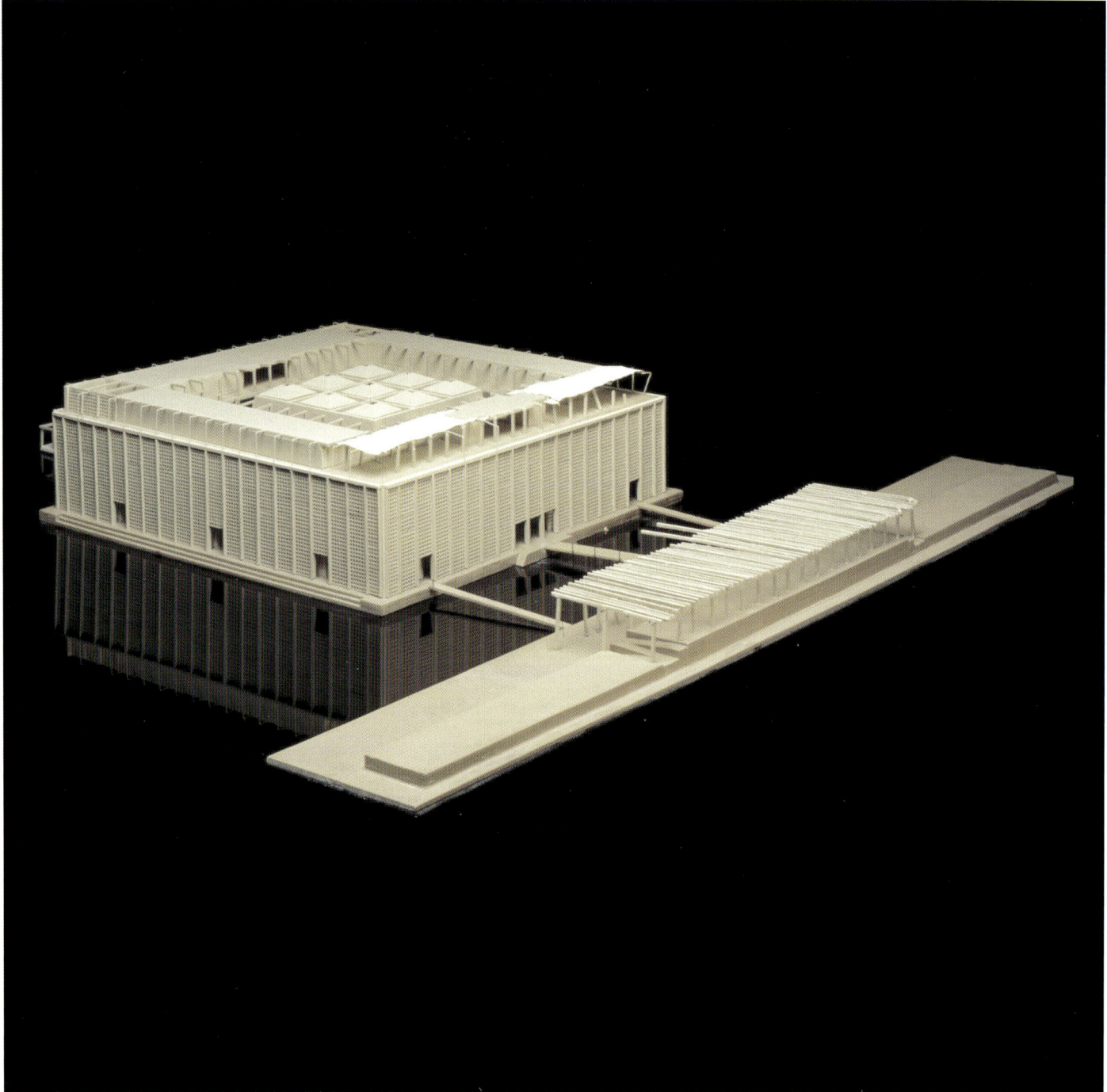

Site plan

Scale model

0 10 20 m

25 AUDITORIUM – CULTURAL CENTRE AND HOUSING

VILALBA, LUGO

The solution adopted is aware of the importance of the cultural, educational, recreational and residential functions it entails, as well as the architectural and urban prominence of the action within the urban area where the building is located.

Care was taken to integrate existing features of the site, all of which have notable value, into the project. In this case, they include a Roman wall, a mediaeval tower and the parish church, which were incorporated in order to preserve the historical, architectural and social landscape.

Taking advantage of the steep topography of the land, new buildings and public spaces were built. Each was assigned an ideal place at the most favourable height, using the site's privileged overhanging position, converting each of the designed spaces, and the resulting whole, into veritable lookout points/balconies from which to view and enjoy the scenic beauty of the rich built environment and the vast, flat area of Terra Chá.

Finally, its integration into the existing urban fabric clearly determines its northern boundary, with the intention of conveying the distinct sensation of where the town ends and countryside begins.

Design:
1995 and 2002
Construction:
1996-1997 and 2002-2003
Developer:
Consellería de Política Territorial, Obras Públicas y Vivienda and Instituto Galego da Vivenda e Solo
Contractor:
Multiusos de Vilalba, UTE: Necso, Entrecanales Cubiertas, S.A. and Construcciones Sanjurjo
ACS Proyectos, Obras y Construcciones, S.A.

Collaborators
Design:
Paulino Sánchez Chao, José Antonio Suárez Calviño, Serafín Lorenzo Cadilla, Mª del Pilar Álvarez Tapia, Fabián Estévez Rodríguez, and Mª del Pilar Taboada Iglesias
Construction management:
Paulino Sánchez Chao and José Antonio Suárez Calviño
Surveyors:
Fernando Bores Gamundi and José-Antonio Lousa Barbeito
Engineering:
Antonio Reboreda Martínez
Sculptures:
Manolo Coia and Sergio Portela

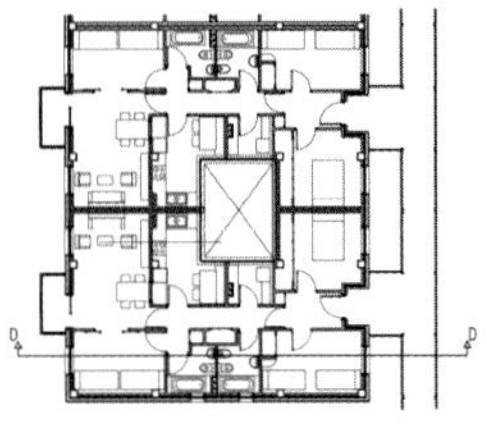

Key plan

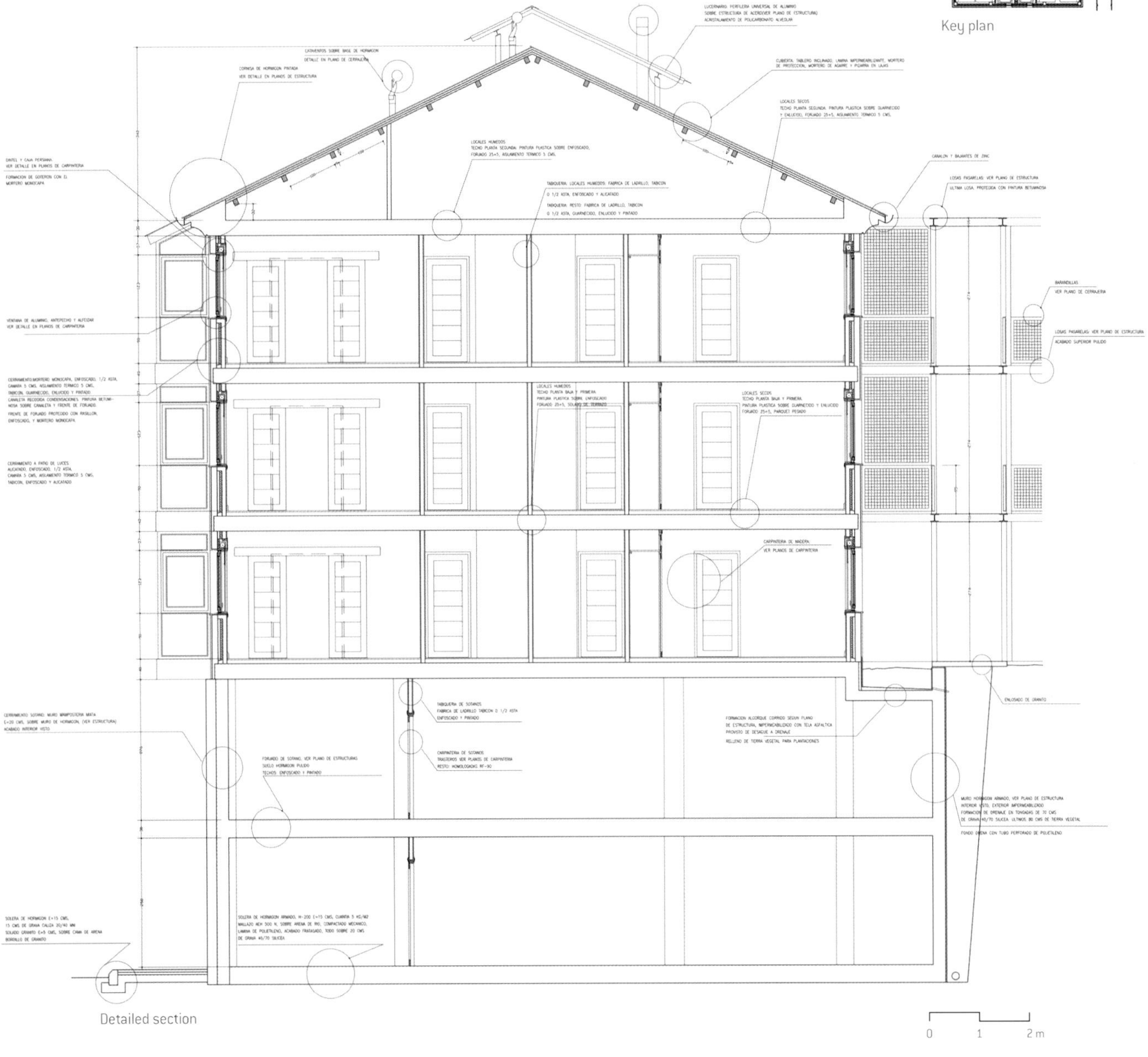

Detailed section

0   1   2 m

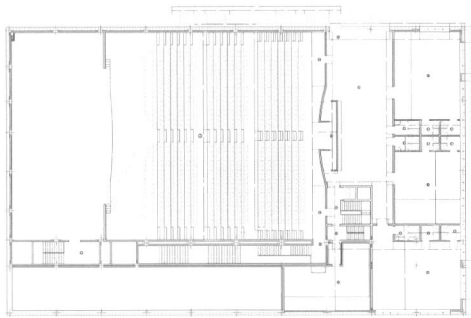

Second floor plan

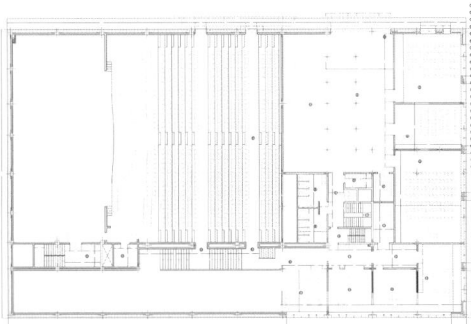

First floor plan

0   5   10 m

26 AUDITORIUM, CULTURAL CENTRE AND CONSERVATORY
VILAGARCÍA DE AROUSA, PONTEVEDRA

The auditorium building is a striking prism that houses the following areas:

-The backstage in the basement with communal and individual dressing rooms, a general storage area and utility rooms. This entire area has a separate entrance from the outside, as well as the required interior connections.

-The main entrance of the building is on the ground floor, as well as the box office, information point, cloakroom, main toilets and a café. These elements are joined by a large lobby: an eloquent long, rectangular, triple-high space extending along the entire facade of the building with a strong volume. This also serves as a support and extension of the exhibition hall and opens out onto the new square through large glass windowpanes. From here you can reach the front rows of the auditorium and the main staircase, which connects with the other entrances to the hall, administration offices and press rooms. Another lobby, running perpendicular to the first, leads to the exhibition hall, a conference room, the main toilets and the café.

-The first floor houses the building administration, three seminar/class rooms and other main toilets. Another large hall which is spatially and visually related to the one on ground floor houses more classrooms/seminar rooms.

-Three rehearsal rooms with their own toilets and changing rooms are housed on the second floor.

We chose a clear, austere, formal language which dispenses with anecdotes, giving a concise response to the needs expressed for a type of building of this kind. Consistent with the formal language, the construction responds to the requirements with an austere and narrow range of materials, with which we hoped would achieve a strong degree of expressiveness.

Design:
1999
Construction:
2001-2003
Developer:
City Council of Vilagarcía
de Arousa; Xunta de Galicia;
Consellería de Política Territorial;
Obras Públicas y Vivienda; and
Dirección Xeral de Urbanismo
Contractor:
Obrascón Huarte Lain, S.A.

Collaborators
Design:
Paulino Sánchez Chao
Construction management and surveyor:
EPTISA, S.A.
Engineering:
Antonio Reboreda Martínez
Sculptures:
Sergio Portela

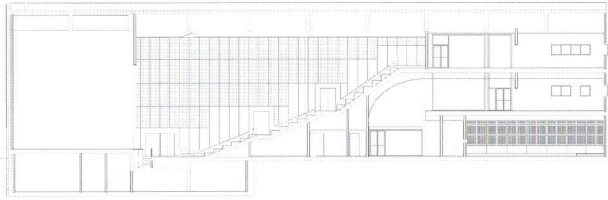
Longitudinal section

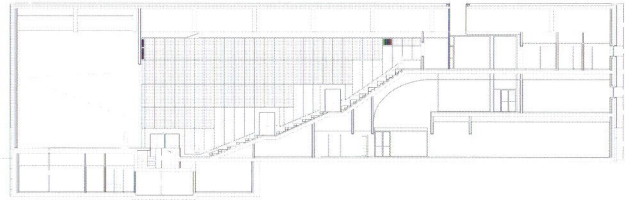
Longitudinal section

0   5   10 m

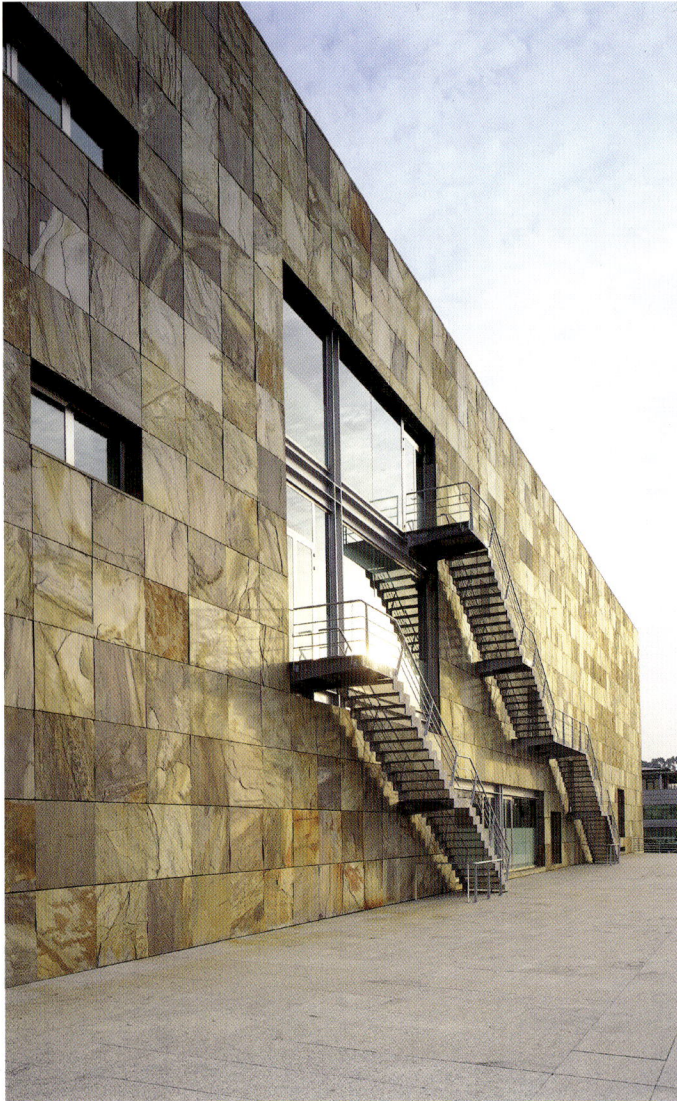

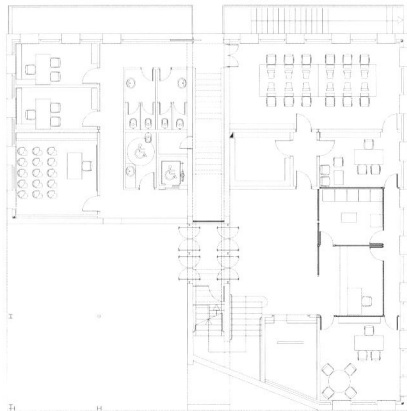

Ground floor plan   First floor plan   Section

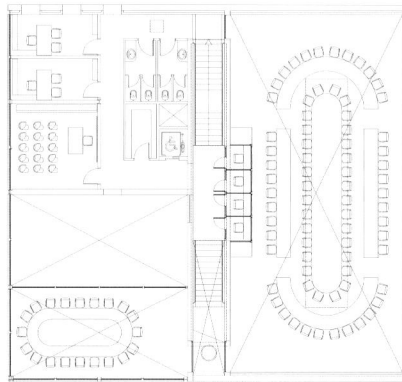

0   5 m

27 CENTER FOR ADVANCED STUDIES
SANTIAGO DE COMPOSTELA, A CORUÑA

The Centre for Advanced Studies, located in the Vista Alegre Park northwest of the historic city centre, is a landmark building at the University of Santiago de Compostela.

It aims to be a building of its time, a true expression of the advanced studies that will take place there. It was designed so that within its walls it would generate an atmosphere conducive to study, creativity, exchange and stimulation ideal for developing cutting-edge ideas, capable of fertilising all areas of inquiry at a university that aims to be a hotbed of learning, a repository of knowledge.

The construction of this building is eminently rational in its conception; the main materials used are stone, steel and glass. A concise structure of pure forms, a stone box with a square floor plan formed inside of two prismatic boxes of equal volume separated by a crack of light along which a long and ethereal staircase that connects all floors ascends. The stone walls of these boxes become glass where functionality requires it, allowing light to penetrate inside and providing visibility from the outside. Through these openings made in the outer walls and the roof, light and sunshine penetrate the inner spaces and move freely between them, creating a mysterious atmosphere of weightlessness enhanced by the infinite play of transparencies that enrich and stimulate and brighten the lives of those who use and enjoy them.

Design:
1999
Construction:
2000
Developer:
Universidad Santiago de Compostela
Contractor:
Ferrovial Agromán, S.A.

Collaborators
Design:
Paulino Sánchez Chao
Project management:
Paulino Sánchez Chao
Surveyors:
José Antonio Suárez Calviño and Pablo Reboredo Canosa
Engineering:
Antonio Reboreda Canosa
Services:
Obradoiro Enxeñeiros, S.L.

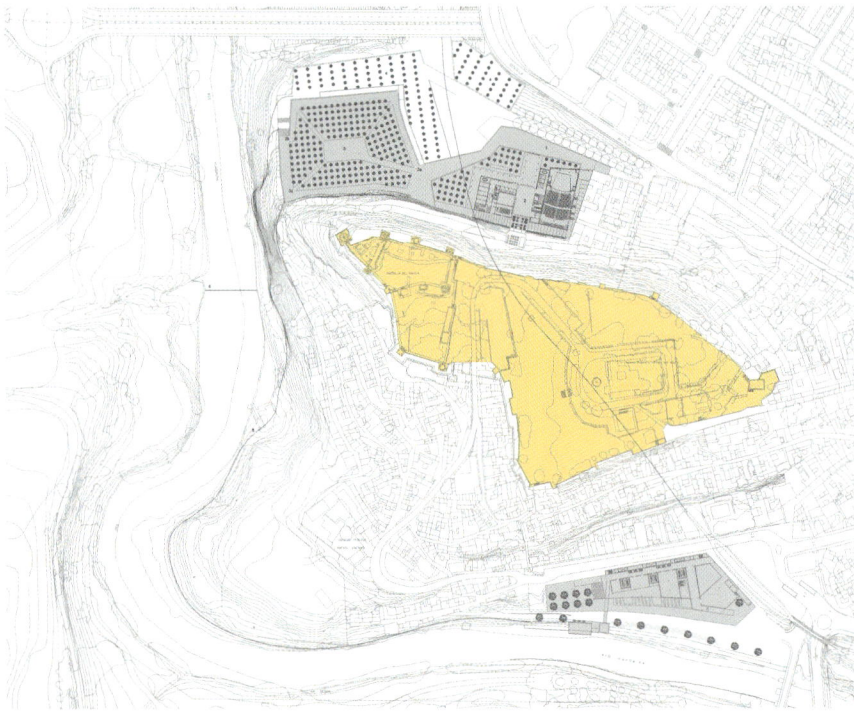

Site plan

28 CULTURAL CENTRE
ALCALÁ DE GUADAÍRA, SEVILLE

The new Cultural Centre of Alcalá de Guadaíra will be a unique, ambitious complex designed not only for the city but also for the region.

In addition to its ability to house an extensive programme of events, concerts, opera and theatre performances, music seminars and classes, painting workshops, a shop, archives, a library (with newspapers and periodicals) and more, it has another important feature: its unique location on the northern and southern slopes of the hill of the fortress-castle overlooking the banks of the Guadaíra River.

As the compositional principle behind this project, the objective was to integrate the new spaces with the splendid architecture already in this privileged landscape. So it was decided to build the cultural centre in two distinct areas. The auditorium and its annexes are situated on the northern slope, which is notable for the silhouette of the castle and the old city walls. They are built near the village in order to preserve the top of the slope upon which the citadel stands. The central library is located on the southern slope, at the foot of the suburb known as El Águila.

The necessarily more striking spaces of the auditorium are covered with murals of cliffs and towers painted on canvas to maintain a visual relationship with the silhouette of the castle. The library, with its repository towers, courtyards and skylights, is an architecture composed of more fragmented shapes consistent with the cubic-shaped composition of the houses in the nearby district.

Both complexes interact with their urban surroundings through enclosed, orderly areas, such as gardens. Between them is a proposed river walk running parallel to the twists and turns of the river and through the direct connection provided by the renovated old Seville Alcalá de Guadaíra railroad tunnel, popularly called "the bakers' train".

Design:
2006
Construction:
2009-2011
Developer:
Ayuntamiento de Alcalá de Guadaíra
Contractor:
Fomento de Construcciones y Contratas (FCC)

Collaborators
Design:
Antonio Barrionuevo Ferrer, Julia Molino Barrero, Covadonga Varela Castejón, and Débora Fresno Rodríguez
Construction management:
Antonio Barrionuevo Ferrrer and Julia Molino Barrero
Surveyor:
Daniel Villegas Morón
Engineering:
Antonio Reboreda Martínez
Services:
Tomás Ruiz de Terry

General scheme

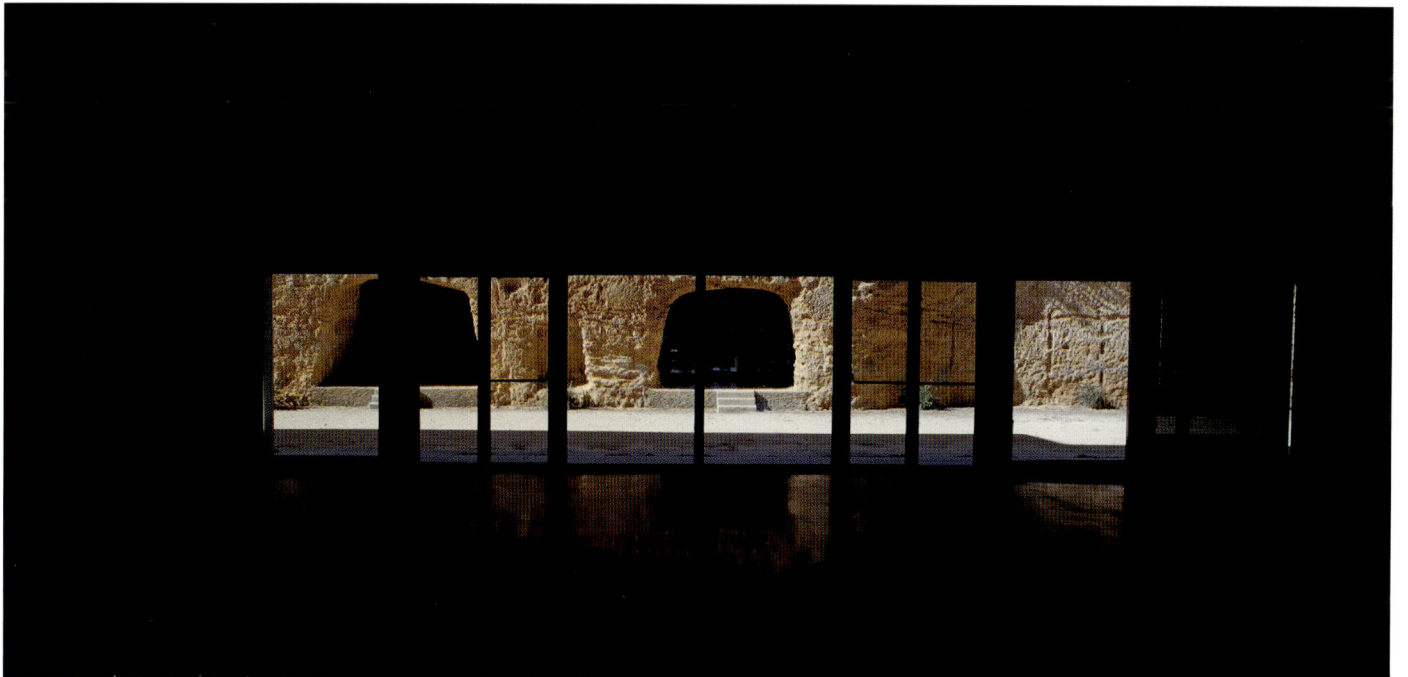

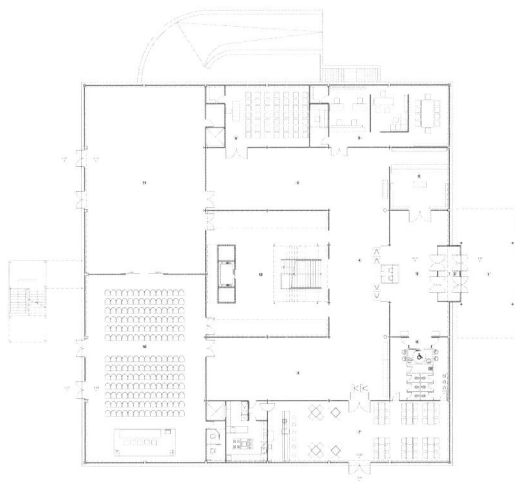

Access floor plan

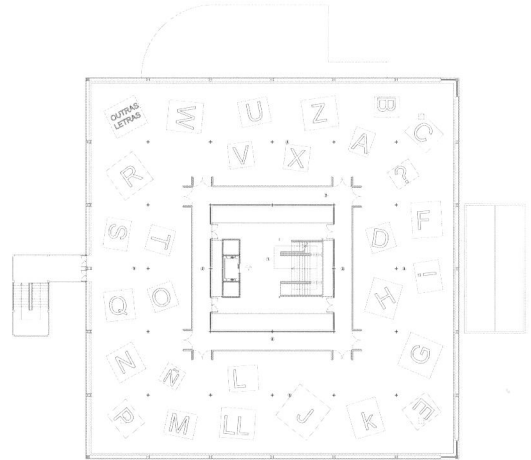

First floor plan

0   5   10 m

29 "VERBUM" HOUSE OF WORDS
VIGO, PONTEVEDRA

"It was language that created man; man did not create language."
Edgar Morin

Words plus syntax equal language. This is its analogy with architecture, with formal language and with the constructive syntax that brings it all together while creating spaces, different places depending on who is controlling the light and who speaks to these materials.

The House of Words must be a temple of language. Its architecture cannot be just any architecture or, worse, banal architecture, the architecture of those who speak for the sake of speaking, who promise much but delivers nothing, or at least nothing interesting.

The architecture of the House of Words is meant to be expressive architecture, a faithful reflection of the effort to create a comfortable and beautiful space. An expressive and analogous architecture resembling man's effort to find the right word to best express himself on every occasion, in every situation, in every case.

We did not want this work, this temple of language, to sacrifice the spectacular, but we tried to base it on spatial, formal and constructive qualities, answering fundamental questions with essential architectural solutions. And what is the essence of architecture? Celibidache said about music, "Those who believe that music is beauty alone do not yet know what music is. Of course good music should be beautiful, but above all it must be true." The same goes for architecture.

So in the House of Words our objective was to seek the truth and give the space and the word all the attention they deserve. We also sought to bring these to light, which is what configures, illuminates and allows us to see the space.

Design:
2001
Construction:
2003
Developer:
Concello de Vigo
Contractor:
NECSO Entrecanales Cubiertas, S.A.

Collaborators
Design:
Paulino Sánchez Chao, Rodrigo Portanet Fontana, and José Antonio Suárez Calviño
Construction management:
Rodrigo Portanet Fontana, Antonio Reboreda Martínez, Luis Durán Ageitos, and Ignacio Menéndez Solla
Surveyor:
José Antonio Suárez Calviño
Engineering:
Antonio Reboreda Martínez
Services:
Obradoiro Enxeñeiros, S.L.
Sculptures:
Manolo Coia, Paco Leiro, and Sergio Portela

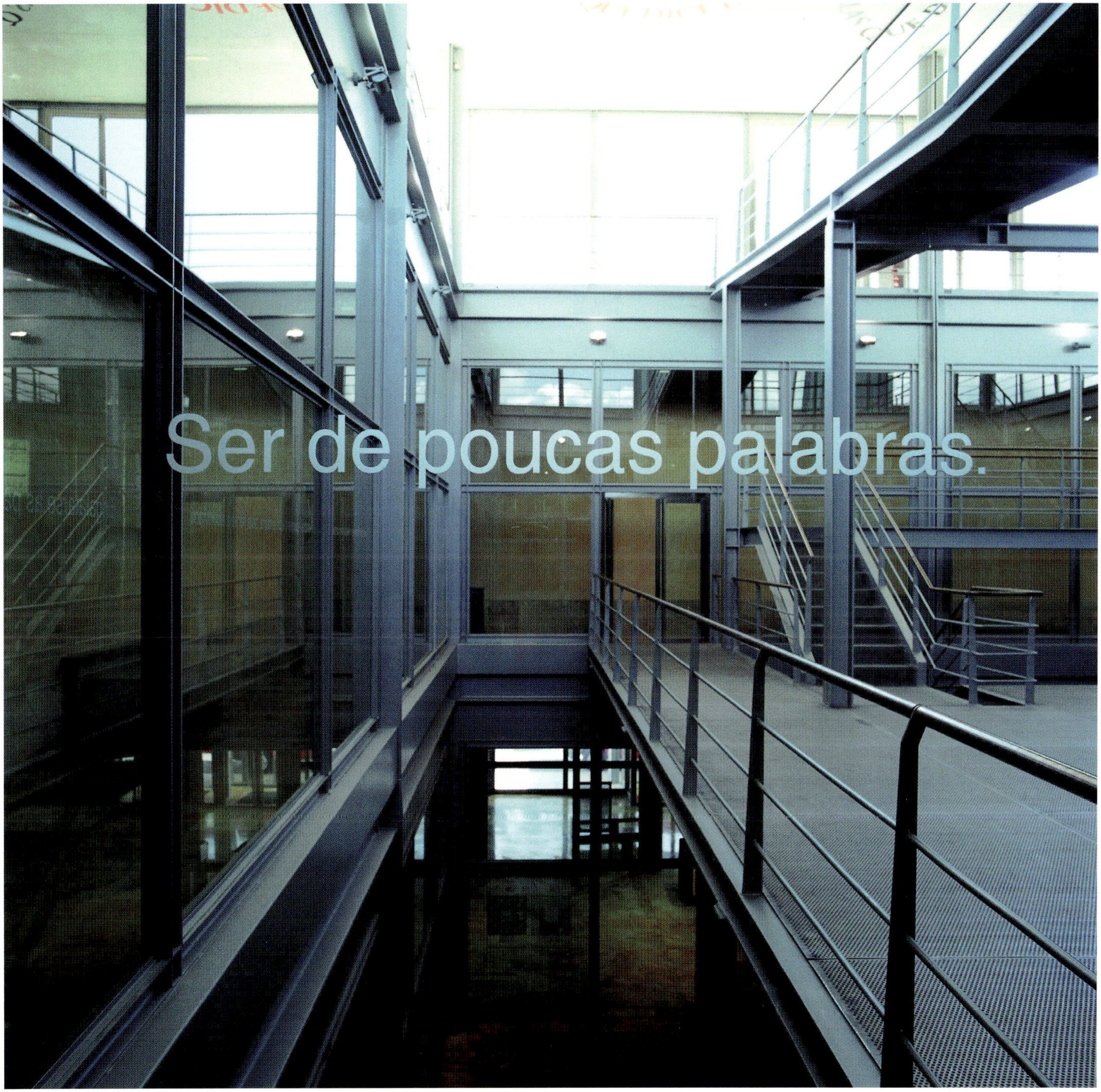
Ser de poucas palabras.

Typical floor plan

0   5   10 m

General floor plan

0   50   100 m

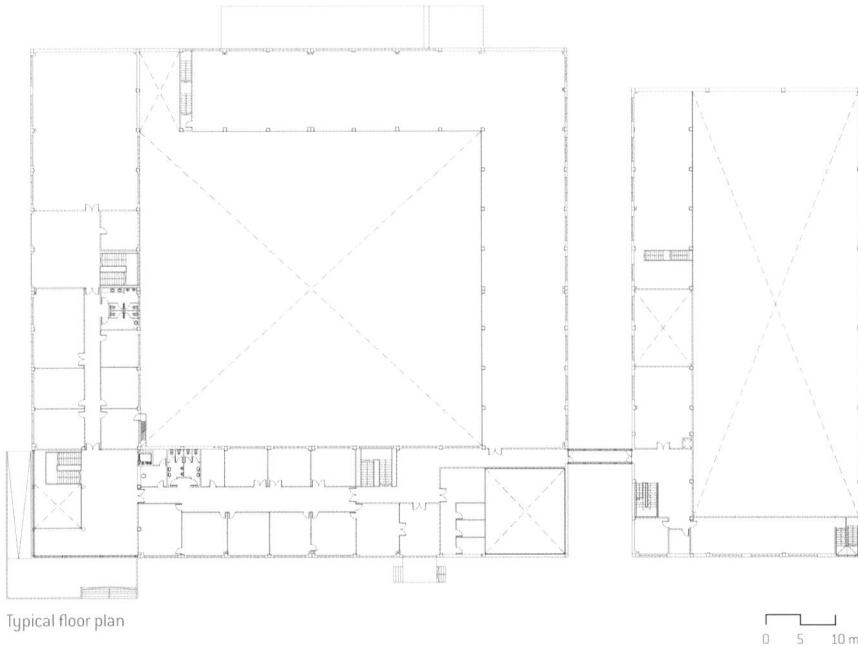

30 AUTOMOTIVE TECHNOLOGY CENTRE OF GALICIA (CTAG)
O PORRIÑO, PONTEVEDRA

The automotive industry strives for perfection and can make almost exact amounts at exact rates in both the production process and in the end result. In construction, timing and results are often difficult to predict or in fact unpredictable.

So when I agreed to accept the commission for this project, I already knew the risks involved in having to submit the result to developers with training and mindsets in the automotive industry and, therefore, accustomed to rationality and accuracy, to chasing and achieving perfection.

But I also knew that I was being offered an opportunity to build working spaces capable of housing a series of mechanical tests and experiments, and others for administrative and educational purposes. These spaces all had to have the required degree of usefulness as well as a high degree of conceptual rigour.

When I accepted the job, I wanted to make the resulting image of the building a faithful expression of its contents, with the appearance of a product of cutting-edge technology with pure, concise and elegant forms, emulating the automotive industry's products. It had to attain a high level of quality and safety without sacrificing comfort and beauty.

Design:
2001
Construction:
2001-2002
Developer:
Fundación C.T.A.G.
Contractor:
Construcciones Conde, S.A.

Collaborators
Design:
Cotecno
Construction management:
Rodrigo Portanet, José Antonio Suárez, Cotecno, and Francisco Saleta
Surveyor:
Cotecno
Engineering:
Cotecno. Antonio Reboreda
Sculptures:
Manolo Coia and Sergio Portela

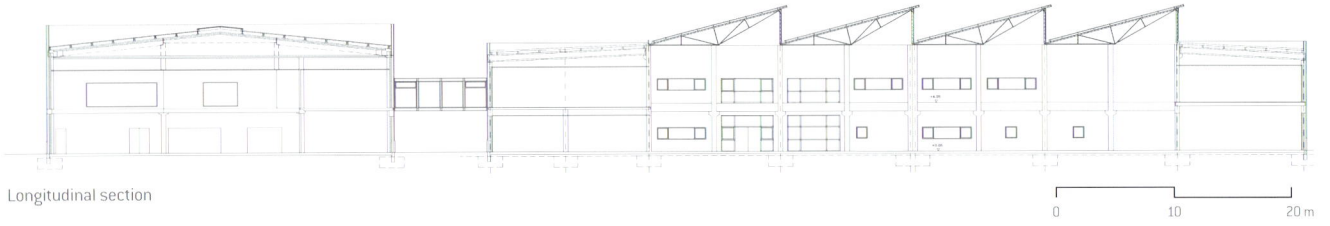

Longitudinal section

0   10   20 m

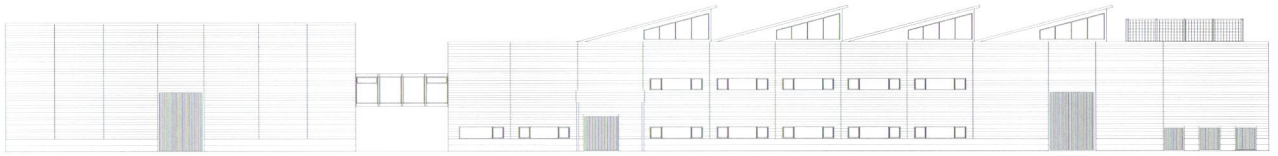

East elevation

0   10   20 m

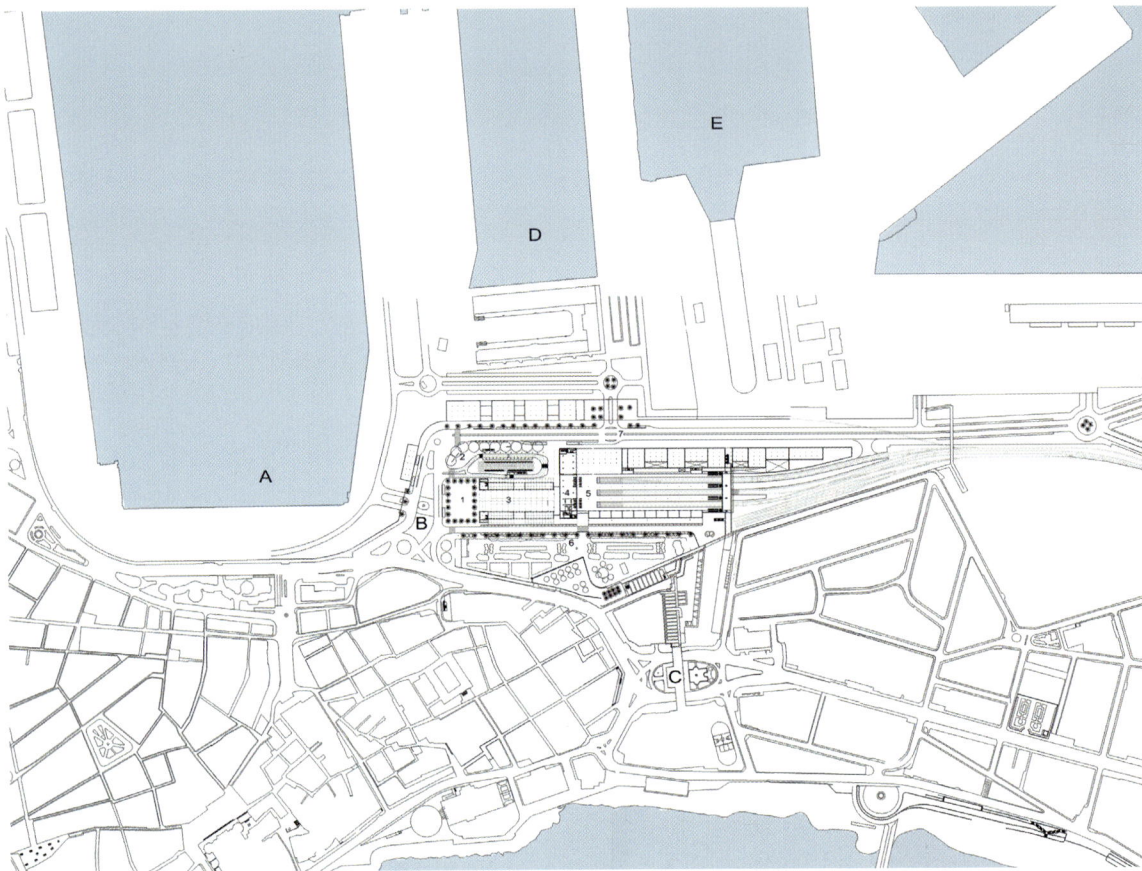

Site plan
1 Jardín de la estación square
2 Patio de viajeros square
3 Station's old canopy
4 New station's lobby
5 New platforms canopy
6 De la Muralla park
7 New Avenida Astilleros

A City dock
B Sevilla square
C Puerta tierra gate
D Fishing dock
E Shipyard
F Atlantic ocean

31 RAILWAY STATION TERMINAL
CÁDIZ

The contrast between the city fortress, reinforced with a mass of solid stone, and the light, transparent, metal and glass structure of the new station, with the park in between, is the typological, formal and structural essence of this solution, which eloquently expresses the functional difference and the distance separating the two projects in time, as well as that gap between the volume of the old station and the wall.

This project strove to be ground-breaking thanks to its constructive language as well as its formal and spatial idiom. At the same time, it aimed to be very respectful of the city of Cádiz and its history, and above all of its future users through its functionality, comfort, wealth of space and simple preservation and maintenance.

One of the determining factors of this space, besides its volume and proportions, is the light that enters through the skylight system installed in the roof, and the large side windows that open out onto the park next to it, providing glimpses of elements of the historic city that are as crucial as the balustrades and the wall.

Design:
1997-1998
Construction:
2001-2003
Developer:
Ministerio de Fomento, Secretaría de Estado de Infraestructuras, and Dirección General de Ferrocarriles
Contractor:
Dragados y Construcciones

Collaborators
Design:
Antonio Barrionuevo Ferrer, Julia Molino Barrero, Técnicas Territoriales y Urbanas (TT&U), and Gabinete de Estudios Técnicos Ingeniería, S.A. (GETINSA)
Construction management:
Tifsa, Antonio Barrionuevo Ferrer, and Julia Molino Barrero
Surveyors:
TIFSA, Javier Cortezo García
Engineering:
Antonio Reboreda Martínez
Services:
Tomás Ruiz de Terry

Location map

32 CENTRAL STATION
VALENCIA

The new Estación Central de Viajeros de Valencia (Valencia Central Passenger Train Station) is integrated into Demetrio Ribes' existing North Station, making it an excellent centrally-located interchange point that is accessible to the entire city and its wide range of public transport services. At this station, high-speed long-, medium- and short-distance trains converge near three subway stations, long- and short-distance buses, taxis and ample parking for private vehicles.

The formal language is based on masterful and essential yet subtle geometry, which results in a series of connected spaces linked by a precise code of options and surprises, areas with spare, radical yet highly expressive volumes which facilitate the clear identification of each of the uses within, always seeking direct and natural contact between the institution and the function that it serves as well as the users who enjoy it. Serene places where the light provides the symbolic component, the light of the Levante that Sorolla so skilfully portrayed in his paintings and Blasco Ibáñez in his writings.

Powerful architecture, a far cry from fleeting fashions, designed for permanence, to rationally use space and nobly reflect the passage of time. Architecture that does not ignore the spectacular but seeks it, not facile, free showmanship but proportional space, combined wisdom and mutual understanding between formal and constructive language, and between both and the function that they perform.

Design:
2011
Developer:
Ayuntamiento de Valencia,
Generalitat Valenciana,
Administrador de Infraestructuras
Ferroviarias (ADIF)

**Collaborators
Design:**
SENER, S.A., Antonio Barrionuevo
Ferrer, Julia Molino Barrero, José
María García Francisco, Magdalena
Portela Campos, Teresa Ribeiro
e Moreira, Mar Hernández, Irene
Espinosa, Sheila Blanco Durán,
Gonzalo Sánchez Vidal, María
Camba Gutiérrez and Ana Isabel
Couto

Cross section

0   5   10 m

Alacant St. elevation

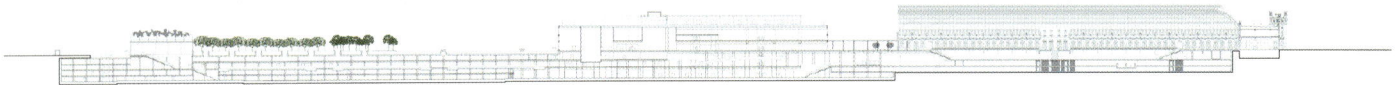

Longitudinal section

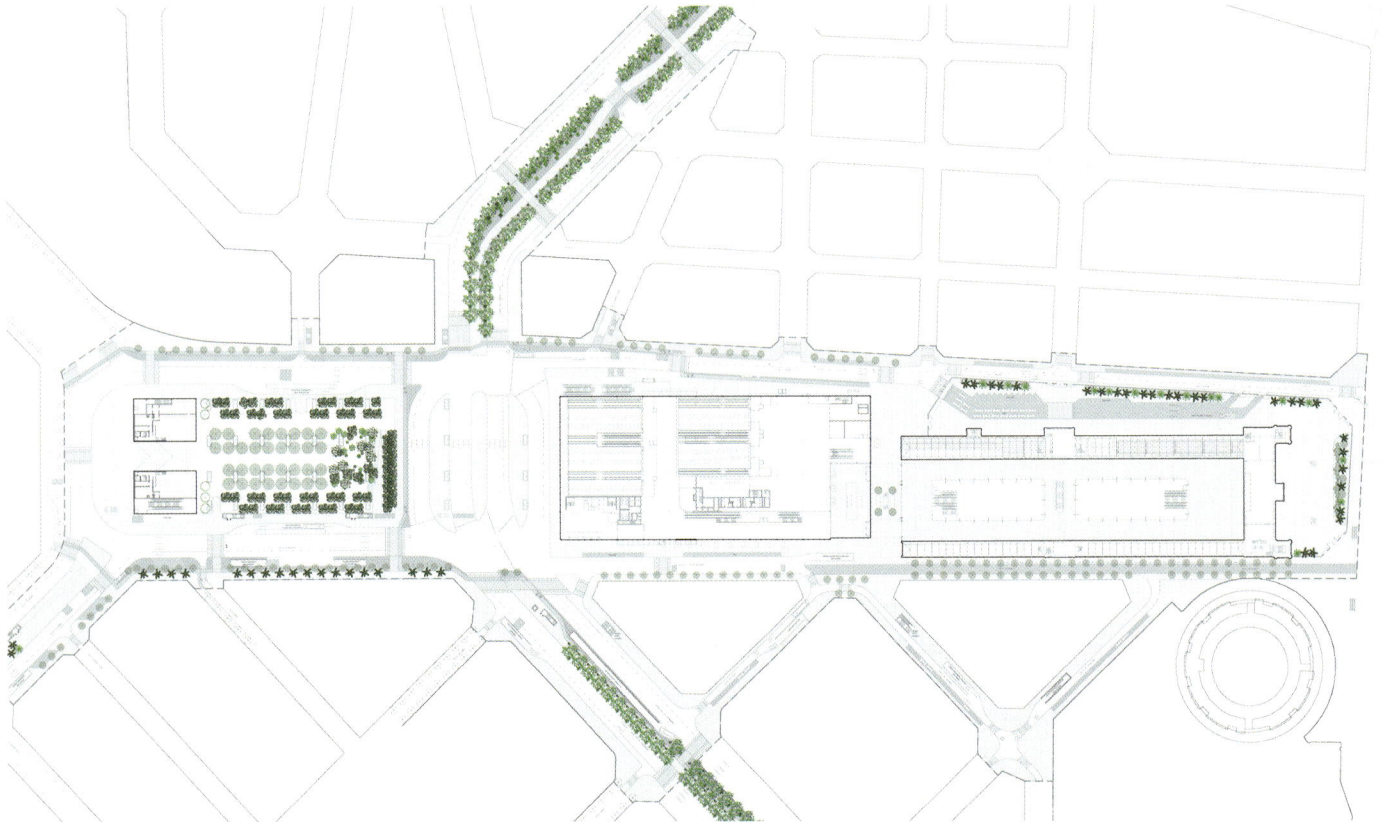

General plan

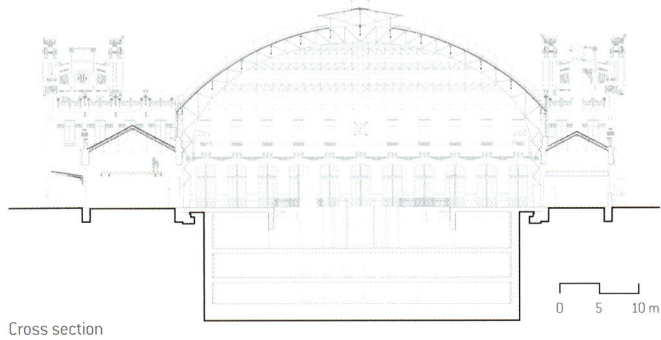

0   50   100 m

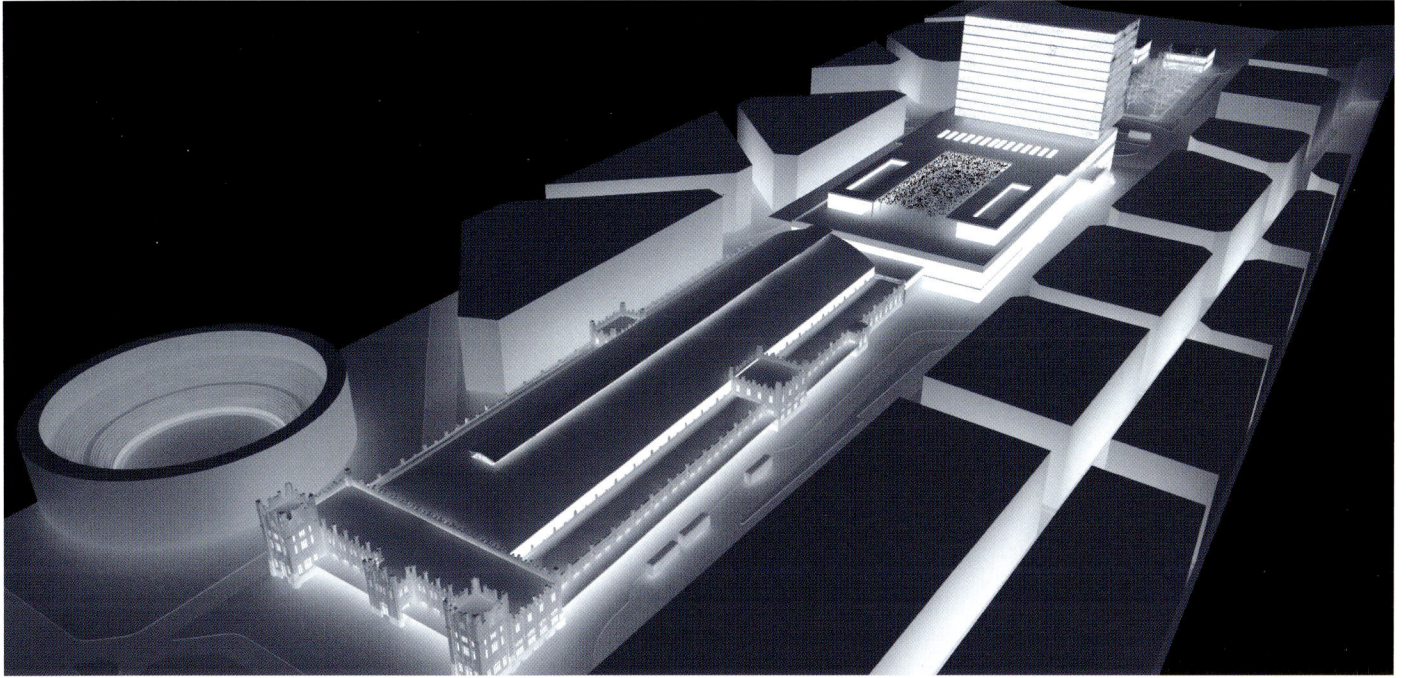

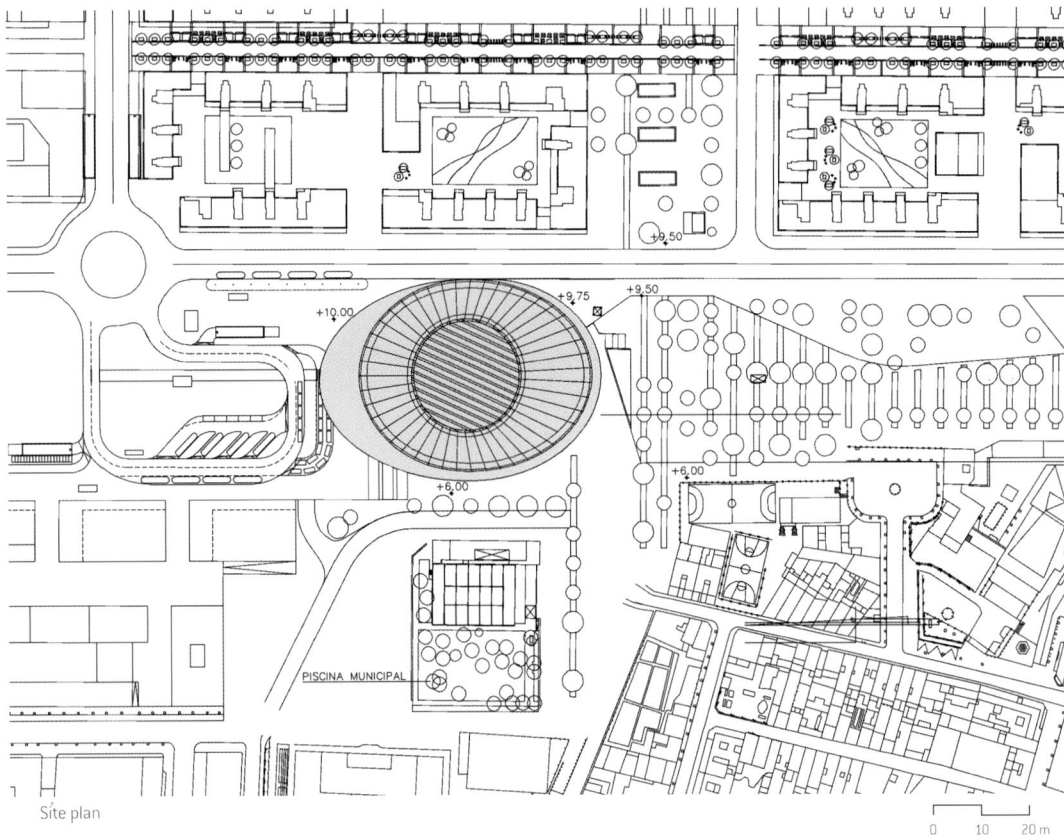

Site plan

0 10 20 m

33 INTERCHANGE STATION
EL PRAT DE LLOBREGAT, BARCELONA

The station is a gateway for reaching and leaving from the city, and as such belongs by right on the list of urban monuments. Its welcoming elliptical geometry, flanked by spiralling ramps, make up a swirling space and serve as a meeting place for the thousands of passengers who use it every day. Space, light and clarity of functionality welcome and send off travellers, providing their bodies with security and comfort and their spirits with freedom.

The station is inserted into the environment very naturally, to the extent that it appears logical and normal to find ourselves in this large space, which clearly claims its role as a station interchange. It looks like a park pavilion where the residents of El Prat and outsiders alike will feel at home.

The formal language is based on masterful and essential yet subtle geometry, which results in a series of connected spaces linked by a precise code of options and surprises, areas with spare, radical yet highly expressive volumes which facilitate the clear identification of each of the uses within, always seeking direct and natural contact between the institution and the function that it serves as well as the users who enjoy it.

Design:
2009
Developer:
Gestió d'Infraestructures SAU (Gisa)

Collaborators
Design:
Agua y Estructuras, S.A. (AYESA),
Antonio Barrionuevo Ferrer, and
Julia Molino Barrero

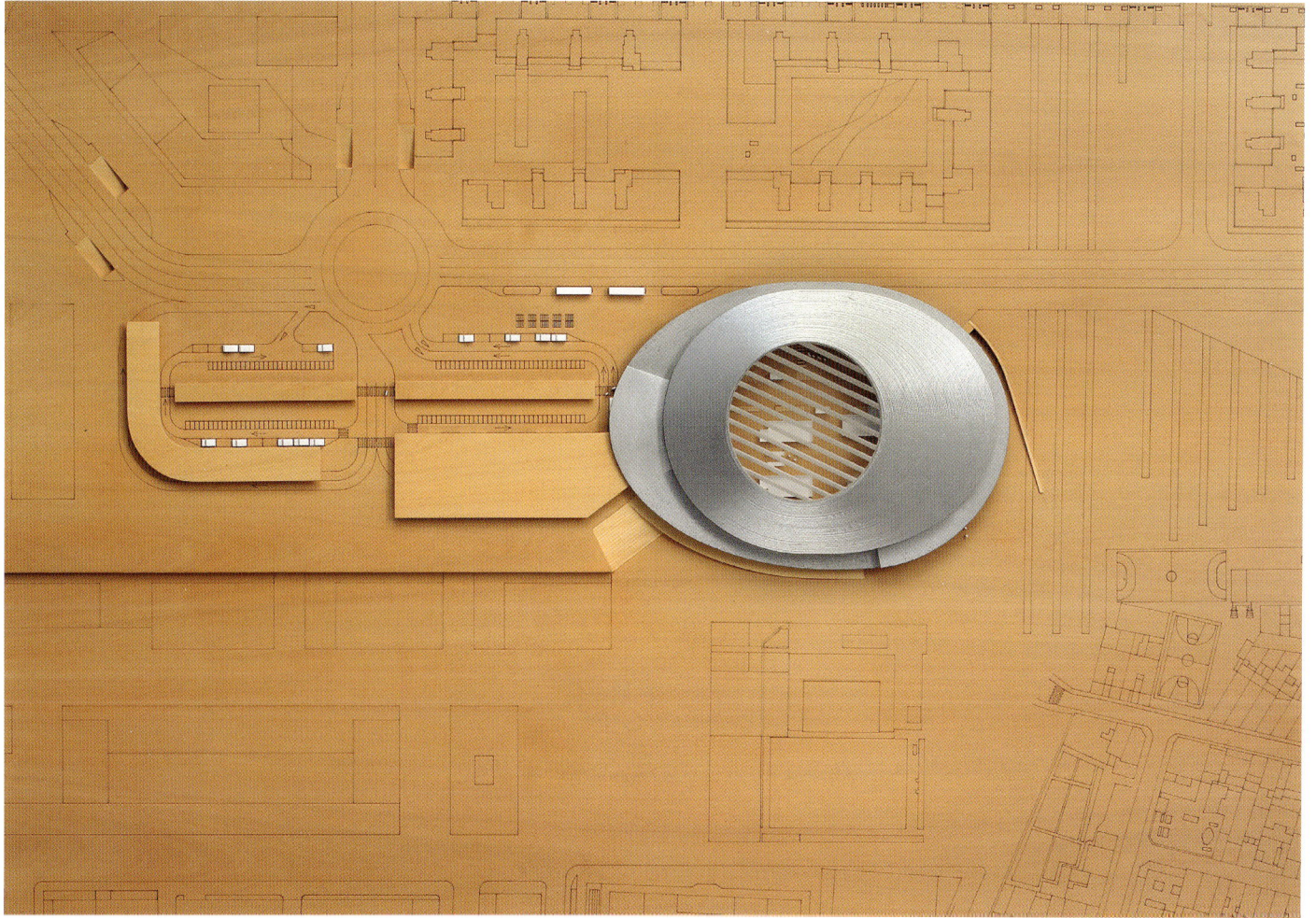

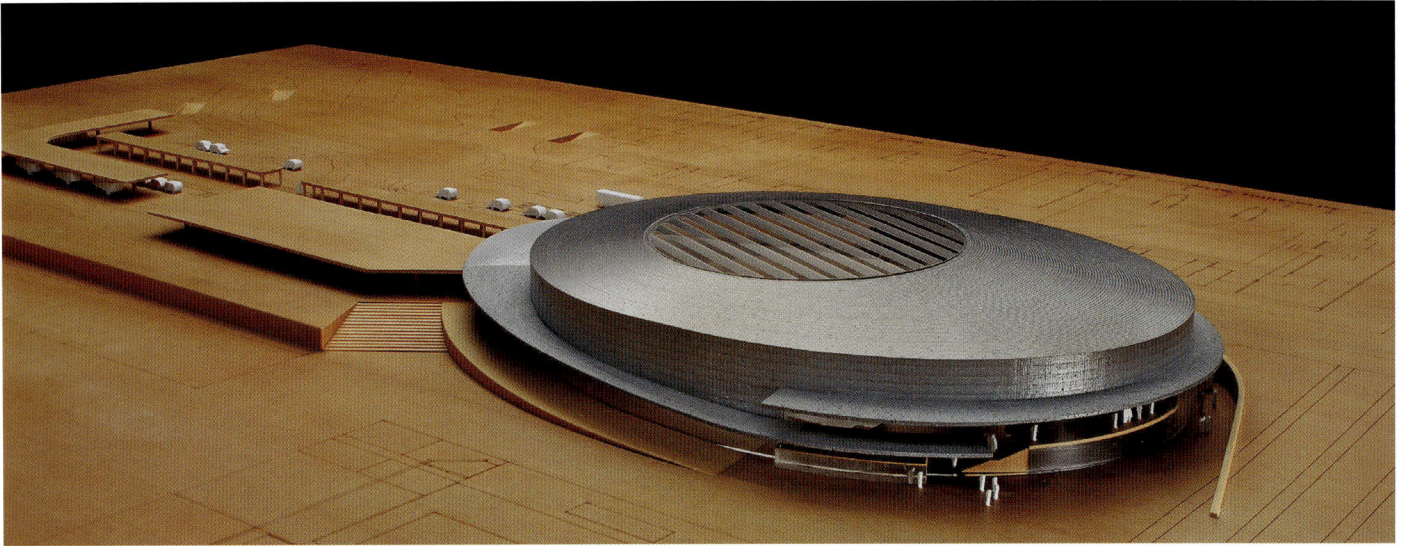

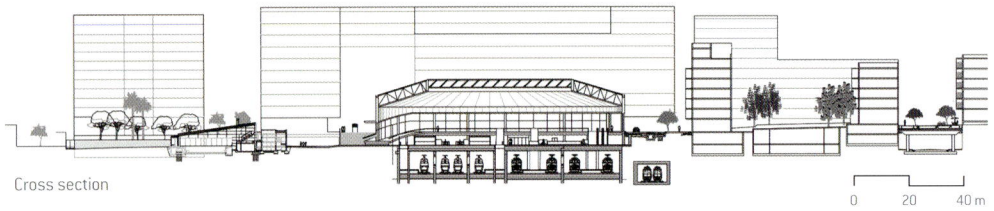

Cross section

0   20   40 m

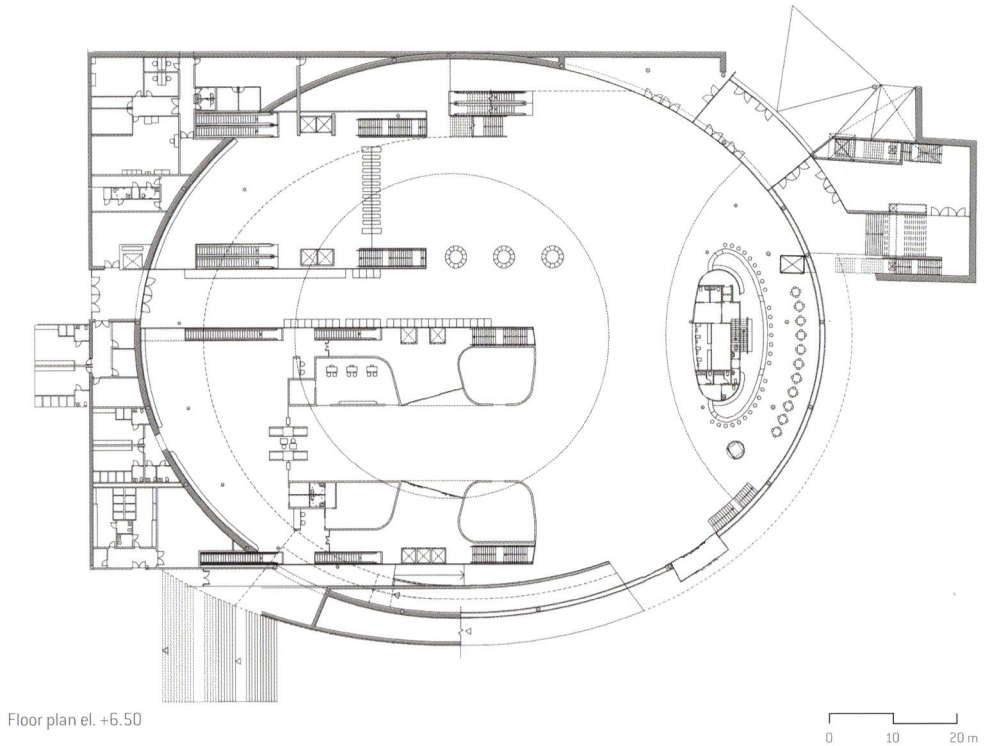

Floor plan el. +6.50

0   10   20 m

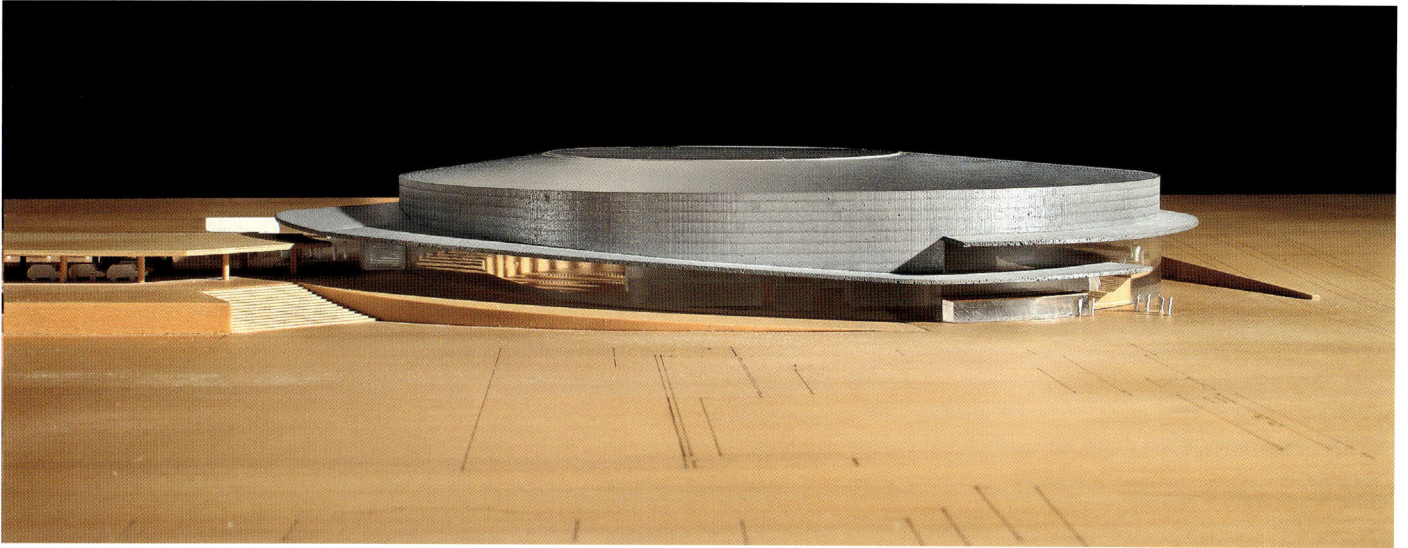

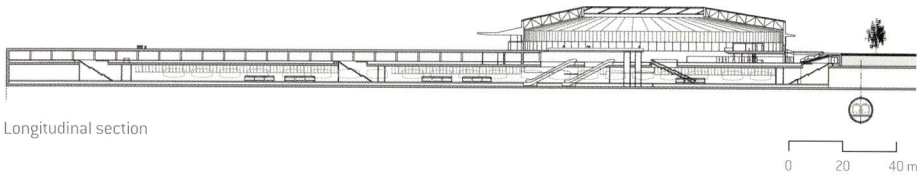

Longitudinal section

0   20   40 m

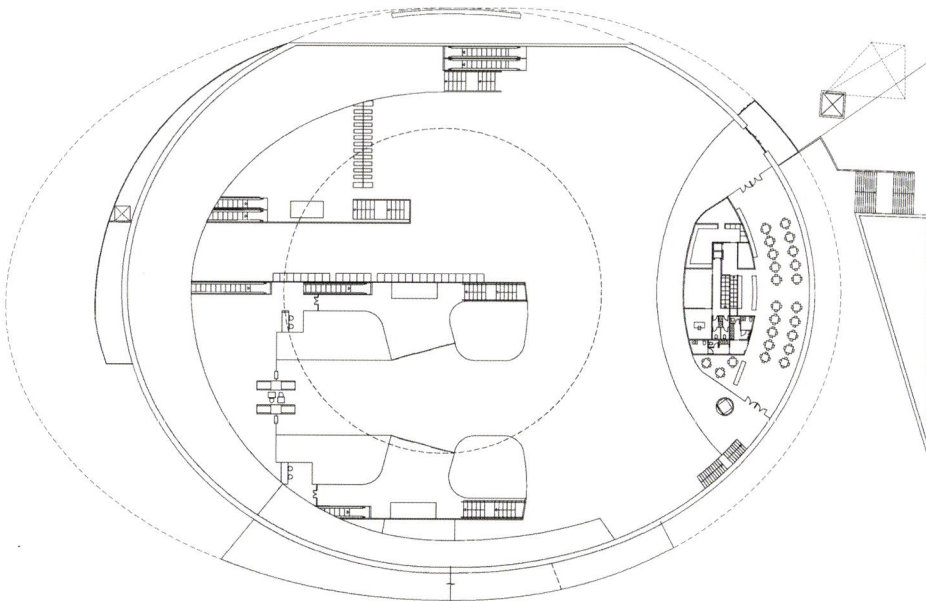

Floor plan el. +10.00

0   10   20 m

Site plan

34 STATION INTERCHANGE
A CORUÑA

Stations, airports and ports are the new gateways to the contemporary city. Station interchanges are necessary as an alternative to private transport, and if they are needed anywhere it is especially in Galicia, given the traditional dispersion of the population throughout the region.

The new station interchange at A Coruña aims to be an icon of modernity to generate and exploit the synergies arising from heightened centrality and accessibility, as well as its new role as transport hub, a hive of urban activity.

This proposal strived for, and we believe achieved, the following:
a) To design a true station interchange where all public land transport services (rail, and intercity buses, subways, taxis) converge with ease.
b) To ensure the urban integration of the train station as a whole.
c) To use of the importance of the action to help build the city's identity.
d) To align the new station with the old San Cristóbal station, adding a lobby and conferring consistency on the resulting complex.
e) To house and distribute new functions and their architectural features, rendering a spectacular complex thanks to the series of spatial volumes and the intelligent design of their shapes.
f) To integrate the formal and constructive language by choosing appropriate building techniques and materials.

Design:
2012
Developer:
Administrador de Infraestructuras Ferroviarias (ADIF)

Collaborators
Design:
Ingeniería IDOM Internacional, S.A.:
Gonzalo Tello Elordi, Arquitecto,
Jorge Bernabeu Larena, Ingeniero de CC.CC.PP. y Jesús Llamazares Castro, Arquitecto
César Pórtela: José María García Francisco, María Camba Gutiérrez, Magdalena Pórtela Campos.

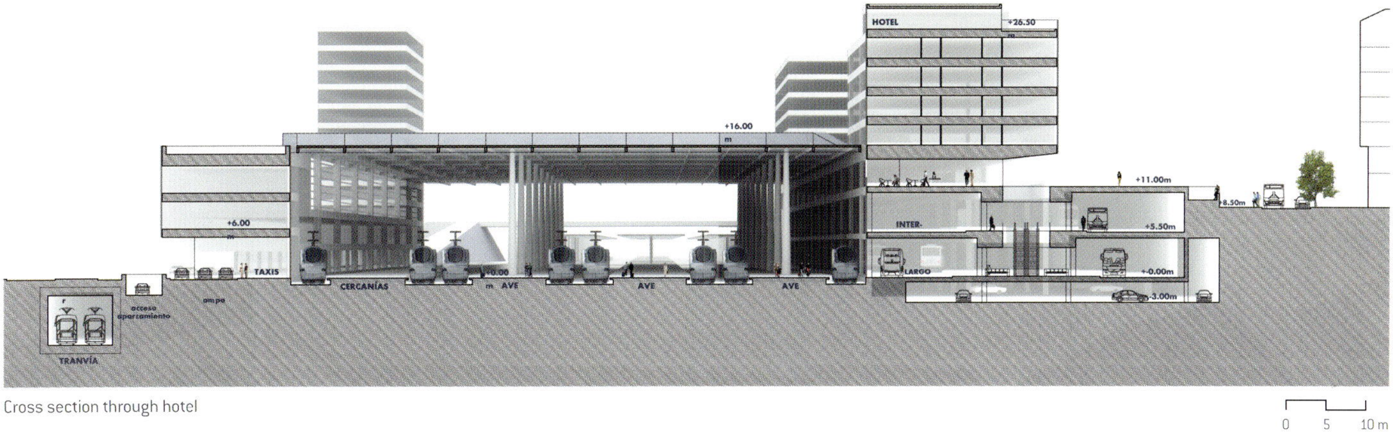

Cross section through hotel

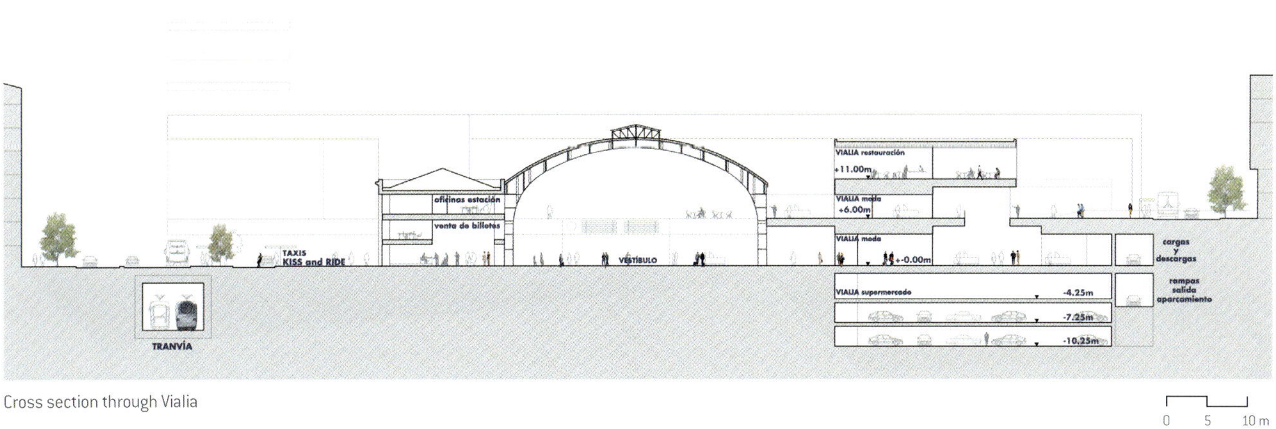

0   5   10 m

Cross section through Vialia

0   5   10 m

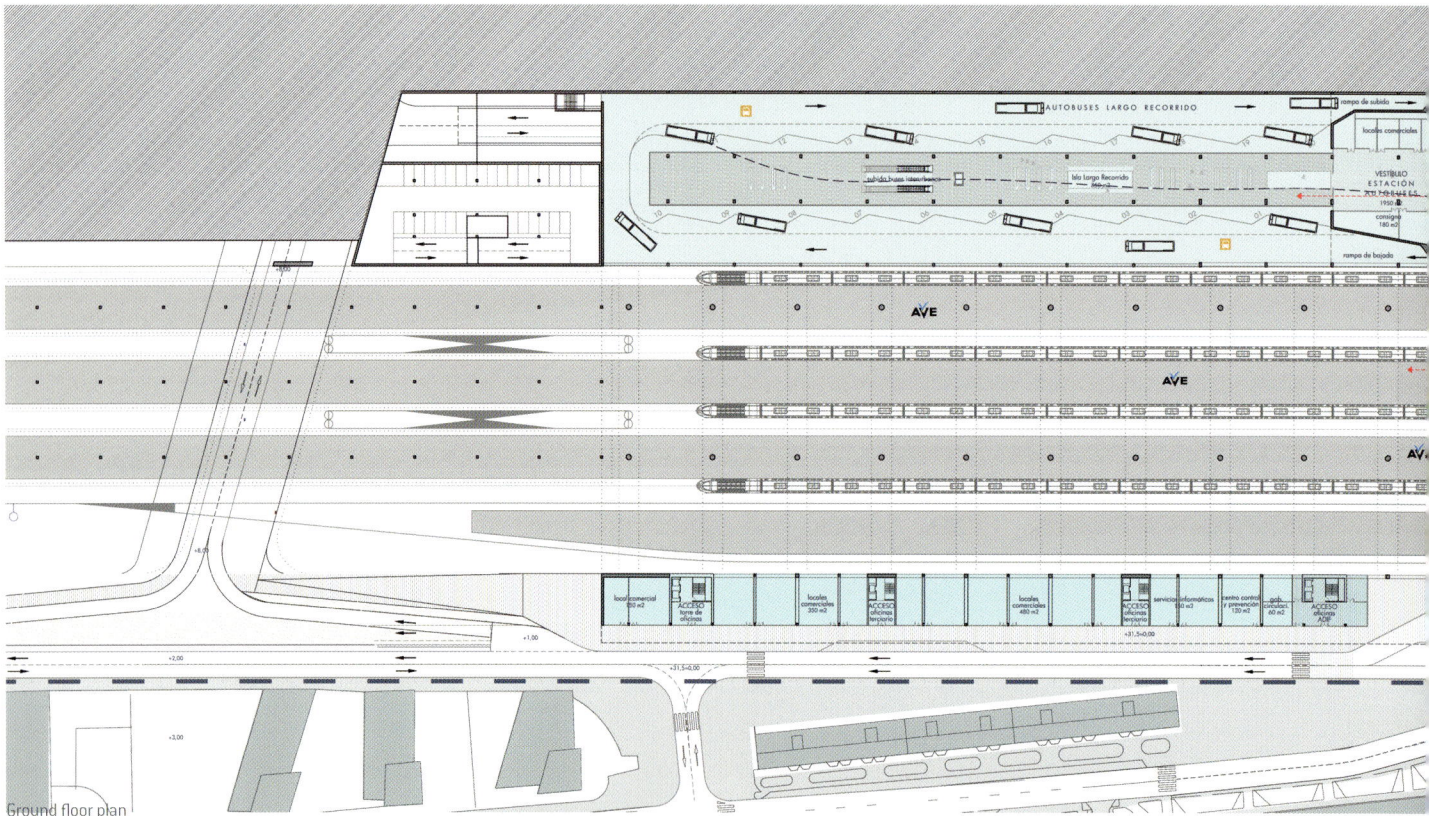

Ground floor plan

renfe

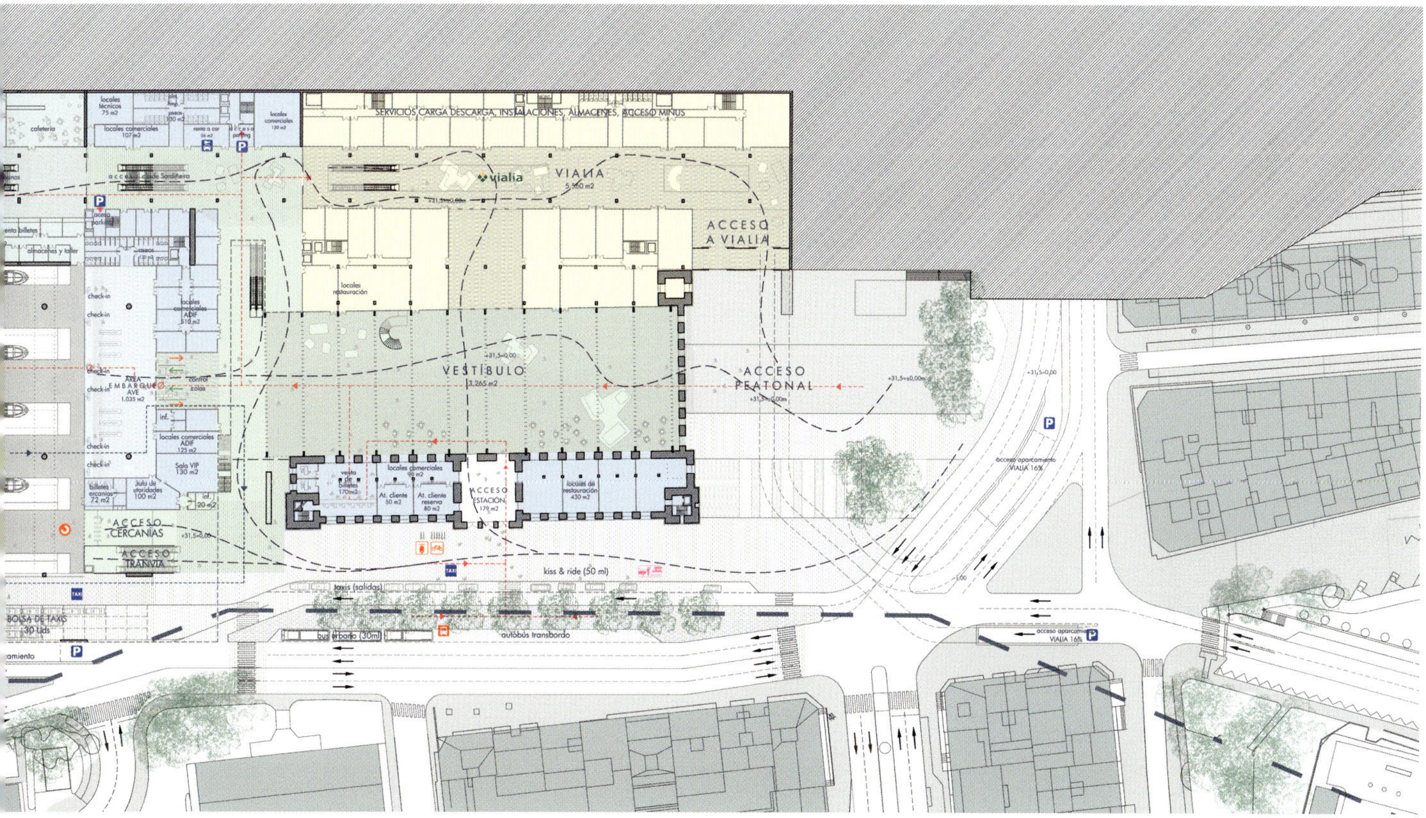
SERVICIOS CARGA DESCARGA, INSTALACIONES, ALMACENES, ACCESO MINUS
vialia
VIALIA
ACCESO A VIALIA
VESTÍBULO
ACCESO PEATONAL
ACCESO ESTACIÓN
ACCESO CERCANÍAS
ACCESO TRANVÍA
kiss & ride (50 ml)
taxis (salidas)
autobús transbordo
BOLSA DE TAXIS

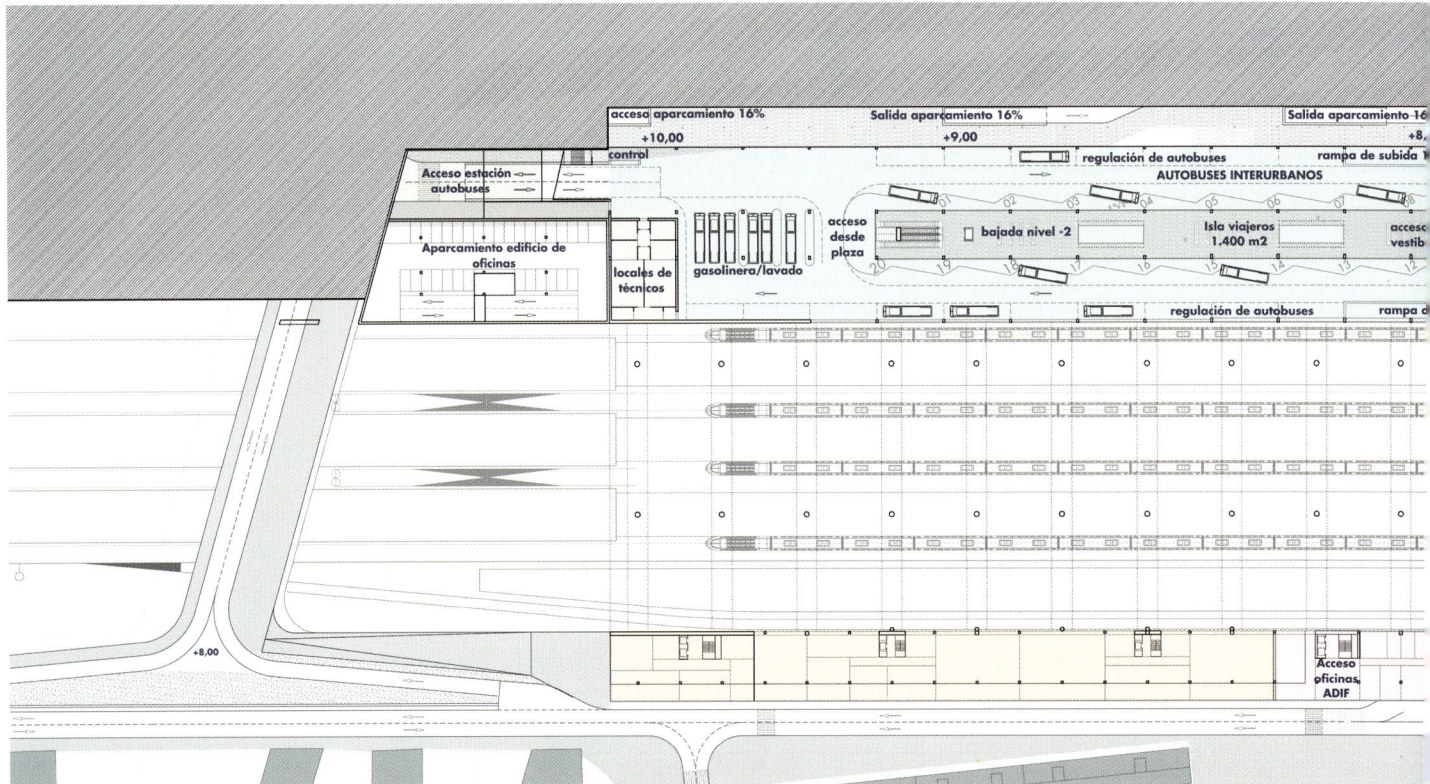

First floor plan

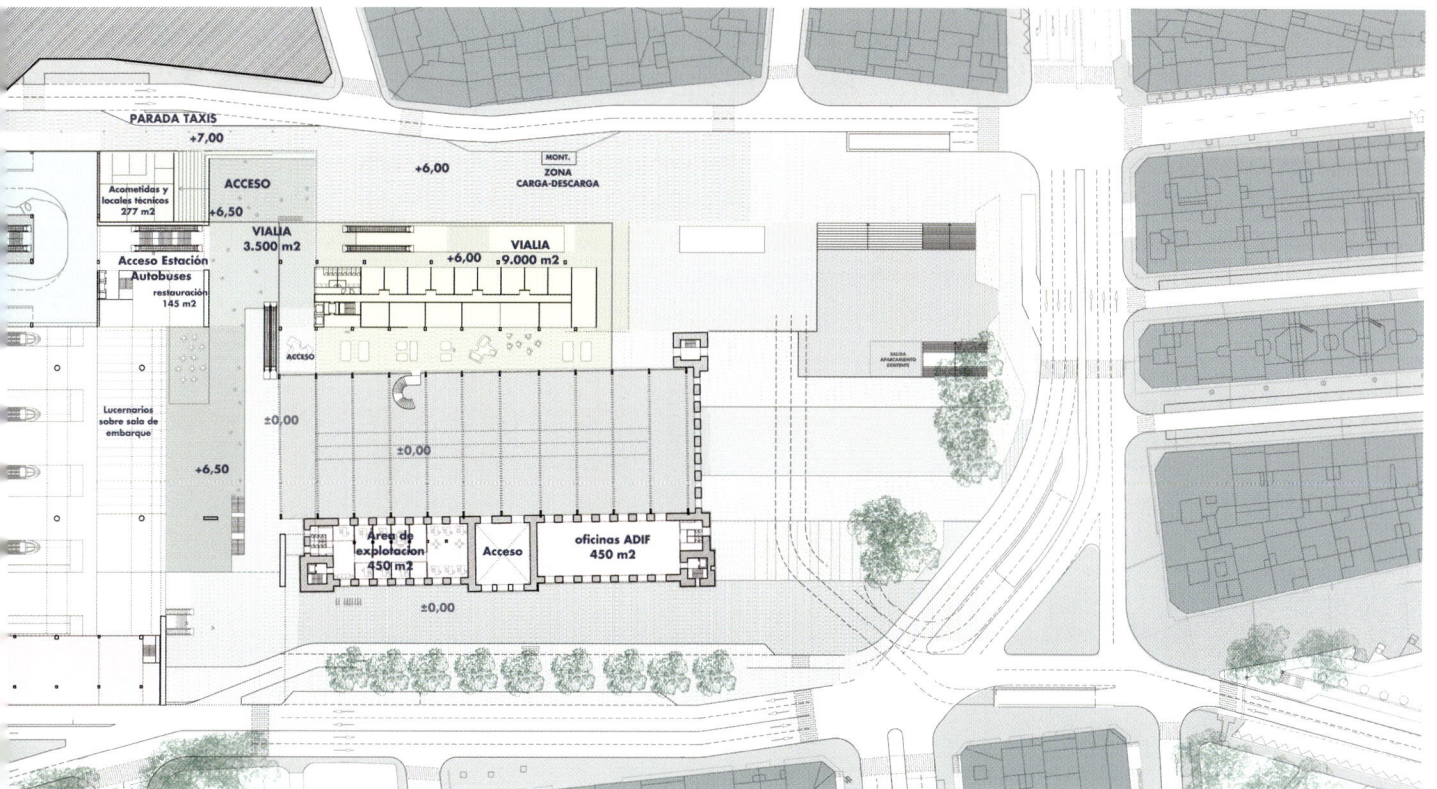

PARADA TAXIS

+7,00

+6,00

MONT.
ZONA
CARGA-DESCARGA

Acometidas y
locales técnicos
277 m2

ACCESO

+6,50

VIALIA
3.500 m2

VIALIA
9.000 m2

+6,00

Acceso Estación
Autobuses

restauración
145 m2

ACCESO

SALIDA
APARCAMIENTO
EXISTENTE

Lucernarios
sobre sala de
embarque

±0,00

+6,50

±0,00

Area de
explotación
450 m2

Acceso

oficinas ADIF
450 m2

±0,00

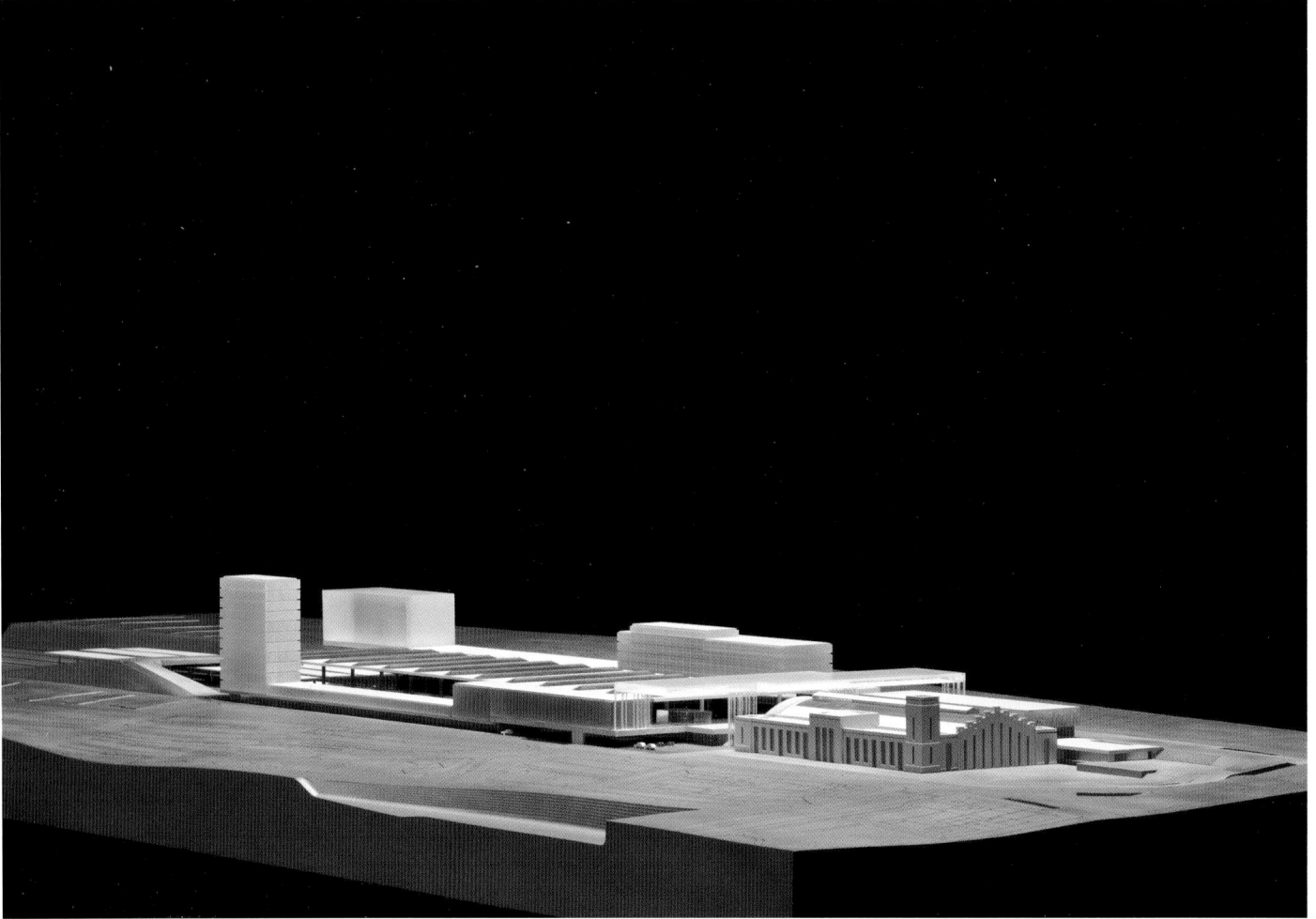

Scale model views

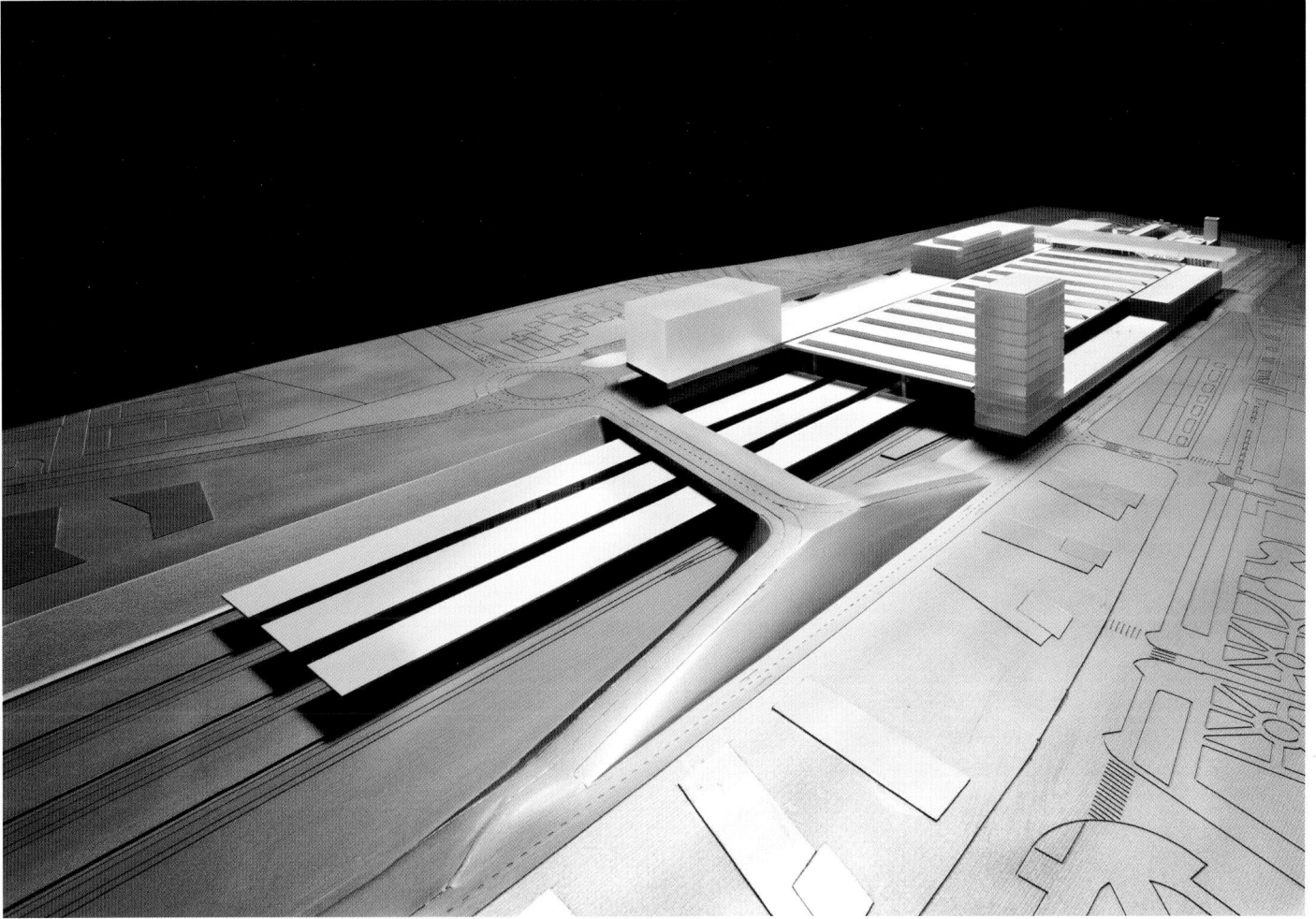

35 98-HOME COMPLEX
BILBAO, BISCAY

Humans are both solitary and sociable creatures who need both privacy and seclusion, both to find ourselves and spend time with ourselves and to also interact with others.

The project at hand is an apartment building with commercial spaces located in a privileged area of the Ensanche district of Bilbao, next to the river and the Iturriza Park and between the Guggenheim Museum and the Palace of Music. Inside the building and interfacing between the private housing and the public street, there are a number of elements and communal spaces of varying size and functionality, which are either semi-private or semi-public, including arcades, gardens, courtyards and terraces. They are all enshrined and articulated through the various means of connection (stairs, elevators, walkways, etc.).

This enriches the common spatiality that is usually confined to the privacy of the home or the sociability of the street, creating meeting places, places to enjoy, and encouraging collective use and the users' responsibility towards the housing, both promoting social relationships and expanding the boundary and thus comfort of each home.

The building consists of two spaces containing the homes separated by a central area featuring a space that houses a vertical garden which rises thirty meters above the courtyard, with scenic elevators and bridged walkways that blend successive heights and create gradients of privacy and magnificence before reaching the homes.

Design:
2007
Construction:
2008-2010
Developer:
Vallehermoso División Promoción, S.A.V.
Contractor:
SACYR

Collaborators:
Design:
Eduardo de Felipe Alonso,
Antón Aginnegoitia Arexabaleta,
and Iñaqui Peña Gallano
Construction management:
Iñaqui Peña
Surveyor:
Eduardo Martínez Uriguen
Sculptures:
Sergio Portela

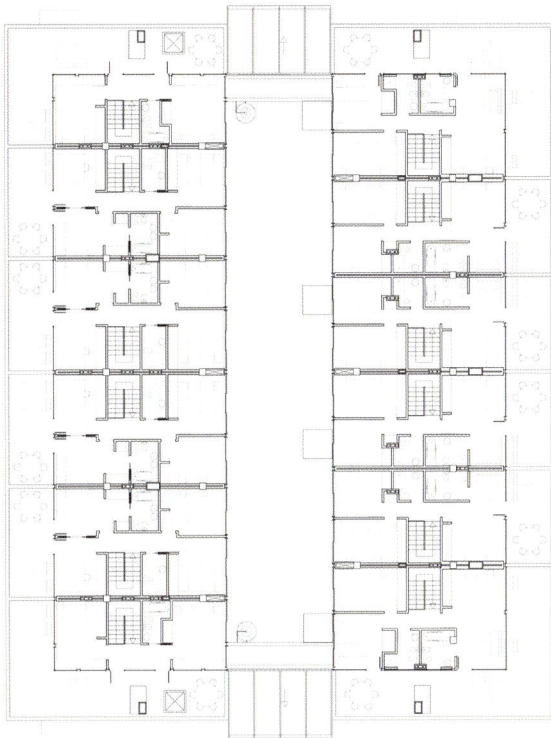

Attic floor plan

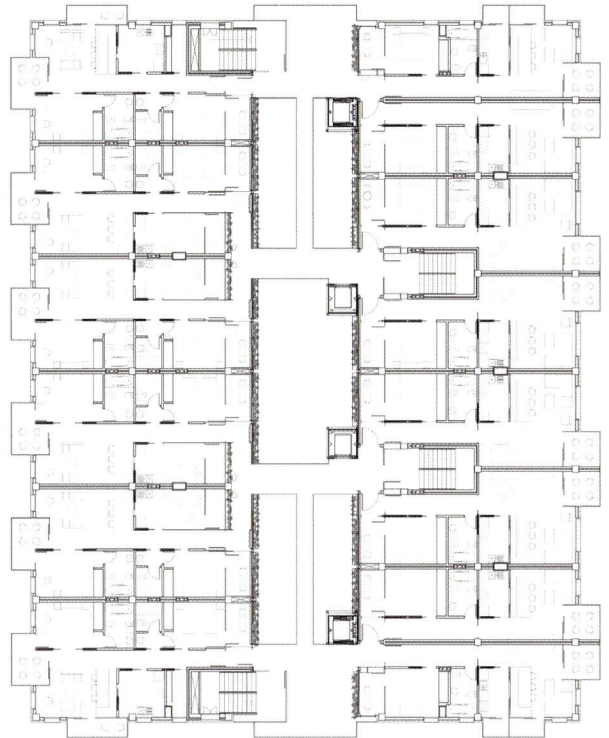

Typical floor plan

0   5 m

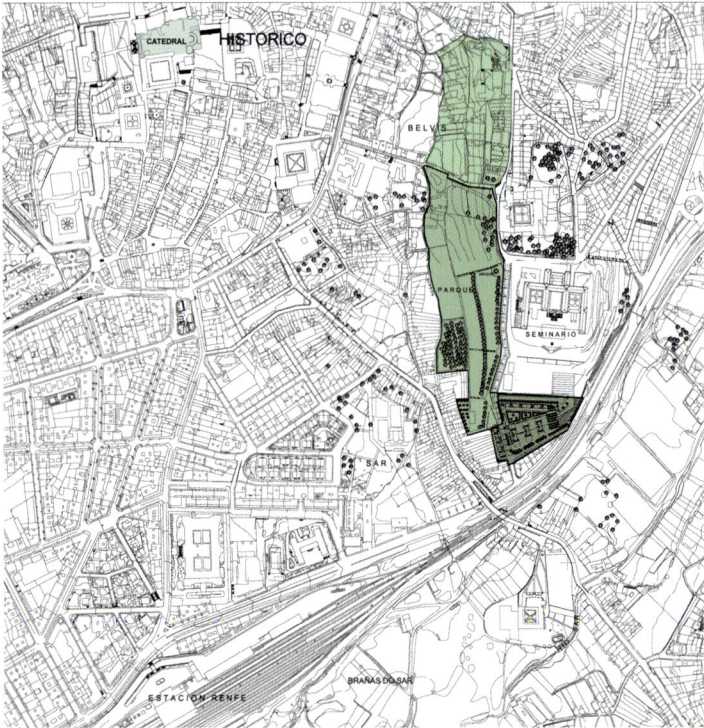

Site plan

36 APARTMENT BUILDING OF 70 PUBLICLY-SUBSIDISED HOMES IN THE BELVÍS REGION
SANTIAGO DE COMPOSTELA, A CORUÑA

"(...) You are the city. (...) Wherever you decide to settle, the city will be born; men, not walls, make a city."
Nicias to the Athenians on the beaches of Syracuse

We agree with Nicias' assertion that the city is its citizens, but people are people, and something that distinguishes man from other animals, even more than the ability to build our own shelter is the ability to inhabit and enjoy the living space as a horizon, as much or even more than as a shelter.

Other intrinsic characteristics of human nature are diversity and complexity. It is therefore necessary to consider the scale factor, and the fact that a city is much more liveable in when it offers a wider range of different spaces — different in their location, configuration and scale — to meet its citizens' demands, which vary by time of day, the time of year and each individual's needs and mood.

Therefore, I dared to ask the citizens who first occupied this publicly-subsidised rental housing in Belvís to take care of and enjoy their bedrooms, their rooms, their services. But also their steps, their doorways and porches, the park, the gardens, the flowers and trees that grow in them, their benches, their pergolas. In short, I asked them to take care of and enjoy their city, because it is theirs and their fellow citizens', and their children's and their children's children's. I asked them to regard it as a public, social asset, and thereby to contribute to fulfilling this visionary idea of the city — "men, not walls, make a city" — as Nicias said to harangue the Athenian soldiers on Syracuse's beaches many centuries ago.

Design:
2003
Construction:
2004-2007
Developer:
Instituto Galego da Vivenda e Solo
and Conselleria de Vivenda e Solo
Contractor:
Cuadernas y Arcos, S.L.

Collaborators
Design:
Paulino Sánchez Chao, José
Antonio Suárez Calviño, Serafín
Lorenzo Cadilla, Mª Pilar Álvarez
Tapia, and Mª Pilar Taboada Iglesias
Construction management:
Paulino Sánchez Chao
Surveyors:
Rodríguez Nespereira
Aparejadores UTE
Services:
Obradoiro Enxeñeiros
Structures:
Antonio Reboreda
Sculptures:
Manolo Coia

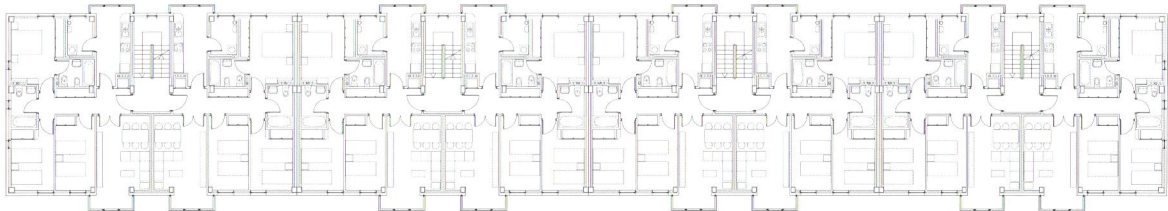

Floor plan

Block 1
Ground floor +2
Ground floor equipment E
Arcade to Square
First floor 8 homes
Second floor 8 homes
Total 16 three-bedroom
homes

0   5   10 m

Photomontage

37 67-HOME APARTMENT BUILDING AND SOCIAL SECURITY HEADQUARTERS
SANTIAGO DE COMPOSTELA, A CORUÑA

This project had to integrate two agendas of different sizes and significance into a single building, 67 two-, three- and four-bedroom homes and the Santiago offices of the Social Security Treasury. But above all, it had to build a piece of city at the foot of the old town, hence the U shape of the building, which shapes and encloses a new square and shelters and orients the entire complex southward.

The characteristics of the building and housing allow them to be continuous, facade to facade, and so have two orientations, sunlight and brightness both morning and afternoon. They also frame the building for housing the Social Security office between the two wings that contain the homes, giving it and therefore the entire building meaning and dignity.

The differing sizes of the galleries allow the domestic scale of housing and the monumental scale of the Social Security building to be appreciated and distinguished, yet without the slightest dysfunction between them or between the different uses of the buildings. On the contrary, they create complementariness and harmony, as found in the rest of the historic city of Santiago, between the houses, monuments and public spaces.

Design:
May 2005
Construction:
2006-2008
Developer:
Galeras Entrerríos, S.L. and
Tesorería General de la Seguridad
Social
Contractor:
Construcción, Rehabilitación y
Conservación, S.L.

Collaborators
Design:
Paulino Sánchez Chao
Construction management:
Paulino Sánchez Chao and
Débora Fresno Rodríguez
Surveyors:
Javier Lorenzo Patiño and
Débora Fresno Rodríguez
Engineering:
Antonio Reboreda Martínez
Services:
Obradoiro Enxeñeiros, S.L.
Structures:
Antonio Reboreda

Typical floor plan

0   5   10 m

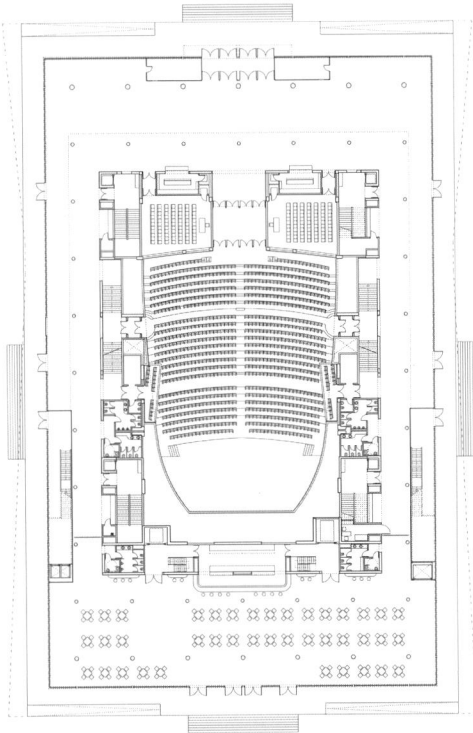

Ground floor plan

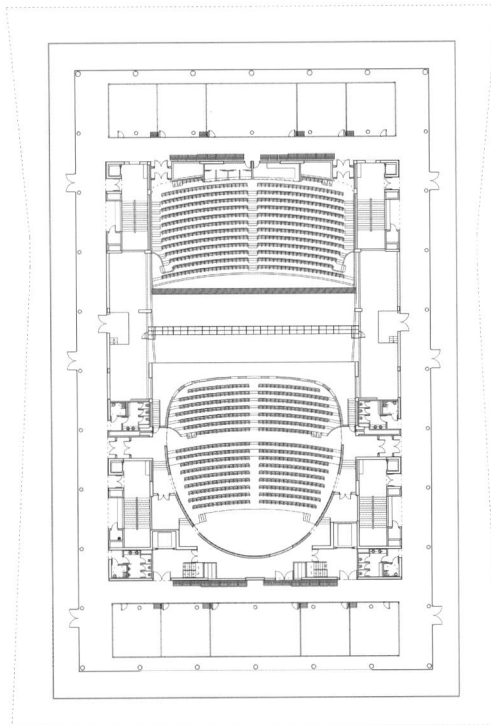

First floor plan

0   10   20 m

38 AUDITORIUM AND CONVENTION CENTRE
A CORUÑA

The goals of this project were versatility and functional flexibility, simultaneity, complementariness and multi-functional uses: conferences, cultural and leisure activities, commercial areas (cinemas, cafes, restaurants) and vehicle parking.

The ease of the differentiated and individualised management of the public and private aspects is remarkable, favouring autonomous management thanks to the double building, the horizontal stratification of the different uses and the independence of the entrances.

Fantasy, imagination, clarity, rigor and rational functionality blend in this proposal and allow each of the uses and the relevant spaces to be clearly identified within great unity and compactness of approach. This, in turn, fosters the mutual transfer of synergies between public and private, inside and outside, city and harbour against the backdrop of the iconic galleried facades of the Paseo de la Marina and the constant movement of boats in the port, whether small fishing boats, recreational boats or giant ocean liners.

Design:
2001
Developer:
Sociedad Fomento y Desarrollo Turístico; Autoridad Portuaria; Concello de A Coruña; and Consellería de Política Territorial, Xunta de Galicia
Contractor:
NECSO Entrecanales Cubiertas

Collaborators
Design:
Ricardo Bofill
Construction management:
Paulino Sánchez, Daniel Beiras, Covadonga Varela, and David Estany
Surveyors:
Pablo Reboredo Canosa, and Miguel Ángel Rodríguez López de la Llave
Sculptures:
Sergio Portela

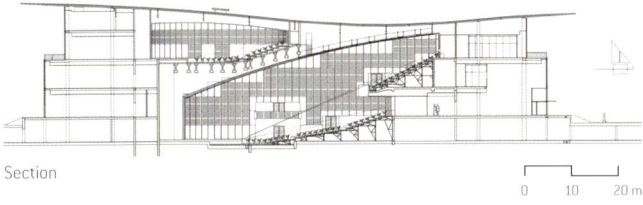

Section

0   10   20 m

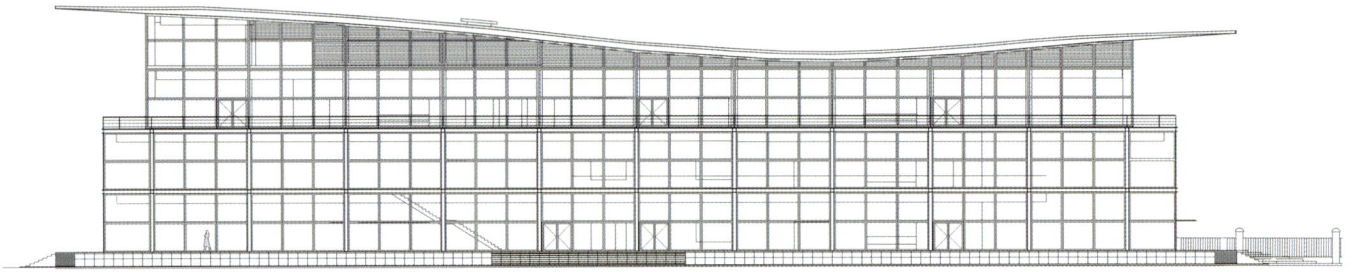

Elevation from dock

0   10   20 m

Site plan and section

39 AUDITORIUM AND CONVENTION CENTRE
VIGO, PONTEVEDRA

We wondered what kind of architecture would suit this site. The answer, without doubt, was iconic architecture, monumental, a faithful expression of its contents whose presence would be capable of emphasising the urban boundary and the coastline.

How to bring this architecture to fruition? We saw two clear alternatives: one was outward looking, open, transparent, with glass facades; the other was tilted inward, closed to the outside, with opaque facades. Each had its advantages, but neither was truly satisfactory, the former because of its lack of intimacy owing to its exhibitionist nature, and the latter because of its opacity, shying away from the outside.

The solution we took strived to be a synthesis of both, taking the best of each by using a double facade: a glass one inside coupled with a metal sheet that wraps the building. Through this sheet, veiled images can be glimpsed of the many activities that take place on the other side, and then they suddenly disappear, leaving only the glass and allowing a double oculus to emerge revealing both the city and the river. There is a large central space that crosses the building from side to side where all the circulations, tensions and synergies converge, becoming the building's grand *foyer*.

As if it were an urban scene, this area displays to the outside all the teeming vitality within the building day and night; through those *oculi* or large picture windows that frame it, all the energy concentrated inside, which the rest of the metal facade mysteriously veils, is displayed to the outside.

From inside, these *oculi* are exceptional windows open to the city and the river and, aided by the large central skylight, they capture all the cosmic and marine energy that the environment offers.

Design:
2007-2008
Construction:
2008-2011
Developer:
Xunta de Galicia, Consellería de Política Territorial, Obras Públicas e Vivenda-Concello de Vigo
Contractor:
UTE Auditorio de Vigo (Sacyr, Exisa and Somague)

Collaborators
Design:
IDOM, Jaime Rodríguez Abilleira, Santiago Pintos, Paulino Sánchez, Rodrigo Portanet, Covadonga Varela, Antonio Reboreda, Gabriel Santos Zas, León López de la Osa, and Jesús Irisarri.
Construction management:
Galo Zayas Carvajal, Rodrigo Portanet Fontana, and José María García Francisco
Surveyor:
José Ángel García Souto
Engineering:
Fernando de Aguinaga García, Jorge Bernabeu Lorena, Antonio Reboreda Martínez, Valentín de Carlos Blasco, David García Menéndez, Ignacio Pino Escudero, and Jorge de Prado Romero
Services:
María Balanzategui Domínguez, Roberto Dios García, Luis González Martínez, José Manuel Germán Cid, David Hervella Lorenzo, Carolina Muños Belmonte, Ángel Pérez Burgos, and Javier Regueira Miguens
Sculptures:
Paco Leiro, Manolo Paz, and Sergio Portela

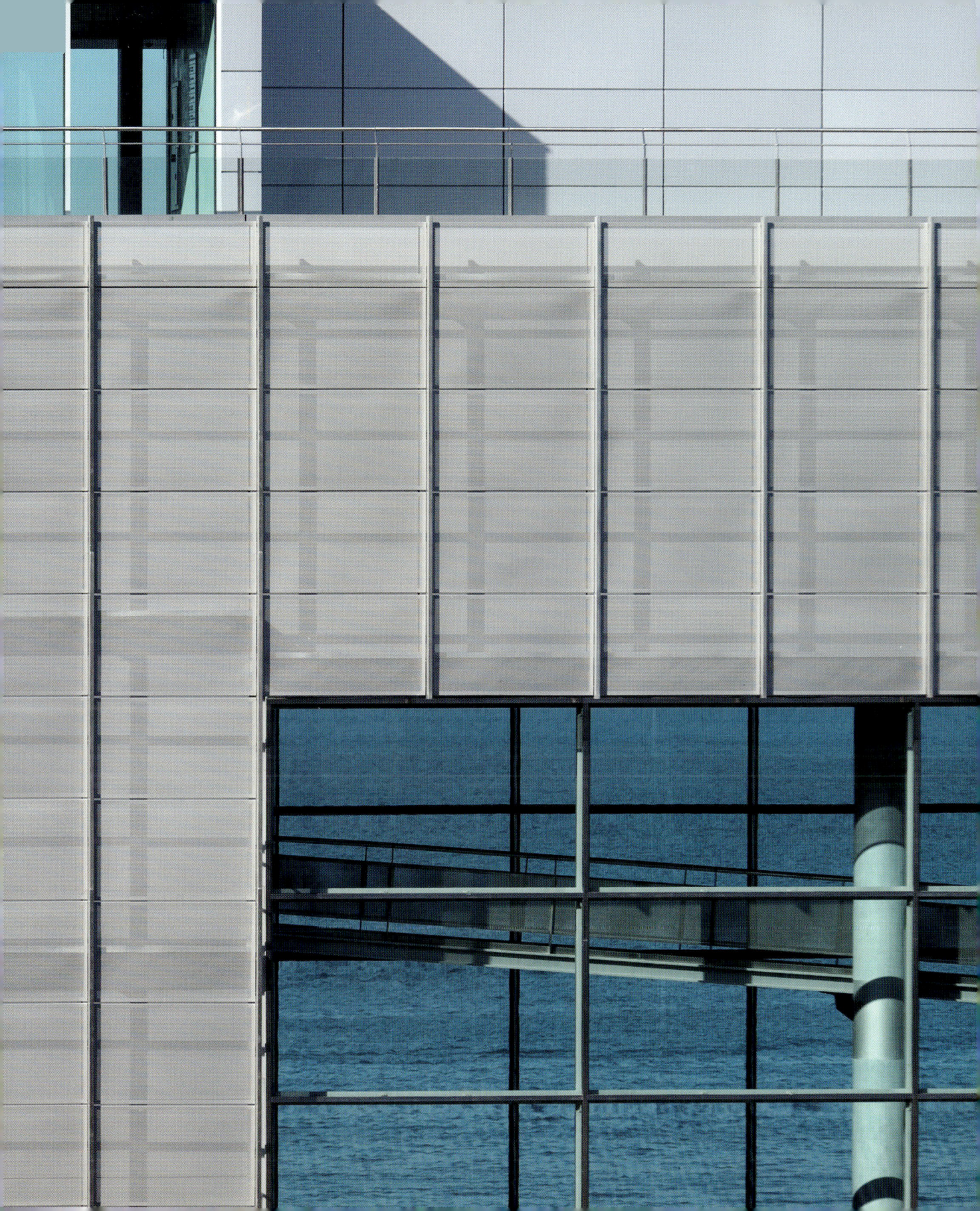

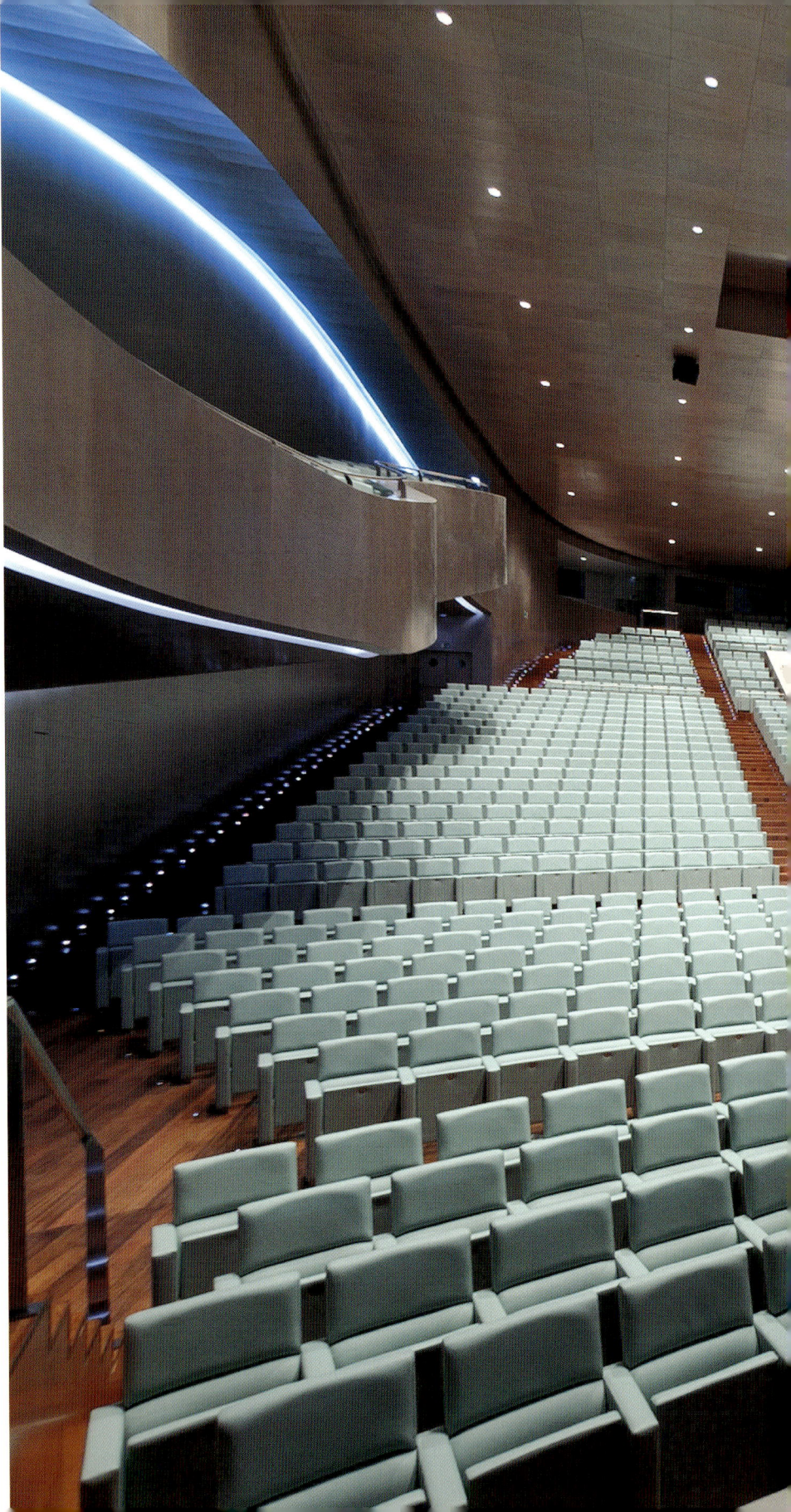

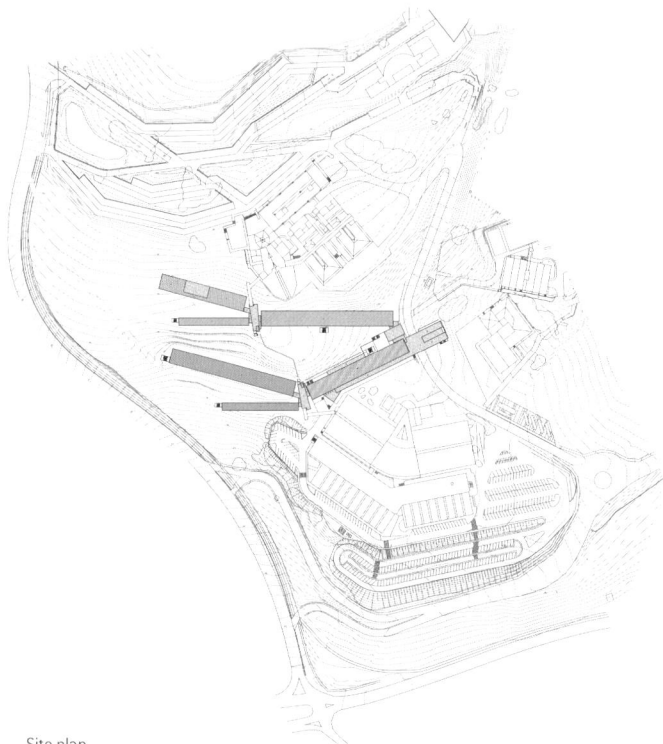

Site plan

40 SCHOOL OF MINING AND TELECOMMUNICATIONS ENGINEERING
VIGO, PONTEVEDRA

This project is located on a hillside between two existing buildings, the School of Telecommunications Engineering at the hilltop and the School of Industrial Engineering sixteen metres below. The design involved the expansion of the former and the new construction of the School of Mining Engineering for the University of Vigo. Furthermore, the remit was to design a polytechnic which had to be given a cafeteria and library. To accomplish this, the designed aimed to connect all the buildings so people could move from one building to another without having to go outside, where the weather is often harsh.

The formal synthesis in the building becomes a programmatic work of condensation in which the needs of each school are divided into four main categories: classrooms, laboratories, offices and common services. Thus, each part was designed as a linear prismatic room with clear geometric order, creating two clusters of three rooms (offices, laboratories and classrooms) that converge in a hallway. They are functionally grouped into clusters that connect with other rooms, hinge-like, similar to a vestibule. The linear morphology coupled with rotations that form these confer the flexibility required to adapt to the unevenness of the ground and transform the whole complex into an itinerary.

Design:
2001
Construction:
2003
Developer:
Universidade de Vigo
Contractor:
Malvar Construcciones

Collaborators
Design:
Gabriel Santos Zas
Construction management:
Gabriel Santos Zas and César Padrón Conde
Surveyor:
Alejandro Martínez García, José Ramilo Hermida, and Manuel Martínez Riola
Engineering:
Antonio Reboreda
Services:
Luis Durán and Carmelo Freir

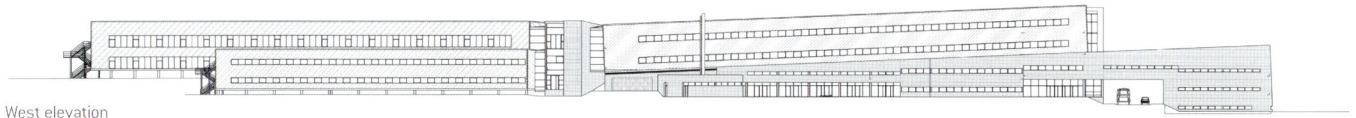

West elevation

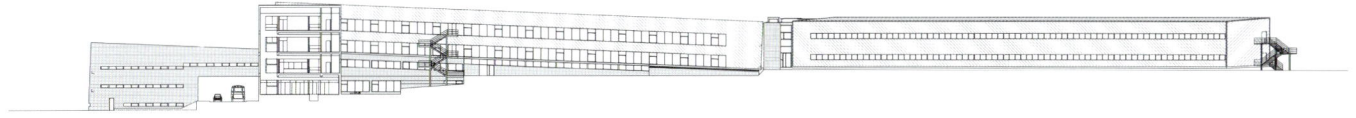

East elevation

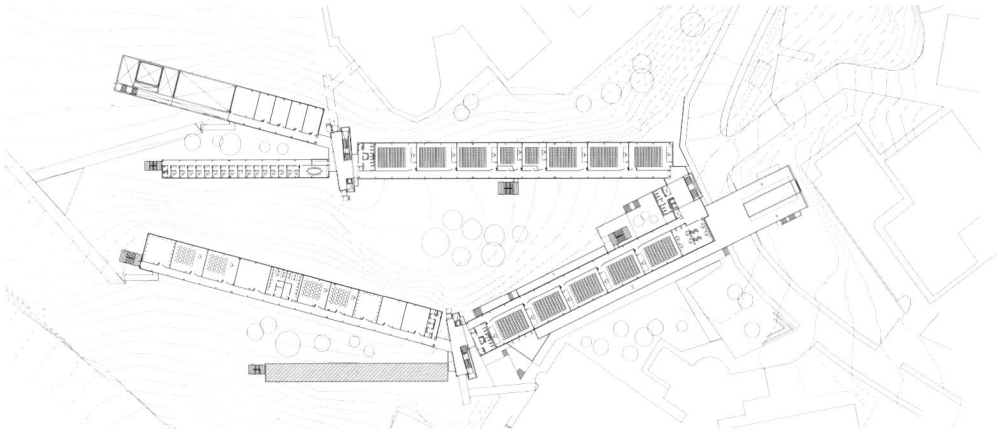

Second floor plan

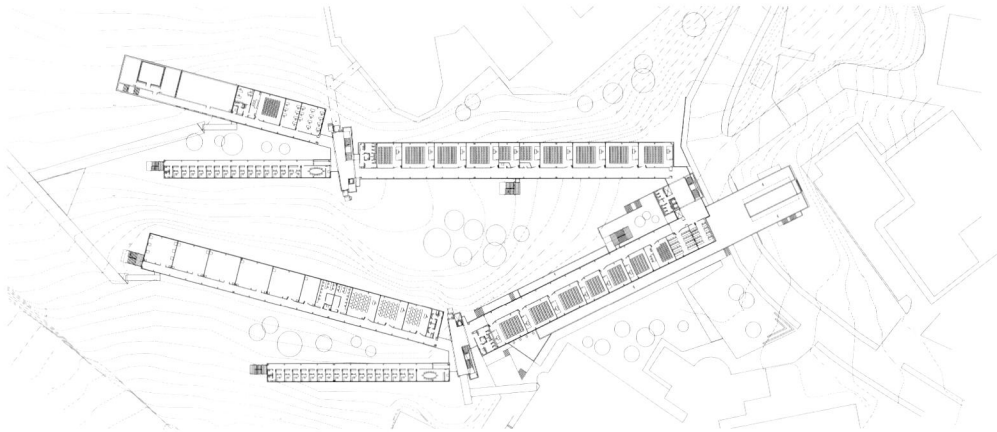

First floor plan

Ground floor plan

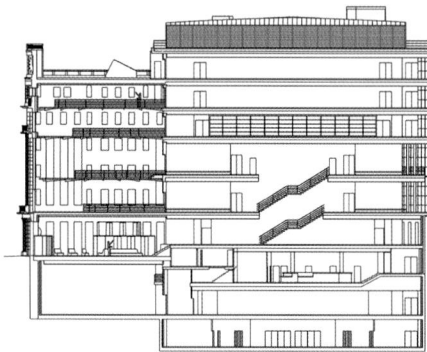

Section through lobby

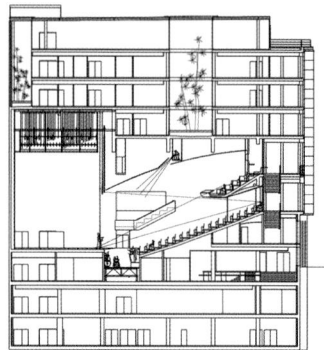

Section through auditorium

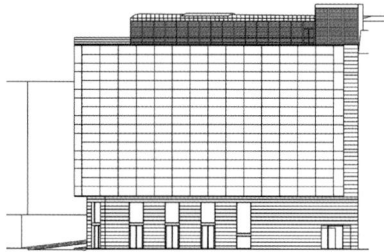

South elevation

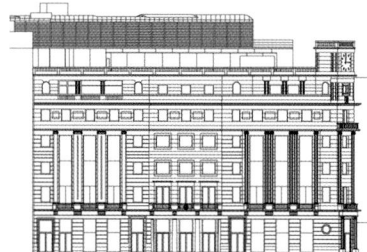

East elevation

0   10   20 m

41 CAIXANOVA SOCIOCULTURAL CENTRE
PONTEVEDRA

It is said that in life, whether something is true or false depends on the eye of the beholder. This saying expresses the manifold, almost infinite, points of view from which we can see anything or any fact. The Baroque is undoubtedly the artistic style that best expresses this complexity. And while this complexity is a universal feature, in Galicia it is particularly prominent, given the variety and subtlety of the landscape, topography, climate and character of its people, all of which make Galicia a land of baroque wonder.

What is the Baroque? The Baroque is complex but subtle, ordered by sentiment and sensuality; it is elegant; it knows how to contain itself in expression and excessively purify itself. It never becomes Rococo and has close ties with classicism in shedding the superfluous, sensing the beyond and creating mystery.

So I wanted the most emblematic and singular space of the building, the *foyer*, to be a modern, contemporary and avant-garde space of today whilst also being a true expression of a nation and character capable of reaching a level of complexity that only the Baroque is able to reach and communicate.

This would explain the reason behind the existence and layout of the walkways and of a series of sculptures that are placed on each level, implicating and enriching the great central void, from which any observer, depending on their level and position, would see the world differently, under the gaze of that overhead oculus, permanently linked to the cosmos.

Design:
2004
Construction:
2004-2006
Developer:
Caja de Ahorros de Vigo, Ourense y Pontevedra Caixanova
Contractor:
Construcciones San José, S.A.

**Collaborators
Design:**
José María García Francisco and Natalia Medrano Alonso
Construction management:
José María García Francisco, Ana Isabel Couto, and Paulino Sánchez Chao.
Surveyor:
José Antonio Suarez Calviño
Engineering:
Antonio Reboreda Martínez
Services:
Obradoiro Enxeñeiros, S.L.
Sculptures:
Paco Leiro and Sergio Portela

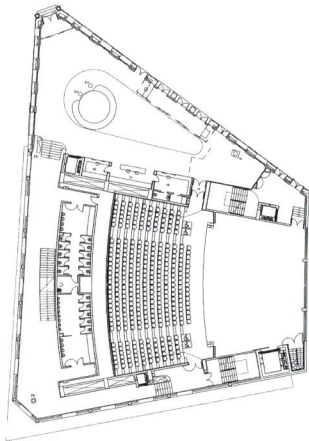

Ground floor plan　　　First floor plan　　　Fourth floor plan

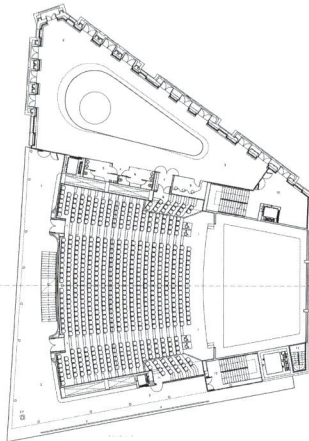

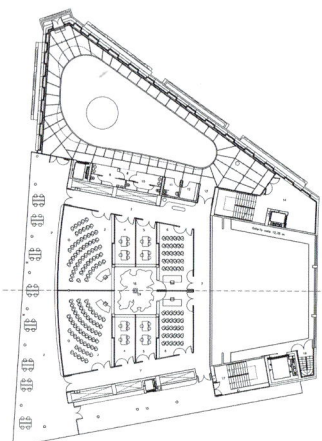

0　　10　　20 m

42 CARBALLEIRA
LALÍN, PONTEVEDRA

The project for upgrading two *carballeiras* located on a bank of the Pontiñas River on the outskirts of the town of Lalín, has provided a spatially favourable occasion to embark upon a process with the objective of building a public place within the natural environment.

The design scrupulously respects the existing oak woodland and introduces to it and enriches it with two types of contrivances: architecture and sculpture.

The architecture houses specific activities, creating comfortable spaces for both bodies and spirits; they are veritable woodland shelters, in the truest sense of the word. The sculptures contain and give off messages; they are landmarks and symbols that raise us to sublime states of thought and feeling. Thus, the natural elements – earth, stone, vegetation and water – enhanced by these sculptural and architectural elements blend harmoniously with each other and with visitors, jointly forming a higher-order entity, the animated forest, symbolising the deepest tradition of the Galician, this intimate, necessary, inevitable and permanent communication between man and land.

Design:
2001
Construction:
2001
Developer:
Augas de Galicia, Concello de Lalín
Contractor:
Taboada y Ramos and
Construcciones García Justo

Collaborators
Design:
Sergio Portela,
Rodrigo Portanet, and
Fabián Estévez
Construction management:
Rodrigo Portanet and
Fabián Estévez
Sculptures:
Sergio Portela

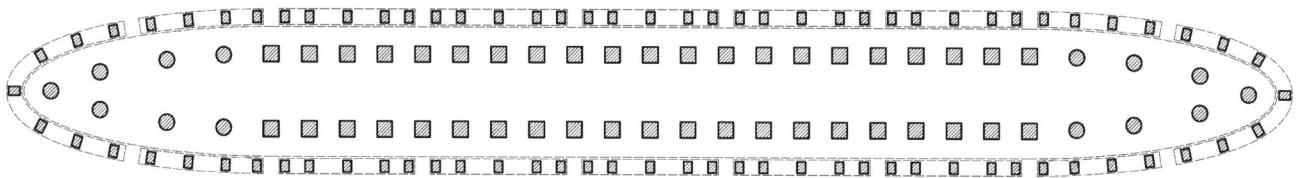

Foundation floor plan

0   15   30 m

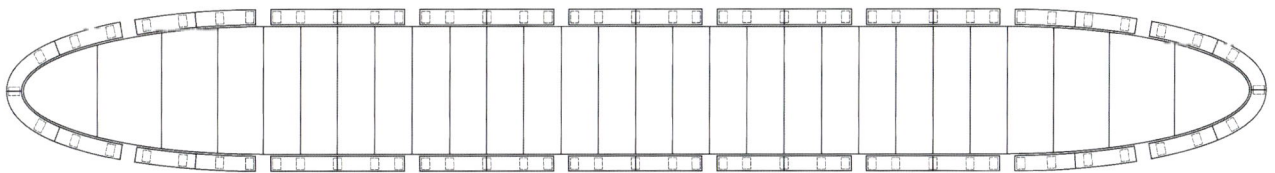

Stone layout floor plan

```
0        15        30 m
```

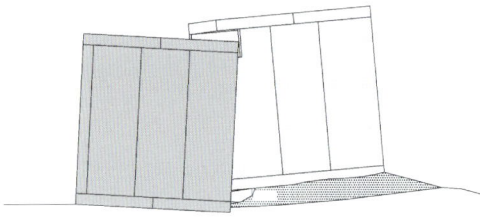

East elevation

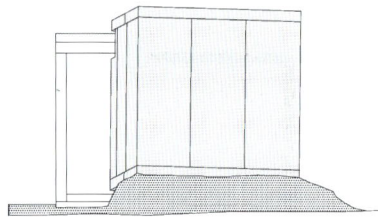

North elevation

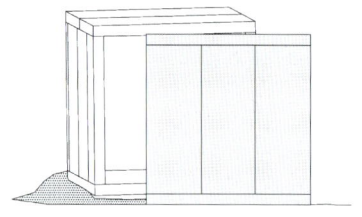

South elevation

0　　1　　2 m

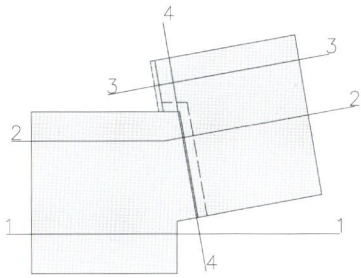

Foundation floor plan

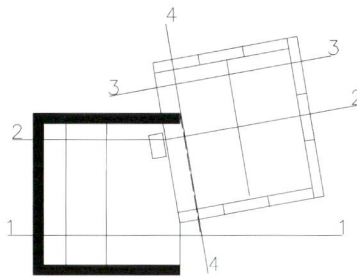

Floor plan

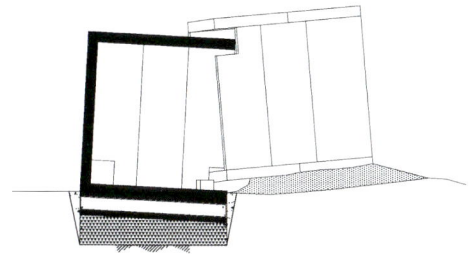

Section 1-1

0   1   2 m

43 ACTIONS IN LOS TORUÑOS NATURAL PARK
BAY OF CÁDIZ

The ultimate rationale behind this action is the respect that nature requires in order to be preserved, as well as the respect that people deserve in order to enjoy this natural environment.

Hence the bridges flying over water conduits without affecting watercourses or navigation; hence the elevated pathways that run through the marshes, these flying carpets which enable us to get the sense of walking over the vegetation that populates the marsh yet without treading on it or damaging it. Or pavilions, turrets and viewpoints peppered at strategic points and resting on harmless wooden legs that elevate them above ground level. It is easy for us to move between them and enjoy the walks, the resting spots and surprising sights that are waiting to be discovered in the enormous complexity concealed in the marsh behind apparent simplicity.

All these elements seem to emerge from the earth itself, from amongst the rich flora of the marsh, as if seeds of this flora had germinated in a unique manner that turned them into fossils endowed with strong geometry that sometimes resembles milestones driven into the earth, sometimes classical temples taking possession of the entire landscape, peering into the distance at things only they can see. Yet other times they resemble rafts adrift on the high tides of the bay, or simply stranded on the beach at low tide, among shells, coral and conch shells.

Thus, between landscape and architecture, between nature and artifice, there is no competition, only complementarity. Nor is there a defined boundary, a barrier, just as there is none between land and water in the marsh.

Design:
1997
Construction:
2001-2002
Developer:
Junta de Andalucía, Consejería de Obras Públicas y Transporte
Contractor:
OHL

Collaborators
Design:
Antonio Barrionuevo, Julia Molino
Construction management:
Antonio Barrionuevo, Julia Molino
Surveyor:
Francisco Jesús Pareja and Antonio Carretero Hernández
Engineering:
Antonio Reboreda Martínez

Location map

1 Salinas de los Desamparados
2 Río de San Pedro
3 Marisma de Los Toruños
4 Pinar de la Algaida
5 Caño de Cortadura
6 Punta de los Saboneses

7 Playa de Levante
8 El Puerto de Santa María
9 Río Guadalete
10 Puerto Real
11 Astilleiros
12 Cádiz

West pavilion

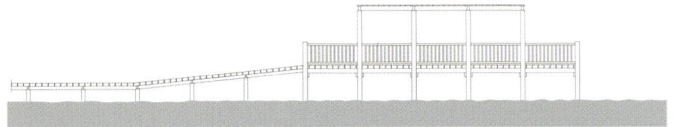

Side elevation

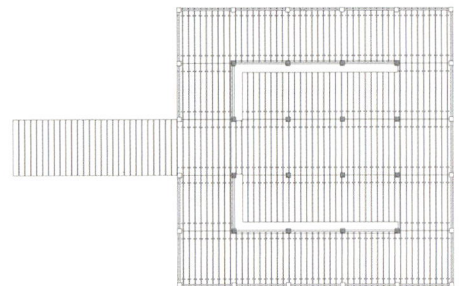

Floor plan

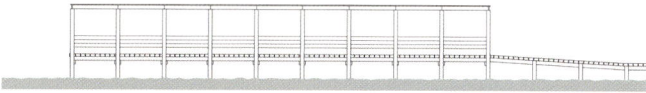

Side elevation

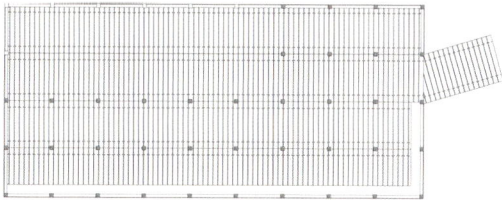

Floor plan

Beach pavilion

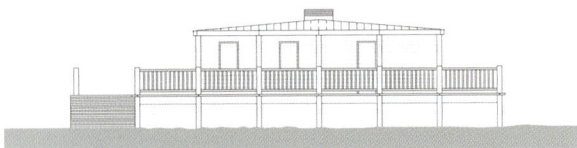

Side elevation

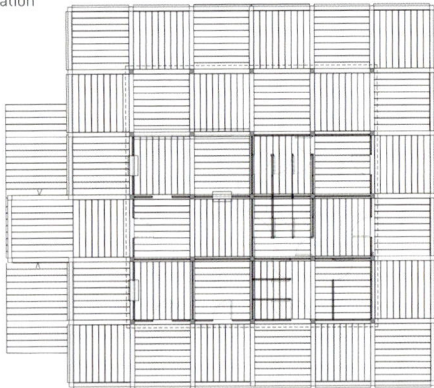

Floor plan

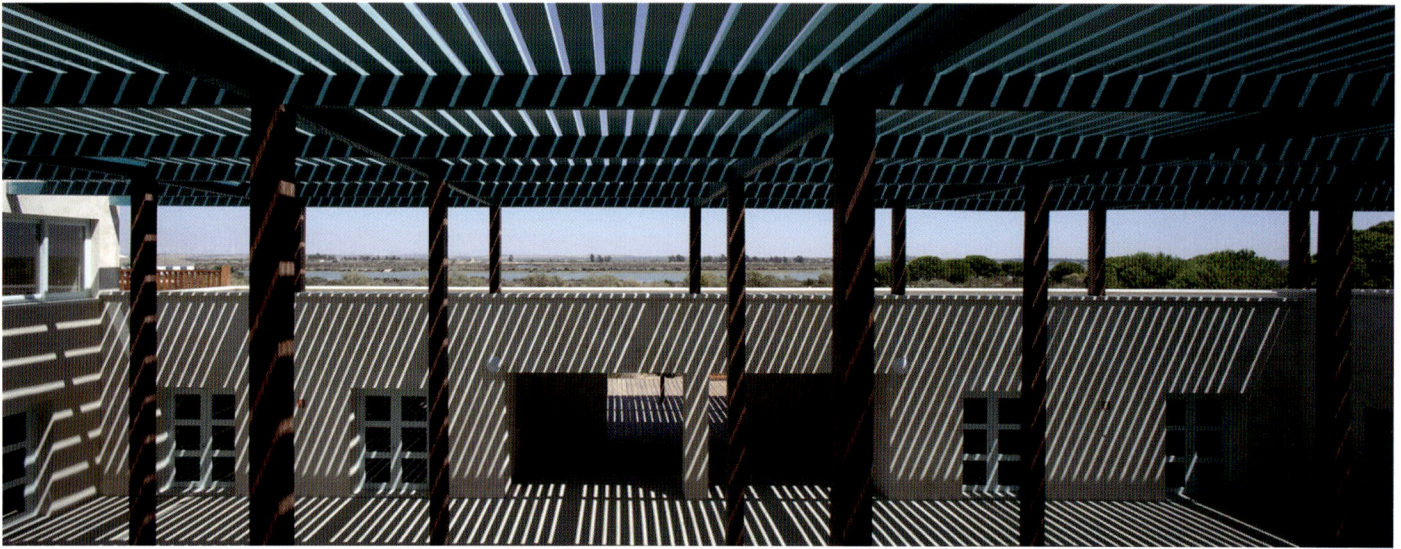

Reception and interpretation center

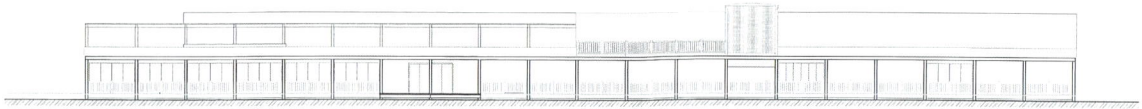

Park elevation

Main elevation

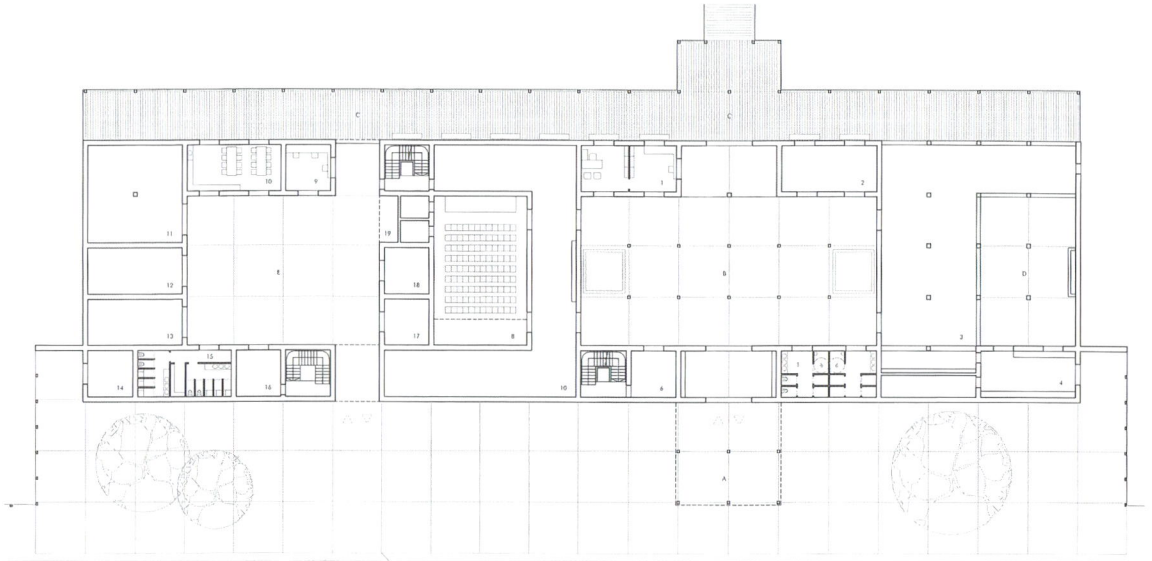

General floor plan

0   15   30 m

Turret

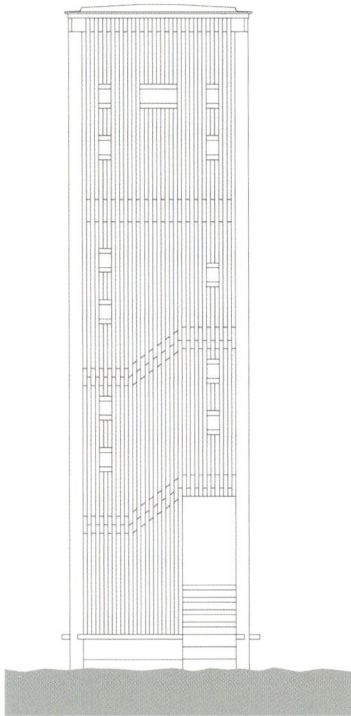

Elevation

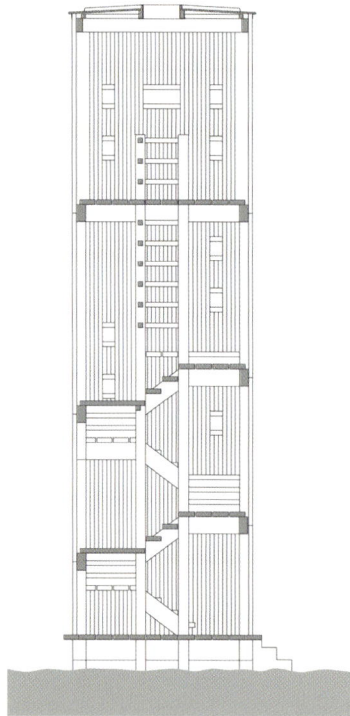

Section

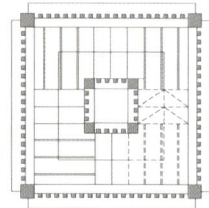

Floor plan

Bridge

Elevation

Floor plan

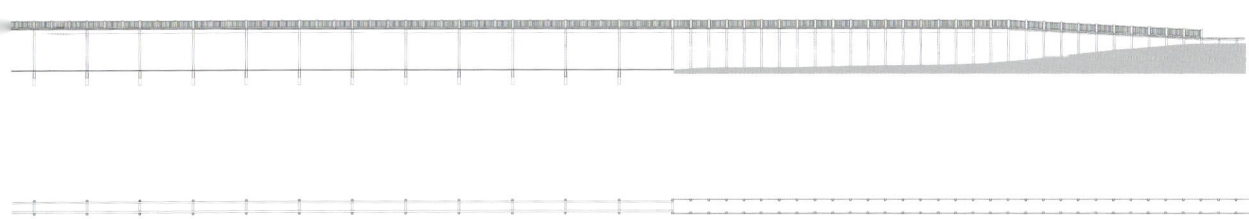

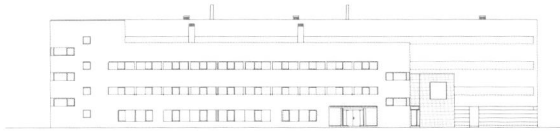

Main elevation

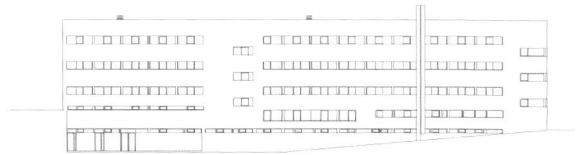

Side elevation

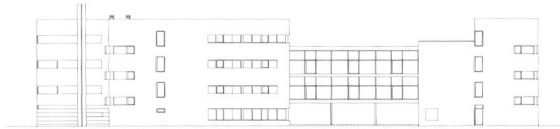

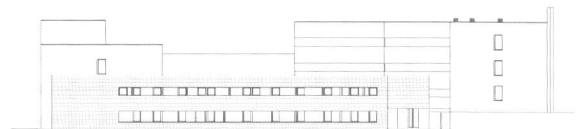

Side elevation

Side elevation

0   10   20 m

44 SENIOR CITIZENS' HOME
VIGO, PONTEVEDRA

Throughout our lives we live in three homes: the first is our body, the second is our family home and the third is our neighbourhood, our town, our city, the community centre and places where we meet and mingle with others. The world could be considered a fourth home.

When, at a certain age and situation, the body, our first home, begins to decline and weaken, and cracks and leaks begin to show – equating the body with a structure – and the third and fourth homes become inaccessible due to physical disability, the second home, the family home, is virtually everything wrapped into one: the house, the neighbourhood, the city, the world.

And when we add solitude to physical incapacity and we can no longer even live in our own home, a senior citizen home like the one we are discussing now may become the solution, where a number of people experiencing disability, loneliness or both at once are cared for by trained personnel in an appropriate setting.

Therefore, a senior citizen home is, or should be, a place capable of meeting the spatial needs and supplying the care that any person may need at once. So when we addressed this project, we had in mind that the rooms should function as the home, communal neighbourhood spaces, and we tried not to lose sight of the city from any of them, in this case the city of Vigo. Moreover, we considered it necessary to have a courtyard garden where every resident could find "their place" and fully enjoy it.

Design:
2003
Construction:
2004-2005
Developer:
Resgal Vigo, S.L.
Contractor:
Acciona Infraestructuras, S.A.

Collaborators
Design:
León López de la Osa Gonzalez and Jesús Irisarri Castro
Construction management:
Cesáreo Padrón Conde and Gabriel Santos Zas
Surveyors:
Manuel Ardid Posada, Antonio Carballo Couñago, and Alejandro Martínez García
Engineering:
Antonio Reboreda
Services:
Obradoiro Enxeñeiros, S.L.
Sculptures:
Sergio Portela

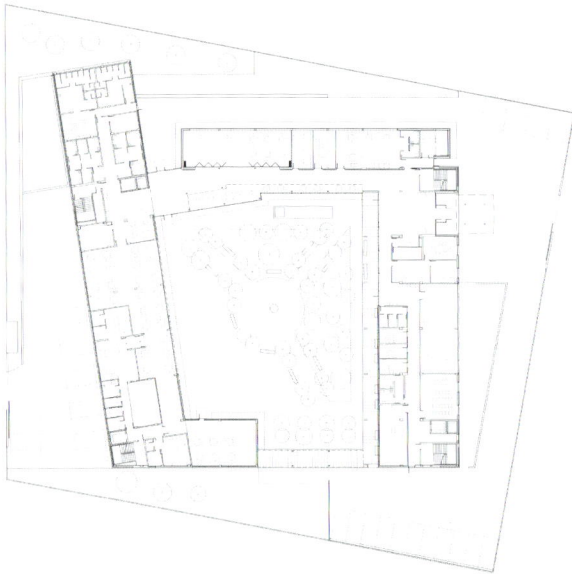

Ground floor plan

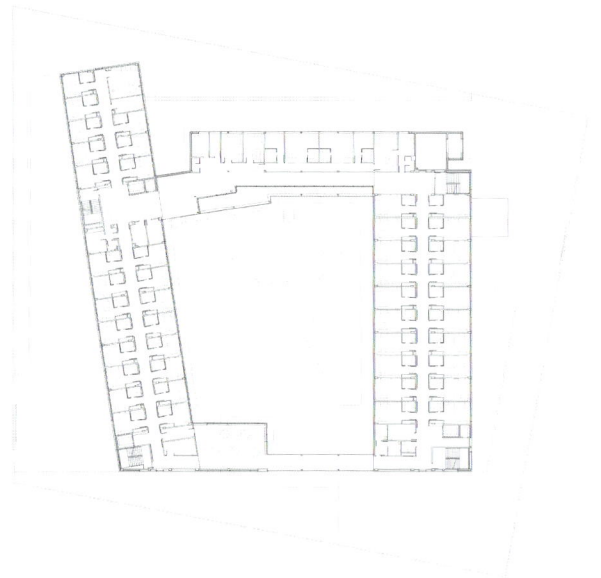

First floor plan

0   5   10 m

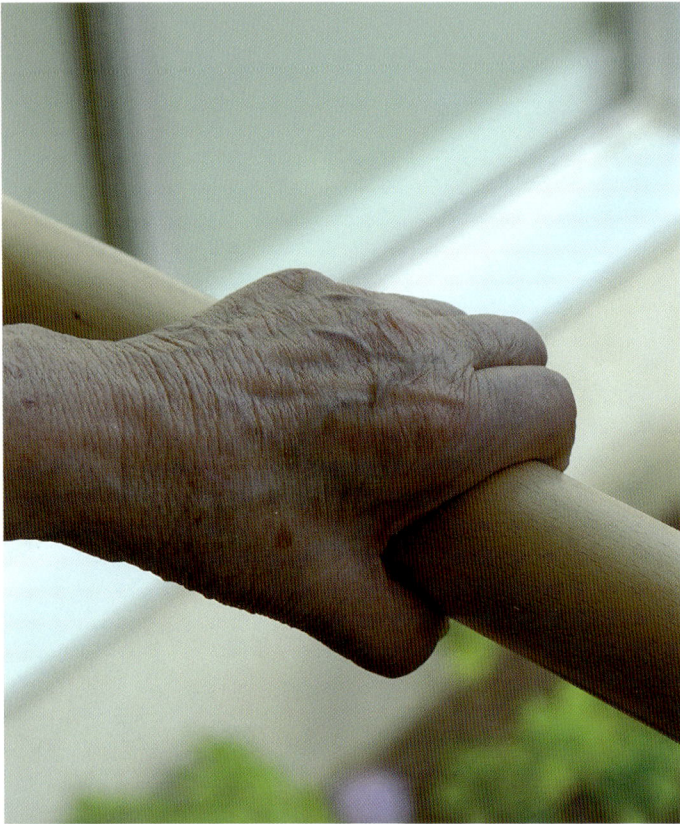

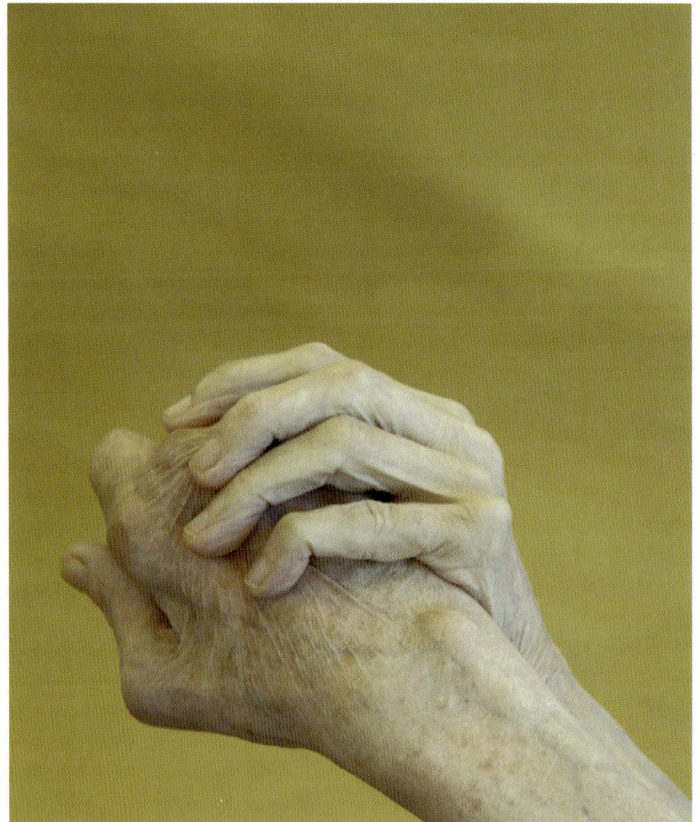

45 ACTIONS AT BAIÓN MANOR
VILANOVA DE AROUSA, PONTEVEDRA

Baión Manor and its grounds are a constant example of mixing, diversity and complexity, and of complementarity between geography and history, nature and artifice, past and present, the cultured and the popular, rural and urban, reason and beauty, the productive and the fun, stone and vegetation, earth and water.

In the compact world of this manor, everything is essential and exudes nature. Even the more artificial aspects are quickly assimilated and integrated by the whole, so much so that everything in it, even the mighty buildings or the stone walls that it contains, seem to be rooted in the soil and emerge from it with the naturalness of wildflowers.

Throughout this project, which has lasted almost three years, I have constantly sought inspiration, wondering over and over what could I do to make it a success, and again and again I have invariably reached the same conclusion: my role here should be more of a craftsman who renovates and replaces, who composes, brings order, restores and makes sense of what exists, rather than that of an artist who starts from scratch in a new process, leaving behind the wealth accumulated over time, now relegated to oblivion.

Time and again I sensed that my attitude should be something similar to that of a craftsman who attempts to recover and restore while not avoiding introducing new concepts or more advanced methods that facilitate and enhance the production, processing and storage of wine. I would not give up the mysteries of invention and innovation and would respect, not forget, the positive aspects of the past; I would not turn my back on modernity, the future and utopia.

Design:
2009
Construction:
2010
Developer:
Adega Condes de Albarei, S.A.U.
Contractor:
Constructora San José, S.A.

Collaborators
Design:
Magdalena Portela Campos, Ana Couto Pérez, José María García Francisco, Mª Teresa Moreira e Ribeiro, Sheila Blanco Durán, Fabián Estévez Rodríguez, Gonzalo Sánchez Vidal, Mª del Pilar Álvarez Tapia, and Mª del Pilar Taboada Iglesias
Construction management:
Magdalena Portela Campos
Surveyors:
Débora Fresno Rodríguez and Ana Castro Alonso
Engineering:
Antonio Reboreda Martínez
Services:
Obradoiro Enxeñeiros, S.L.
Sculptures:
Sergio Portela

Site plan

CONSTRUCTIONS
A Manor
B Wine cellar
C Warehouse
D "Pomval"
E Well
F Bathroom
G Bedroom

ACCESS
I Southeast main access
II West access
III North access

ROADS
IV Cobbled paving
V Paved road
VI Zahorra trails

PARKING LOTS
VII Buses
VIII Automobiles
IX Guided tours automobiles

GREEN AREAS
1 Tree-lined boulevard of access
2 Garden with paths and resting areas
3 Manor's garden — Amphitheater
4 Fruit trees
5 Orange grove promenade
6 Palm grove
7 Riverside vegetation
8 Vineyard
9 Pavilion landscape
10 Plane tree
11 Landscape "O calvario"
12 Brushwood
13 Vineyards

WATER BODIES
14 Pond – Plane tree
15 Water source
16 Water course
17 Fountains
18 Creek

Manor

Pigeon loft

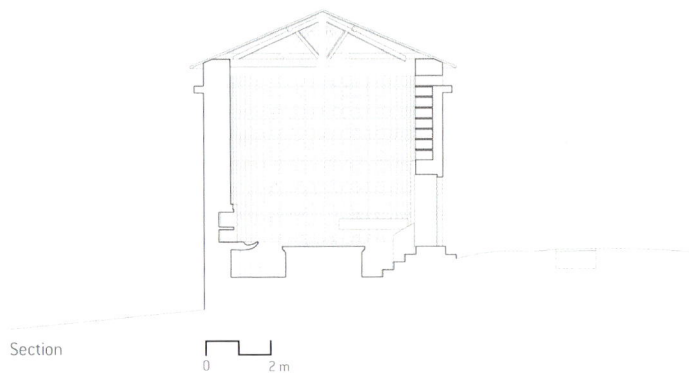

Section

0   2 m

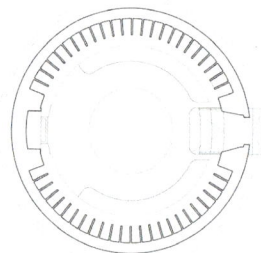

Floor plan

Floor plan

Wine cellar

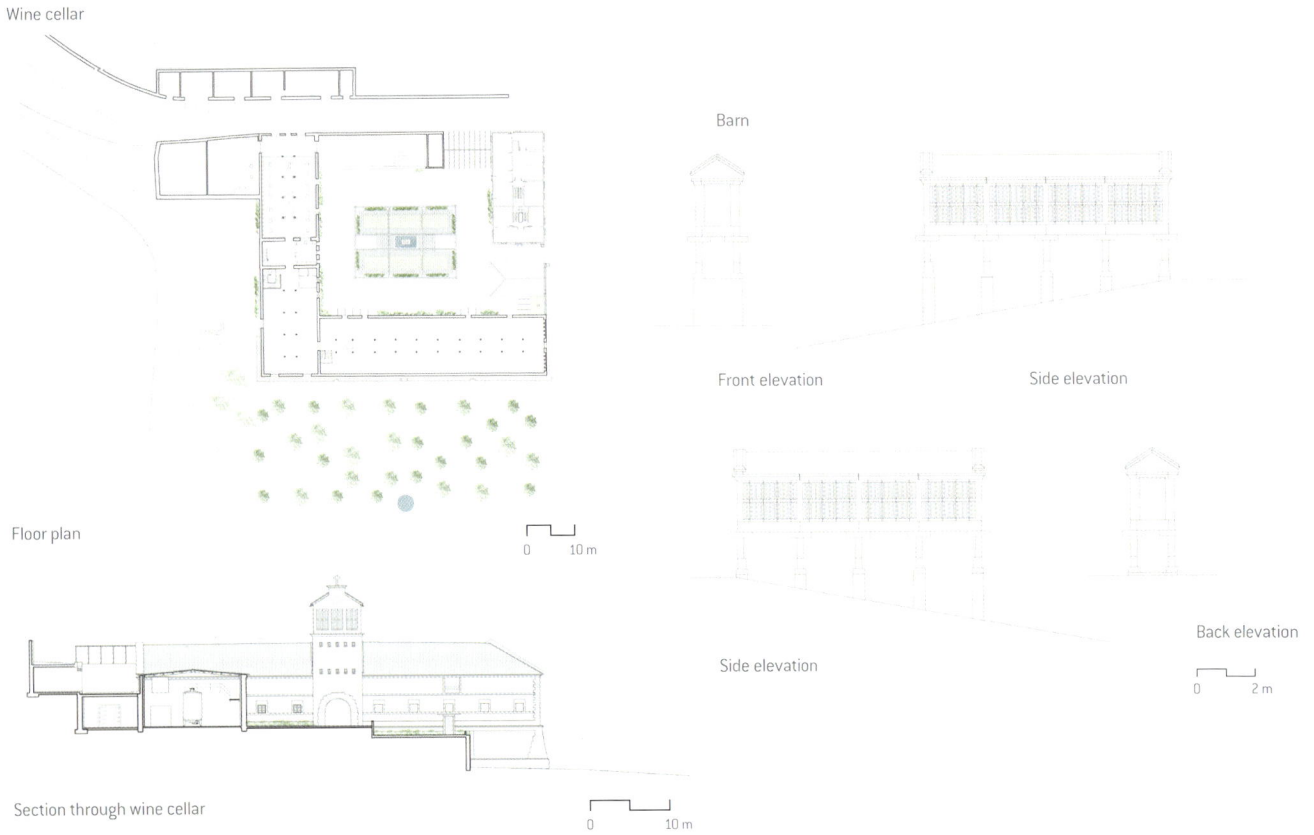

Floor plan

Barn

Front elevation

Side elevation

0   10 m

Side elevation

Back elevation

0   2 m

Section through wine cellar

0   10 m

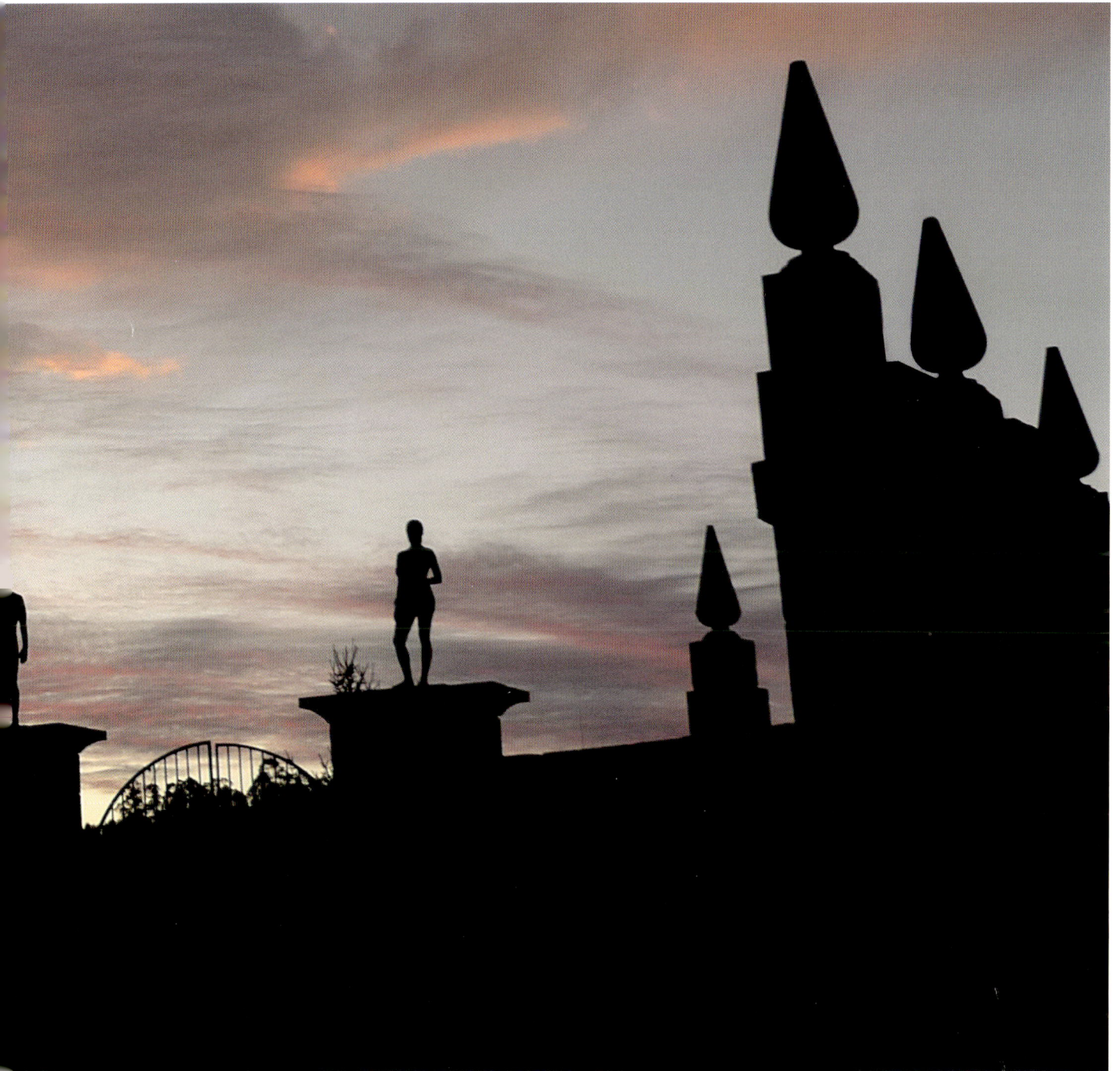

46 AIRPORT CONTROL TOWER
SHARM EL-SHEIKH, EGYPT

Any tower, including this one, has two determining factors: one, the height, in this case, 85 meters from ground level to the controllers' eye level, and two, the functional requirements and relationships that must exist between them, as well as the ancillary services and facilities that enable them to be operated and maintained.

This design came about through this optimal organisation, and we wanted it to be a true reflection of the close relationship between form and function. In other words, we wanted the image of the tower to be consistent with the function it performed.

Through its size, function and meaning, we also wanted the tower to be a monument, an icon of twentyfirst century Egypt which had such a shining presence in this amazing and wonderful place: the Sinai desert between the Red Sea and the Sinai Mountains. And as we approached by boat, on the way to or from the Suez Canal, or arrived at or departed from the airport of Sharm El-Sheikh, we wanted it to offer us that strong and powerful, elegant, serene and harmonising image that *djed* columns symbolised in the past, representing the Pharaohs spine.

Design:
2010
Developer:
National Air Navigation Services Company (NANSC)

Collaborators
Design:
Prointec, Ana Isabel Couto Pérez, Teresa Moreira e Ribeiro, María Camba Gutiérrez, Fabián Estévez Rodríguez, and Gonzalo Sánchez Vidal
Engineering:
African Consulting Office (ACO), and Antonio Reboreda Martínez
Services:
Cemosa

Site plan

North elevation

West elevation

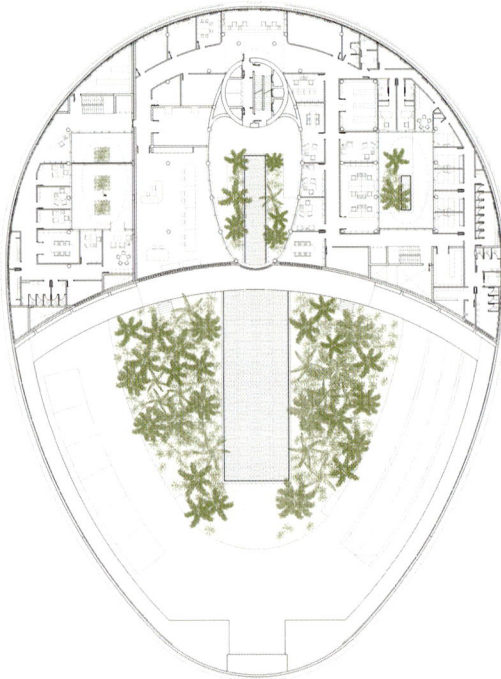

Floor plans

Control cab

Mezzanine floor plan

Section

47 NEW AIRPORT TERMINAL
VIGO, PONTEVEDRA

For most people, every journey is an exceptional pause in everyday life. When travelling by plane, routine movements are broken even more, since they usually tend to be on foot or by car.

An airport is the prelude to all air travel. Its structure, layout and space must appropriately match the vast complexity of roles and situations that take place within its walls, and must also be a faithful expression of its contents and uniqueness. It should therefore be an emblematic, bright, clear, happy building that works as a whole to create an optimistic atmosphere, avoiding, to the extent possible, the uncertainty and stress that trips can cause. An airport should provide serenity, calm and confidence, giving its users – travellers, companions, air crews and ground workers – an easy and happy stay, departure or arrival.

We tried to respect and harness the diverse virtues and values that Peinador Airport currently offers, such as its human scale, spatial proportions or proper ground/air ratio, all of them the motive behind the familiarity with which users move through this terminal, adding light, colour, comfort, clarity, rationality and beauty with the new addition.

Design:
2009
Construction:
2010-2013
Developer:
Aeropuertos Españolas y
Navegación Aérea (AENA)
Contractor:
Vigo terminal expansion UTE:
Constructora San José, Copasa

Collaborators
Design:
Prointec, Ana Isabel Couto Pérez,
Teresa Moreira e Ribeiro, Sheila
Blanco Durán, Gonzalo Sánchez
Vidal, and Fabián Estévez
Rodríguez
Construction management:
Prointec, Seg, S.A., Ayesa, and UTE
Engineering:
Antonio Reboreda Martínez

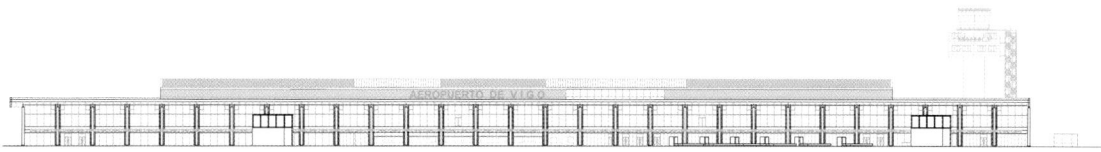

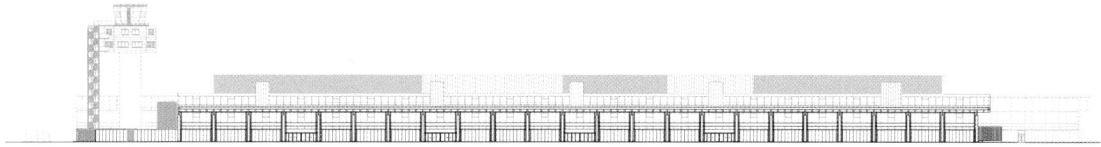

Elevations

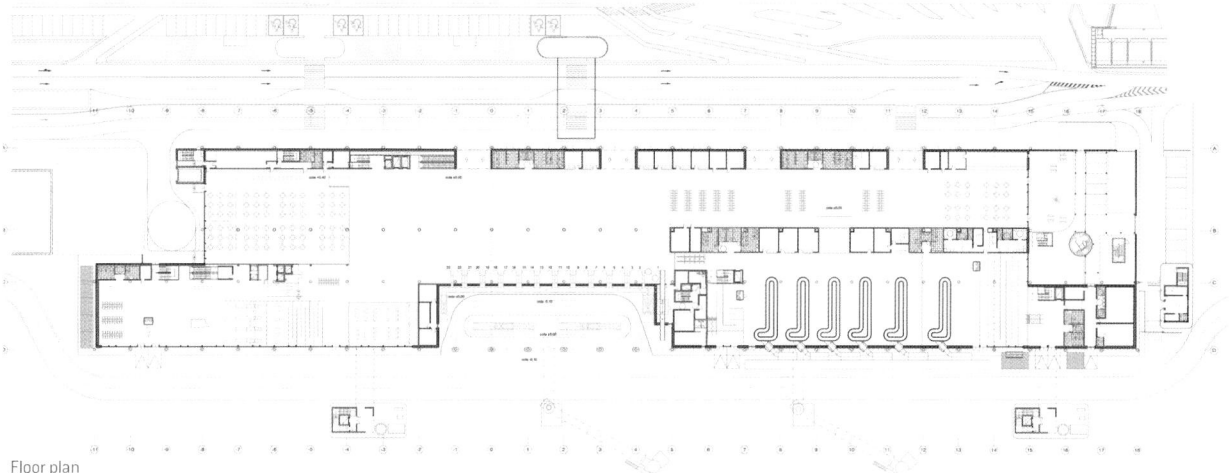

Floor plan

Longitudinal section

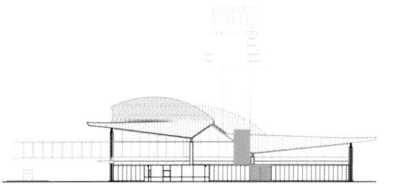

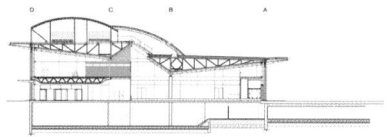

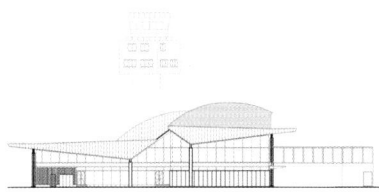

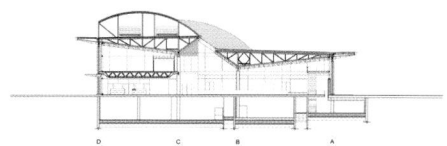

Cross sections

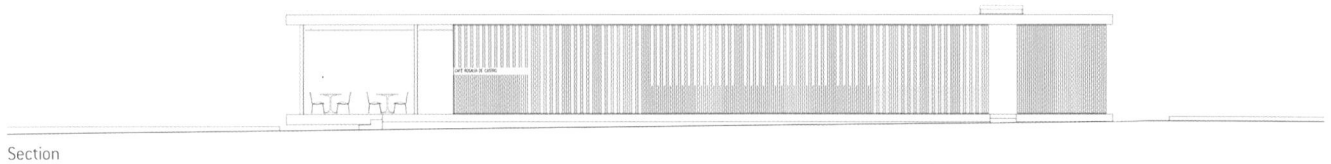

Section

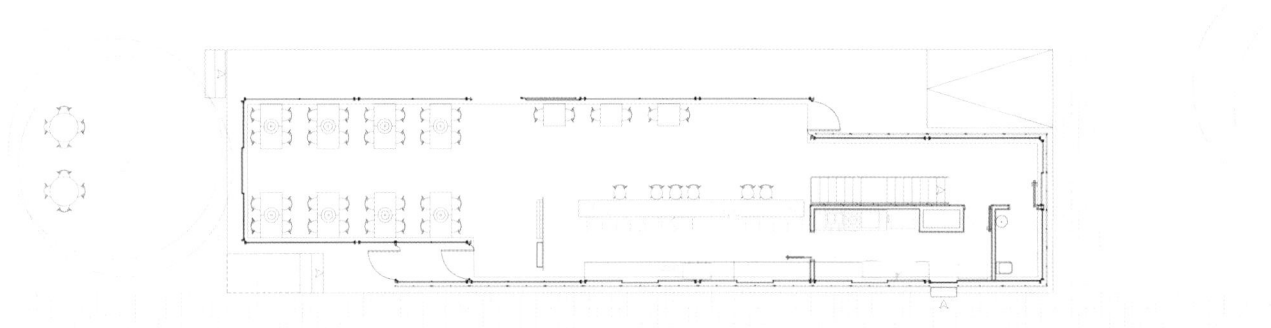

Floor plan

0   5 m

48 CAFÉ IN ROSALIA DE CASTRO PARK
LUGO

After discarding the idea of restoring and expanding the existing café, since it was obstructing the main entrance to Rosalia de Castro Park, erasing its original layout, we chose to construct a new building.

There were three basic premises: a) convenient location, b) retaining the positive qualities of the existing building, such as its transparency, and c) integrating it into the park as naturally and subtly as possible.

The solution consists of an elongated area aligned with the park fence which replaces part of it. Under the roof are two twin prismatic parts creating two separate spaces to allow two entrances: one from the street and the other from the park.

One of the parts, the one facing the city, will house the facilities, while the other part, the one facing the park, will house the seating area. The more urban side is covered by a lattice that allows light to enter but shades the view of the street. The other part facing the park is completely transparent.

Design:
2009
Construction:
2010-2011
Developer:
City Council of Lugo
Contractor:
COPCISA, S.A.

Collaborators
Design:
Magdalena Portela Campos, Teresa Moreira e Ribeiro, and Fabián Estévez Rodríguez
Construction management:
Magdalena Portela Campos
Surveyor:
Débora Freno Rodríguez
Engineering:
Antonio Reboreda Martínez
Services:
Obradoiro Enxeñeiros, S.L.

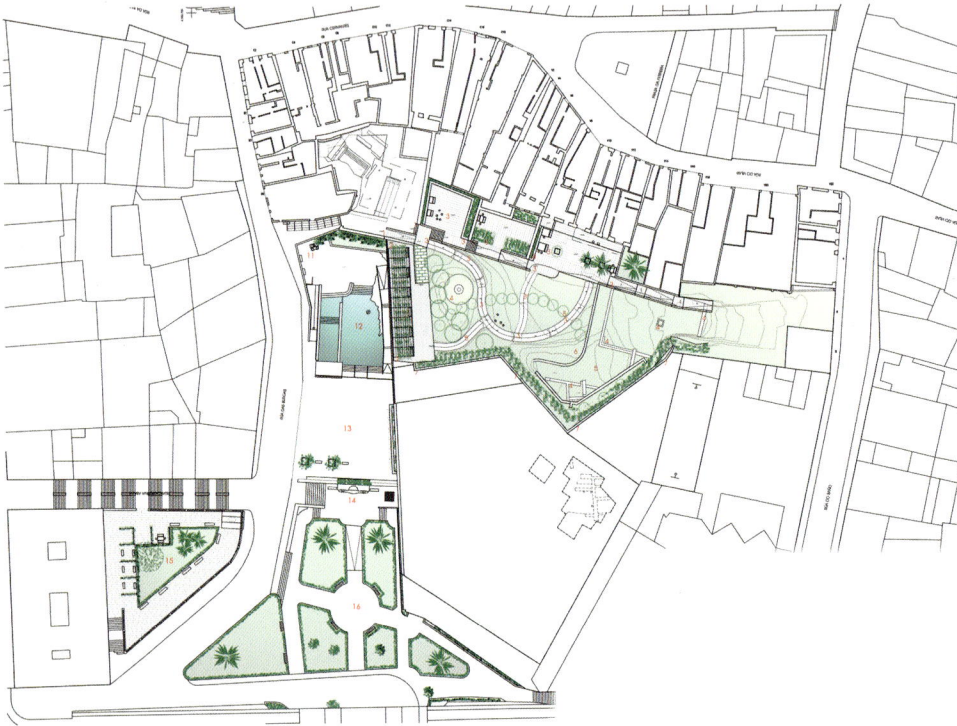

1 Connection between the Reception of the Interpretation
  Center Square and the scope of work
2 Lookout over the thermal pool and vine
3 Paved promenade and dirt trail
4 Archaeological remains
5 Vegetation
6 Bleachers with the rest of the hypocaust
7 Peripheral wall Josefinas complex
8 Rear treatment
9 Facilities
10 Lighting and street furniture
11 Upper *burga* (hot water spring)
12 As Burgas Square
13 Middle *burga*
14 Lower *burga*
15 Calpurnia Abana Square
16 LAs Burgas Garden

Site plan

49 ACTIONS IN THE URBAN LANDSCAPE
AS BURGAS, OURENSE

The public space that underwent the action is defined by the As Burgas geothermal complex, which has three natural springs of historical, scientific and natural interest rooted in tradition, the Burga de Arriba, the Burga de Medio and the Burga de Abajo, surrounded by their respective squares and vegetable and ornamental gardens.

Throughout history, these springs have retained their deeply-rooted curative and miraculous nature. Even today, pilgrims, visitors, tourists and locals practice a complex pagan body cleansing ritual. Over time, the As Burgas area has undergone several renovations that have left their marks. A thorough archaeological study reveals those that are clear to see and, below them, another more subtle or hidden world, which endures as an extensive collection of archaeological substrates that can be visited and contemplated, becoming an outdoor archaeological museum in this amazing place that is the origin of the city of Ourense.

This action aimed to improve the complex and its environs by introducing new uses compatible with the remains. It brought the archaeological excavation to light, breathing new life into the As Burgas complex and transforming it into a hub of tourism in the city.

The action also included the construction of an outdoor thermal pool; the renovation of all elements in the urban space, including pavements, street furniture and lighting; the tidying up of existing trees or vegetation; and the introduction of new species as well as improvements in sanitation. The outcome was the creation of an ideal place for gathering, relaxed conversation, recreation and social interaction, all with the As Burgas water as the focal point.

Design:
2008-2010
Construction:
2009-2011
Developer:
Ayuntamiento de Ourense
Contractor:
Manuel Cruz Madernaz;
Actividades y Construcciones,
S.L.(Atcon, S.L.); Construcciones
Gamallo, S.L.V; and Tejar, S.L.

Collaborators
Design:
Ana Isabel Couto Pérez and Eva
Reza Paz
Project management:
Ana Isabel Couto Pérez and Eva
Reza Paz
Technical design:
Luis Camilo de Anta Rodríguez
Engineering:
Antonio Reboreda Martínez
Services:
Obradoiro Enxeñeiros, S.L.

Site plan

50 NATURAL HISTORY MUSEUM OF GALICIA
SANTIAGO DE COMPOSTELA, A CORUÑA

"The site is part of the work and plays a crucial role in the process."
Richard Long

We paid the utmost attention to and showed respect for the geology, botany and zoology collections of the Museum of Natural Sciences of Galicia, leaving open the possibility of hosting new collections or new uses that could be required of a building of this kind.

We wanted the presence of this building to be similar to that of a small animal that had entered the Vista Alegre estate park in Santiago de Compostela one day and chosen "its place" by the river which runs alongside the park, and settled there on the ground, grown to its present size, developing and articulating its clean and distinctive shapes.

These shapes materialised in cubes that are grouped and stacked or expanded and scattered, as appropriate. As a living being, it could awaken one day, and if it wanted to, it could set itself in motion and abandon camp, returning the site to its original state, exactly as it was before the creature's presence.

But that will not happen, because this unique animal, set on a foundation of small modules endowed with the purest geometry that enables highly rational and flexible constructive solutions, is not such an animal, rather the building that houses the Museum of Natural History of Galicia, something necessary and indispensable for the enlightenment and enjoyment of Santiago's citizens, other Galicians and outsiders. It will stay where it is because this is its place and it is comfortable here.

Design:
2008
Construction:
2009-2011
Developer:
Universidad de Santiago de Compostela
Contractor:
UTE Acciona, TUCONSA

Collaborators
Design:
Paulino Sánchez Chao, Magdalena Portela Campos, and Teresa Moreira e Ribeiro
Construction management:
Paulino Sánchez Chao and Magdalena Portela Campos
Surveyors:
Ana Castro Alonso and Débora Fresno Rodríguez
Engineering:
Antonio Reboreda Martínez
Services:
Obradoiro Enxeñeiros, S.L.
Sculptures:
Sergio Portela

Main elevation

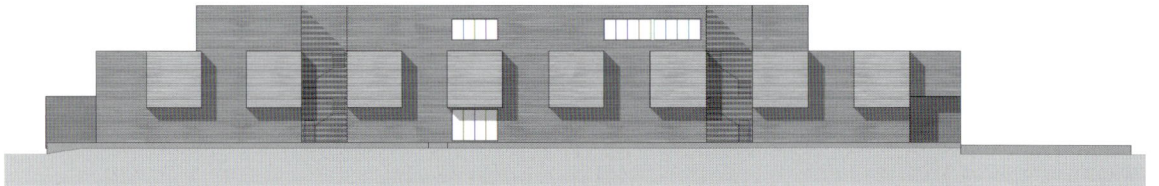

Back elevation

0   5   10 m

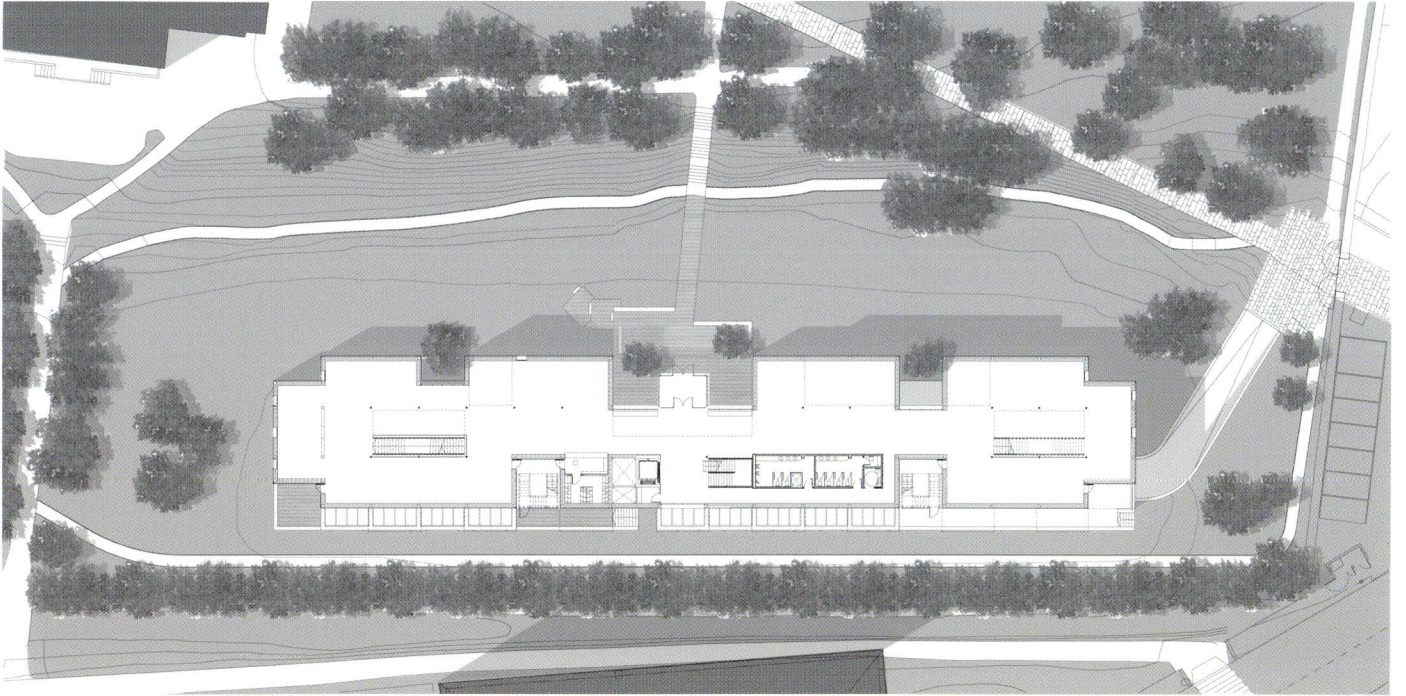

Floor plan

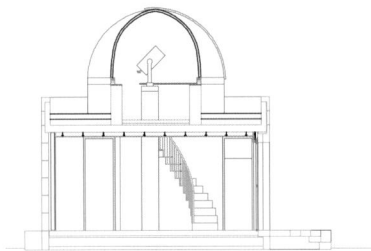
Section

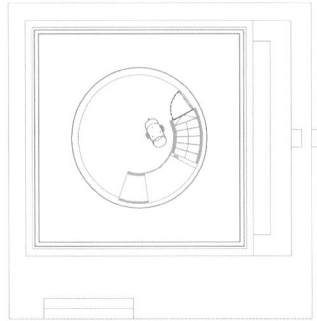
Observation floor plan

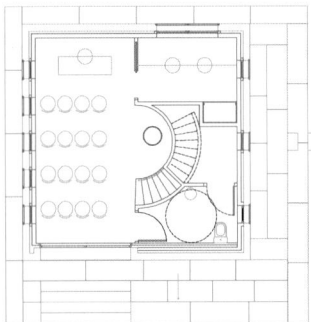
Ground floor plan

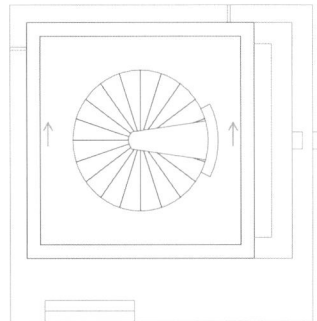
Roof plan

51 ASTRONOMY OBSERVATORY
COTOBADE, PONTEVEDRA

The site chosen to locate this observatory is Campo da Poza in Mount Coirego of Cotobade, which was donated by the Carballedo Forestry Association and is largely free of any type of construction and service networks. The terrain is mainly made of a bedrock substrate.

The privileged environment where the observatory is located allows it to be used not only for astronomy activities, but also for ecological, botanical and geographical activities, as well as for simply enjoying the beauty of the surrounding countryside.

The programme required to carry out these activities consisted of: a room for meetings, lectures and screenings; a work area with the computers that control the telescope; the prefabricated dome, which opens to allow the sky to be viewed using the telescope; and a restrooom and a utility room with the installations required for energy independence.

Design:
2009
Construction:
2011
Developer:
Asociación Cultural y
Medioambiental Canón de Pau
Contractor:
Calvo Ruibal, S.L.

Collaborators
Design:
Magdalena Portela Campos and
Sergio Portela Campos
Construction management:
Magdalena Portela Campos
Surveyor:
Ana Castro Alonso
Engineering:
Antonio Reboreda Martínez

SELECTION OF PROJECTS

1973   Housing for a Gipsy Community. Campañó, Pontevedra. Spain
     Bueu Market. Bueu, Pontevedra. Spain
     Rectory. Marín, Pontevedra. Spain
     Town Hall. Pontecesures, Pontevedra. Spain
1983   House Estévez. Salcedo, Pontevedra. Spain
1984   Aquarium. Vilagarcía de Arousa, Pontevedra. Spain
     Rehabilitation of El Pasatiempo Park and Gardens. Betanzos, A Coruña. Spain (unbuilt)
1984-1988 Culture Center in Cangas, Pontevedra. Spain
1986   Rehabilitation of Carballeira de Santa Miña. Brión, A Coruña. Spain
1987   Rehabilitation of Soutomaior Castle and surroundings. Soutomaior, Pontevedra. Spain
1988   Base of cable vessel. Transatlantic pier. Port of Vigo, Pontevedra. Spain
1990   Rehabilitation of the Toys Museum. Allariz, Ourense. Spain
     Design of the Mediterranean Landscapes Expo. Isla de la Cartuja, Sevilla. Spain (unbuilt)
1991   Culture Center and Library in Brión, A Coruña. Spain
1992   Rehabilitation of the Leather Museum. Allariz, Ourense. Spain
     Ethnographic Museum at Río Arnoia. Allariz, Ourense. Spain
     Spanish Pavilion Expo 92. Sevilla. Spain (unbuilt)
     Reina Sofía Park. Línea de la Concepción, Cádiz. Spain (unbuilt)
     Azuma Bridge over Uchikawa river. Shinminato, Toyama. Japan
1992-2003 Rehabilitation of buildings and surroundings of San Simón Islands and San Antonio. Redondela, Pontevedra. Spain
1993   Ethnographic Museum, Library and Concert Hall. Togamura, Toyama. Japan
1993-1994 Domus Museum in collaboration with Arata Isozaki. A Coruña. Spain
     Rehabilitation of Fine Arts Building. Oriente University. Ciudad Bolívar. Venezuela
1993-2002 Sea Museum of Galicia. In collaboration with Aldo Rossi. Alcabre, Vigo. Spain
1994   Rehabilitation of the Museum of Architecture and Planning in Villa de Los Guaicas, Caracas. Venezuela
1994-1995 Punta Nariga Lighthouse. Malpica de Bergantiños, A Coruña. Spain
1995-1996 Multi purpose building. Vilalba, Lugo. Spain
1995   Rehabilitation of the old military barracks in San Fernando for the Fine Arts University and the Restoration School of Galicia. Pontevedra. Spain
     Neira Vilas Foundation. Ponte Ledesma, Pontevedra. Spain
     Bus Station in Ayamonte. Huelva. Spain
1996   Urban planning of the coastline at Playa de la Herradura. Almuñécar, Granada. Spain
     Remodellling of Manzana Nº 14 of the Malecón. La Habana. Cuba
1996-1998 Córdoba Bus Station. Córdoba. Spain
1997   Rehabilitation of Pousada A Lombarda. Allariz, Ourense. Spain
1998-1999 Rehabilitation of Pousada O Semáforo. Cabo de Fisterra, A Coruña. Spain
1999   Botanical Garden Juan Carlos I. Alcalá de Henares, Madrid. Spain (unbuilt)
2000   Casa Europa and Rehabilitation of the University Park. Finca Simeón. Vista Alegre, Santiago de Compostela. Spain
     Fisterra cemetery. Fisterra, A Coruña. Spain
2001-2002 Urban planning of Toruños-Río San Pedro. Natural Park of Bahía de Cádiz. Puerto de Santa María-Puerto Real, Cádiz. Spain
2002-2003 Verbum, House of Words. Interactive Museum about Human Communication. Vigo, Pontevedra. Spain
2003-2004 Residential Housing of 67 units, comercial spaces and parking in OE 5, Parcela 2.2., Calle Galeras. Santiago de Compostela. Spain
     Office building for the Instituto Nacional de la Seguridad Social. Calle Galeras de Santiago de Compostela. Spain
2004-2006 Restoration of Fraga Cinema building into the Culture Center of Caixagalicia in Vigo, Pontevedra. Spain
2004-2010 Project for the new central Railway Station. Valencia. Spain
2006-2007 Building for the Gerontological Assistance Centre and Attention to dependent people. Barrocás, Ourense. Spain
2008-2009 Master plan for the Rosalía de Castro Park in Lugo. Spain
     Astronomical observatory in Cotobade. Pontevedra. Spain
2008-2010 Complete rehabilitation of the singular building "Pazo Baión". Vilanova de Arousa, Pontevedra. Spain
     Building for Baix Llobregat rail system. El Prat de Llobregat, Barcelona. Spain
2009-2010 Master plan for Cabo Fisterra. Fisterra, A Coruña. Spain
     Building for Cruise Terminal in A Coruña harbour. A Coruña. Spain
     Coffee shop in Rosalía de Castro Park. Lugo. Spain
2010-2011 Convention Center in Beiramar de Vigo. Vigo, Pontevedra. Spain
     Culture Complex, Auditorium and Library in Alcalá de Guadaira. Sevilla. Spain
     Residential Housing of 98 units, Shops and Parking area in plot 201.C. Abandoibarra. Bilbao. Spain
     Natural History Museum "Luis Iglesias" in Parque Vista Alegre, Santiago de Compostela. Spain
     Control Tower in Sharm el Sheikh Airport. Egypt.

WORKS IN PROGRESS

New building for the Centro de Excelencia de Vehículos Inteligentes (CEVI). Porriño, Pontevedra. Spain
Vigo Airport Terminal extension with Prointec. Pontevedra. Spain
Works in Oeste Towers. Catoira, Pontevedra. Spain
Fish market in Ribeira, A Coruña. Spain

AWARDS AND COMPETITIONS

2011   Winner. Competition for Rail station in A Coruña. Spain.
            Market of Ribeira. A Coruña. Spain

2010   Winner. Competition for the Natural History Museum of Galicia. Santiago de Compostela. Spain

2009   Winner. Competition for the Sharm el Sheikh Airport Control Tower. Egypt

2008   Winner. Competition for Granada Airport Control Tower. Granada. Spain

2007   Winner. Competition for Railway system of Baix Llobregat (El Prat de Llobregat, Barcelona), together with
            Antonio Barrionuevo Ferrer and Julia Molino Barrero Architects

2005   Winner. Competition for the new Central Railway station of Valencia: Urban integration and adaptation to the existing station. Valencia. Spain.

2003   Selected for the European Union Prize for Contemporary Architecture Mies Van der Rohe Award. Fisterra Cemetry, A Coruña. Spain

2002   European Award Philippe Rotthier. Fisterra Cemetery, A Coruña. Spain
            Winner. Competition for Verbum, House of Words. Interactive Museum about Human Communication. Vigo, Pontevedra. Spain
            Winner. Competition for Convention center of A Coruña. Spain.
            Winner. Competition for Beiramar Convention Center. Vigo, Pontevedra. Spain

2001   Arts and Science Award; Visual Arts and Architecture. Editorial El Mundo/Xunta de Galicia. Madrid. Spain

2000   Architecture and Urbanism Award. Cambio 16. Madrid. Spain

1999   Spanish Architecture National Award. Bus Station in Córdoba. Córdoba. Spain
            City of Pontevedra Award. Concello de Pontevedra. Pontevedra. Spain
            Pontus Veteris Award. School of Architecture of Galicia. Delegación de Pontevedra. Spain

1998   Awarded by the Asociación de Pizarreros de Galicia. Multi purpose bulding. Vilalba, Lugo. Sobradelo de Valdeorras, Ourense. Spain
            First prize for the International of Stone Architecture (Verona). Domus. A Coruña. Spain
            Winner. Competition for the Thematic, Environmental and Cultural Center and Aula de la Naturaleza. Punta Teno, Tenerife. Spain
            Winner. Competition for Itsmo building. Shelter at Teno Natural Park, Tenerife. Spain
            Winner. Competition for University Park and Europe Residence in Finca Simeón. Vista Alegre, Santiago de Compostela. Spain
            Winner. Competition for the Master Plan of San Simón and San Antonio Islands. Redondela, Pontevedra. Spain

1997   Pedrón de Ouro Prize. Patronato Rosalía de Castro. Padrón, A Coruña. Spain
            Winner. Competition for the urban planning of the railway station, harbour adnd historic walls of the city of Cadiz. Spain

1996   Winner. Competition for the urban planning of Toruños-Río San Pedro, reception building and classroom for Nature Contemplation in Bahía Park, Cádiz. Spain
            Winner. Competition for the New Institute of Secondary, professional modules for Hospitality, Turism and Textile. A Coruña. Spain
            Awarded by the Asociación de Pizarreros de Galicia. Domus Building. A Coruña. Sobradelo de Valdeorras, Ourense. Spain

1995   Japanese Institute of Architecure Award. Azuma Bridge. Japan
            Dragados y Construccions Award of Architecture. Punta Nariga Lighthouse. Malpica de Bergantiños, A Coruña. Spain
            Winner. Competition for the multi purpose building in Vilalba, Lugo. Spain

1994   European Urban and Regional Planning Award. European Commission/European Council of Town Planners.
            Rehabilitation and construction of the Arnoia river banks. Allariz, Ourense. Spain
            Winner. Competition for the School of Fine Arts . Oriente University. Venezuela
            Winner. Competition for the urban planning of Alcalá de Henares University Campus. Madrid. Spain

1993   Winner. Competition for the urban planning of Herradura Beach coast. Almuñécar, Granada. Spain
            Winner. Competition for the Fine Arts University and School of Restoration of Pontevedra. Spain
            Winner. Competition for the Azuma Bridge over Uchikawa river. Shinminato, Toyama. Japan

1992   Winner. Competition for multi purpose building. Togamura, Toyama. Japan
            Winner. Competition for the Special Plan for the rehabilitation of the Camino de Santiago. A Coruña. Spain

1991   Winner. Competition for the Special Plan for the rehabilitation of Ribeira Sacra. Ríos Miño y Sil. Lugo and Ourense. Spain

1989   Galicia Award of Architecture. Santiago de Compostela, A Coruña. Spain

1985   Winner. Competition for the Master Plan of Valles de Ulzama, Atez, Imoz and Basaburna. Navarra. Spain
            Winner. Competition for the Rehabilitation of Monte de Santa Tegra. A Guardia, Pontevedra. Spain

1983   Galicia Prize for Territory Design
            Winner. Competition for the Research of the Natural Elements and Artificial Objects. MOPU, Madrid. Spain

1982   Spanish candidate to the Pritzker Award of Architecture. Consejo Superior de los Colegios de Arquitectos de España, Madrid. Spain
            Europe Council Gold Medal. Rehabilitation of Carballeira de Santa Miña and surroundings. Europe Council, Brussels. Belgium
            Winner. Competition for the Rehabilitation of the Soutomaior Castle and surroundings. Soutomaior, Pontevedra. Spain

1981   Nacional Prize of Urbanism. Intervention Plan in Pazo de Oca and surroundigs. Dirección General de Urbanismo. MOPU, Madrid. Spain
            Winner. Competition for the urban and country planning of Santiago de Compostela. A Coruña, Spain

1974   Winner. Competition for the Forcarei Town Hall. Forcarei, Pontevedra. Spain

1972   Winner. Competition. School of Architects of León, Asturias and Galicia, together with Xosé Bar Bóo. A Coruña. Spain

SELECTED BIBLIOGRAPHY

MONOGRAPHIC WORKS

1974 *Gran Enciclopedia Gallega*. Tomo XXV. Gijón: Silverio Cañada, 1974, pp. 160-161

1980 Tange, Toshiaki. *Historia General de la Arquitectura Española*. Tokyo: Toto. Minoko-ku, 1980. Vogt, Adolf Max. *Architektur 1940-1980*. Berlin: Propylaen, 1980, p. 236

1981 Nebot Beltrán, Fernando; Pino Vicente, Daniel; Portela, César. *O planeamento no mundo rural galego. Un exemplo: o plan xeral de ordenación de As Neves*. Madrid: Ediciones de la Torre, 1981

1983 Johnson, Philip; Bofinger, H. y M. *Junge Architekten in Europa*. Berlin: Kohlhamer, 1983, p. 25. *Os museos de Galicia*. Santiago de Compostela: COAG, 1983

1984 Mateo, Luis. *Arquitectura Española Contemporánea*. Barcelona: Gustavo Gili, 1984. Portela, César; Pino Vicente, Daniel; Osario Justo, Carlos. *El Pazo de Oca*. Madrid: Ministerio de Obras Públicas y Urbanismo, 1984

1985 Portela, César; Osario Justo, Carlos. *As Pesqueiras do Río Miño*. Santiago de Compostela: Dirección Xeral do Patrimonio Artístico e Monumental, Servicio de Obras e Restauración, 1985. VV.AA. *Young Spanish Architecture*. Madrid: Ark Monograph, 1985, pp. 150-153

1986 Capitel, Antón. *Arquitectura Española 1950-1980*. Madrid: MOPU, 1986. Flores, Carlos; Güell, X. *Guía de Arquitectura de España 1929-1996*. Barcelona: Fundación Caja de Arquitectos, 1986. Tange, Toshiaki. *Arquitectos que marcaron la época de los 90*. Tokyo: Toto. Minoko-ku, 1986

1987 Portela, César. "La ordenación del territorio, el transporte y la vivienda". *Galicia. Realidad económica y conflicto social*. La Coruña: Banco de Bilbao, 1987

1989 Portela, César. "La Carballeira de Santa Miña de Brión: La Coruña". *Curso sobre Proyectos Urbanos e Intervenciones Arquitectónicas en la Recuperación de las Ciudades Históricas (3º. 1988. Cuenca]. Arquitectura recuperada*. Universidad Internacional Menéndez Pelayo, 1989, pp. 64-71. VV.AA. *Arquitectura Española Contemporánea 1975-1990*. Vol. 1. Madrid: El Croquis, 1989

1990 *Monumentos y Proyectos. Jornadas sobre criterios de intervención en el patrimonio arquitectónico*. Madrid: Ministerio de Cultura, 1990

1991 Portela, César. "Arquitectura institucional en Galicia". *Congreso Internacional de Arquitectura Institucional. Consello da Cultura Galega*, Santiago de Compostela, 1991, pp. 11-14. Tenreiro, Oscar. *Seis Arquitectos Españoles*. Venezuela: Escuela de Arquitectura de la Universidad Central de Caracas, 1991

1992 Portela, César. *Estudio piloto previo e propostas de recuperación e rehabilitación da Ribeira Sacra*. Santiago de Compostela: Dirección Xeral do Patrimonio Histórico e Documental, 1992

1993 Portela, César. *Imágenes*. Sada: Ediciós do Castro, 1993. Portela, César. "O Sentido do espazo na obra de Alejo Carpentier". Carpentier, Alejo. *O Camiño de Santiago*. Sada: Ediciós do Castro, 1993, pp. 111-131

1994 *Compostela, Plan especial, actuaciones: J. Hejduk., J. P. Kleius, V.M. Lampugnani, G. Gras, A. Siza, C. Portela, A. Nogueral*. A Coruña: Ruptura de arquitectura, 1994

1995 Asensio Cerver, Francisco. *World of Environmental Design. Elements of Landscape*. Vol IX. Barcelona: Arco, 1995. Baldellou, M.A.; Capitel, A. "Arquitectura Española del siglo XX". *Summa Artis. Historia General del Arte*. Vol. XL. Madrid: Espasa Calpe, 1995. Baldellou, M.A. *Lugar, memoria e proxecto: Galicia 1974-1994*. Madrid: Electa, 1995. Fortes Bouzán, Xosé. "César Portela". Lobato, Xurxo. *Galegos na escaleira 1*. A Coruña: Fundación Caixa Galicia, 1995, p. 109. *Isozaki & Domus*. A Coruña: Cubiertas y Mzov, 1995. López Vazquez, J. M.; Seara Morales, I. *Galicia Arte. Arte Contemporáneo. Segunda mitad del siglo XX*. Vol XV. A Coruña: Hércules, 1995. Portela, César. "Xosé Bar Bóo". Lobato, Xurxo. *Galegos na escaleira 1*. Xurxo Lobato. A Coruña: Fundación Caixa Galicia, 1995, p. 18. VV.AA. *581 Architects in the World*. Tokyo: Ioto. Minko-ku, 1995, p. 206

1996 Armesto, Antonio; Padró, Ouim. *Casas Atlánticas. Galicia y Norte de Portugal*. Barcelona: Gustavo Gili, 1996. Portela, César [et al.]. *Xosé Bar Bóo Arquitecto*. Santiago de Compostela: COAG, 1996. Portela, César. "Xosé Bar Bóo, entre el arte y la ciencia". *Xosé Bar Bóo, arquitecto*. Santiago de Compostela: Colegio Oficial de Arquitectos de Galicia, Delegación de Vigo, 1996, pp. 12-13

1997 Portela, César. "Un Proyecto para el Cabo". *Finisterrae: un proyecto para el confín del mundo*, Fisterra: Finisterre Seguros, 1997, pp. 109-137. Urrutia, Angel. *Arquitectura Española siglo XX*. Madrid: Cátedra, 1997, pp. 554-557

1998 Bonet Correa, Yago; Álvarez, Damián; Portela, César. *Edificio multiusos, centro parroquial e espazo público circundante en Vilabra*. Santiago de Compostela: Consellería de Política Territorial, Obras Públicas e Vivendas, 1998. Portela, César. *Estación de Autobuses de Córdoba*. Vigo: Constructora San José, 1998. Portela, César. "Los Faros como factores estructurantes del borde litoral". *Congreso de Ingeniería del Paisaje (2º. 1997. A Coruña]*. A Coruña: Asociación española de ingeniería del paisaje, 1998, pp. 77-81

2000 Portela, César. *Cementerio de Fisterra*. Vigo: Construcciones Ponciano Nieto, 2000

2001 Portela, César. *La Casa de Europa*. Vigo: ACS, Proyectos, Obras y Construcciones, 2001. Portela, César. "Territorio, paisaje e identidad". Freixanes, Víctor F. *Galicia, una luz en el Atlántico*. Vigo: Edicións Xerais de Galicia, 2001, pp. 188-201. Ruiz Cabrero, Gabriel. *El moderno en España. Arquitectura 1948- 2000*. Seville: Tanais, 2001

2002 Portela, César. *La arquitectura del sol*. Barcelona: COA Catalunya, COA Comunidad Valenciana, COA Illes Balears, COA Murcia, COA Almería, COA Granada, COA Málaga, COA Canarias, 2002. Portela, César. *Centro de Estudios Avanzados*. Vigo: Ferroviai/Agromán, 2002. Portela, César. *Centro Tecnológico de Automoción de Galicia*. Vigo: CTAG, 2002. Portela, César. *Museo do Mar de Galicia*. Pontevedra: Necso, 2002

2003 *VII Bienal de Arquitectura Española*. Madrid: Bienal de Arquitectura española, 2003, pp. 82-93. Bonet Correa, Yago. *Artistas Gallegos, arquitectos. De la modernidad al siglo XXI*. Vigo: Nova Galicia Edicións, 2003. César Portela, Oscar Tenreiro. *An architectural guide to their buildings*. Weimar: Bauhaus Universität Weimar, 2003. *Finis Terrae. An Architectural Guide to Braga, Vigo, Pontevedra, Finisterre, Santiago de Compostela, Porto, Aveiro*. Weimar: Bauhaus Universität Weimar, 2003

2008 *Spanish Architecture CESAR PORTELA*. Deados Nº 3, 2008

2010 Archivos de Arquitectura España Siglo XX. Martí Arís, Carlos [ed.] *Cementerio Municipal en Fisterra 1997-1999. César Portela*, 2010

2011 Portela, César. *Auditorio y Palacio de Congresos Mar de Vigo*, 2011

SELECTED MAGAZINE ARTICLES

1979 Portela, César; Hermo Túñez, Xosé. "Vivienda unifamiliar, Pontevedra". *Obradoiro*. Nº 3, 1979, pp. 54-55

1982 Portela, César. "La Piedra". *Museo de Pontevedra*. T. 36, 1982, pp. 467-477

1984 Portela, César. "Aportaciones para un debate de la vivienda unifamiliar en el medio rural". *Obradoiro*, Nº 9, 1984, pp. 28-36

1985 Portela, César; Pérez Ardá Criado, José Enrique. "Restauración y rehabilitación del Castillo de Soutomaior". *Obradoiro*, Nº 11, 1985, pp. 61-65

1986 Portela, César; Rei Núñez, Luís. "César Portela, a lonxanía do pensamento en claro", *Luzes de Galiza*, Nº 3, verán 1986, pp. 18-21. Rei Núñez, Luís. "Trasunto das carballeiras da terra". *Luzes de Galiza*, Nº 3, verán 1986, pp. 21-22

1987 Portela, César. "Un Clásico en la arquitectura gallega". *On diseño*, Nº80, 1987, pp. 44-46. Portela, César. "Un Proyecto como elemento de análisis y debate de los principios de la arquitectura de César Portela". *On diseño*, Nº 80, 1987, pp. 109-111. "Proyecto Paseo Marítimo de Vilagarcía de Arousa. Actuaciones en el entorno de la Carballeira de Santa Minia en Brión". Seville: *Periferia. Revista de Arquitectura*. Nº 7, 1987

1988 Portela, César. "Remodelación análoga da Galiza e o norte de Portugal". *Nasa terra. A nasa historia*. Nº 3-4, 1988, Decenario, pp. 113-115

1990 "Teorías del Mar. Acuario en Villagarcía de Arosa, Pontevedra". Madrid: *AV. Arquitectura Viva*. Nº 24. Martí Arís, Carlos. "Naturaleza y tradición. Un comentario a la obra de César Portela". Barcelona: *El Croquis*. Nº 43, 1990, pp. 132-147. Portela, César. "Carballeira de Brión". *Obradoiro*, Nº 16, 1990, pp. 104-109

1991 Colegio Oficial de Arquitectos de Andalucía Oriental. "César Portela". *Documentos de Arquitectura*. Nº 16. Almería: Colegio Oficial de Arquitectos de Andalucía Oriental, 1991. Gallego, Manuel; Llano Cabado, Pedro de; Portela, César. "Un ha conversa…". *Grial*. Nº 109, Jan.-Mar., 1991, pp. 82-92. Portela, César. "Unha arquitectura atemporal". *Grial*, Nº 109, Jan.-Mar. 1991, pp. 70-74. Portela, César. "Estudio básico para a rehabilitación integrada do Monte de Santa legra". *Obradoiro*. Nº 18, 1991, pp. 94-97. Portela, César; Bar Bóo, Xosé. "Plan especial para a lila de San Simón". *Obradoiro*. Nº 18, 1991, pp. 98-103

1992 Bonet Correa, Yago. "As Casas de pedra de César Portela : seis variacións dunha idea". *Obradoiro*. N° 20, Feb. 1992, pp. 35-36. Portela, César. "Casa Arturo Estévez, Salcedo". *Obradoiro*. N° 20, Feb. 1992, pp. 37-38. Portela, César. "Casa Ferradás, Seixo, Marín". *Obradoiro*. N° 20, Feb. 1992, p. 44. Portela, César. "Casa Luis Rei, Mourente, Pontevedra . *Obradoiro* . N° 20, Feb. 1992, pp. 41-43. Portela, César. "Casa Pías, Montouto, Santiago de Compostela". *Obradoiro*. N° 20, feb. 1992, pp. 39-40. Portela, César. "Casa Pino, Vilaxoán, Vilagarcía de Arousa". *Obradoiro*. N° 20, Feb. 1992, p. 43. Portela, César. "Fundación e Casa da Cultura Neira Vila, Gres, Vila de Cruces". *Obradoiro*. N° 20, Feb. 1992, p. 45

1993 Portela César. "Ponte Azuma". *Obradoiro*. N° 22, Apr. 1993, pp. 74-77. Rossi, Aldo; Portela, César. "Conversa con Aldo Rossi e César Portela sobre O futuro Museo do Mar de Galicia". *Obradoiro*. N° 22, Apr. 1993, pp. 66-71

1995 "Faro de Punta Nariga, A Coruña". Madrid: *AV. Monografías*. N° 51-52, 1995. Isasi, Justo. "Vientre de piedra: Museo Domus, La Coruña: Arata Isozaki y César Portela". *AV*. N° 43, Jul.-Aug. 1995, pp. 38-41. Lapuerta, José María de. "Patio de las musas: Facultad de Bellas Artes de Pontevedra: César Portela". *AV*. N° 43, Jul.-Aug. 1995, pp. 58-63. Portela, César. "Linguaxe espacial, linguaxe constructiva". *Obradoiro*. N° 24, 1995, pp. 42-43

1997 Ribas Alvarez, Alfonso. "Entrevista con César Portela". *Análise empresarial*. N° 26, May-Aug. 1997, pp. 3-10. Portela, César. "Shinminato, Toga". *AV*. N° 52, Jan.-Feb. 1997, p. 34. Portela, César. "A Farruco Sesto". *Obradoiro*. N° 26, 1997, pp. 22-23. Portela, César. "Allariz: un proxecto de futuro". *Obradoiro*. N° 26, 1997, p. 36

1998 "Casa Rei en Mourente, Pontevedra. Elogio de la Galería". Madrid: *AV. Arquitectura Viva*. N° 14, 1998. Portela, César: "Proyectos 1". *Boletín académico 1 Escala Técnica Superior de Arquitectura da Coruña*. N° 23, 1998, pp. 2-7. Portela, César. "Proyectos 11". *Boletín académico 1 Escala Técnica Superior de Arquitectura da Coruña*. N° 23, 1998, pp. 8-13

1999 "Estación de Autobuses de Córdoba". Madrid: *AV. Monografías*, N° 75-76, 1999. Portela, César; Barro, David. "César Portela". *Interesarte*. N° 7, Fall 1999, pp. 9-11. Premio de Arquitectura Española, 1999. Separata de Arquitecto 153, vol. 00/1, Consejo Superior de los Colegios de Arquitectos de España

2000 Portela, César. "Arquitectura e urbanismo". *Boletín socioeconómico Pontevedra siglo XXI*. N° 0, Dec. 2000, pp. 32-33. "El Cementerio de Fisterra". Lisboa: *Arquitectura e vida*, 2000. Portela, César. "V Bienal de Arquitectura Española, o lugar público". *Interesarte*. N° 9, 2000, pp. 5-7

2001 Portela, César. "Carlos Meijide, un amigo". *Boletín académico 1 Escola Técnica Superior de Arquitectura da Coruña*. N° 25, 2001, pp. 3-4. Portela, César. "Arquitectura e cidade: Pontevedra". *Boletín socioeconómico Pontevedra siglo XXI*, N° 2/3, Dec. 2001, pp. 182-189. Portela, César; Vázquez Pozo, Gonzalo. "Galicia é un país de constructores". *Eco*. N° 123, Aug. 2001, pp. 64-66. Patiño, Antón. "Cemiterio de fin da terra". *Microfisuras*. N° 16, Dec. 2001, pp. 68-71. Pexegueiro, Alfonso. "El Cementerio de la memoria". *Microfisuras*. N° 16, Dec. 2001, pp. 80-81. Portela, César. "Cementerio de Finisterre". *Microfisuras*. N° 15, 2001, pp. 72-79. "Estrategia de silencio. Cementerio de Finisterre". *Techniques 1 Architecture*. Feb.-Mar. 2001, pp. 78-81

2002 "César Portela: Finisterre Cemetery". Tokyo: *A+U. Architecture and Urbanism*. N° 383, 2002. "Architecture for Remembrance". *Architectural Record*. New York: McGraw-Hill Companies, 2002. "Cementerio de Finisterre". *Architecture+Wettbewerbe*. N° 192, Dec. 2002. "Museo del Mar". Madrid: *AV. Arquitectura Viva*. N° 84, 2002. "Museo del Mar, Vigo". Madrid: *AV. Arquitectura Viva*. N° 94, 2002. Portela, César; Lourenço Fondevila, Basilio, Fernández, Carlos. "Entrevista a César Portela". *Grial*. N° 155, 2002, pp. 465-474. Portela, César. "El Museo del Mar: la idea del proyecto". *Microfisuras*. N° 19, 2002, pp. 152-169

2003 "César Portela: Galicia Sea Museum". Tokyo: *A+U. Architecture and Urbanism*. N° 394, 2003. Portela, César; Barro, David. "Arquitectura na Zona Cero: prop para encher un baleiro simbólico". *Grial*. N° 158, 2003, p. 14. Portela, César; García Otero, Juan María. "César Portela : la visión de un autor". *R&R, Suplemento*. N° 78, 2003, pp. 70-79. Portela, César. "Puesta en valor del patrimonio". *R&R, Suplemento*. N° 78, 2003, pp. 34-66. Fondevila, Basilio L.; Fortes Bouzán, Xosé; Portela, César. "Estan guerra, pero ¿contra quen?". *Tempos Novos*. N° 71, 2003, pp. 20-24. Fortes Bouzán, Xosé; Lourenço, B.; Portela, César. "A Cidade e a cidadanía do futuro". *Tempos novas*. N° 72, 2003, pp. 20-24

2004 "César Portela, arquitecto". Caracas: Museo de Arte Contemporáneo Sofía Imber,

pp. 47-59. *IX Bienal de Arquitectura de Venecia. Pabellón de España. Corredores de fondo*. Madrid: Ministerio Asuntos Exteriores y Cooperación Ministerio de Vivienda, pp. 234-237

2005 Felicori, M. *Gli spazi della memoria. Architettura dei cimiteri monumentali europei*. Roma: Luca Sossella, pp. 157-160. *The Phaidon Atlas of Contemporary World Architecture*. London: Phaidon, p. 208

2006 De Leo, Emanuela. *Il cimitero come paesaggio*. Roma: Mancosu, pp. 110-116. *Atlas Ilustrado de la ARQUITECTURA EN LA ESPAÑA DEL SIGLO XX*. Susaeta Ediciones. Museo Domus, Cementerio de Fisterra. Museo do Mar de Galicia, pp. 161, 194-195, 229. Portela, César. "De la Ciudad y los Ciudadanos". *Habitabilidad y Ciudad. III Foro de Arquitectura y Urbanismo de la Universidad de Sevilla*, pp. 193-196

2007 *Spanish Architecture (1997-2007)*, Tokyo: CA Group, pp. 30-31. *La natural seducción de la piedra. Arquitectura contemporánea de España*, Verona: Vicenzo Pavan, pp. 46-53

2010 Blanco, Manuel. *Una ciudad llamada España*. Barcelona: Seacex Gustavo Gili, pp. 100-102. Aguiló, Miguel. "Estaciones: Cádiz, El Prat de Llobregat y Nueva Estación Central de Valencia". *The New High-Speed Rail System in Spain*. ACS Group, pp. 244-245, 258-259, 263-265. Portela, César. *Arquitectures dels Equipaments Públics a Catalunya. Estació Intermodal del Baix Llobregat*, pp 374-375. Guillén, David. "Verbum: Casa das Palabras". *Revistart. Revista de las Artes*, pp. 4-5

2011 Pórtela, César. "Nuevas Estaciones de AVE: A Coruña." *NAN Arquitectura y Construcción*. N° 66, October 2011, pp. 30-31. Portela César. "Palacio Congresos Beiramar de Vigo". *EC Equipamientos Culturales*. N° 33, October 2011, pp. 82-92. Portela, César. "Las Islas de San Simón y San Antonio". *Gallegos*. N° 15/III/2011, pp. 76-85

2012 Bahía. Portela, César. Rías Altas. Faro de Punta Nariga, pp. 21-23. Recorridos Arquitectos Ayala. Portela, César. "Razón y Emoción en la Arquitectura", pp. 9-11. ARQ SPAIN. Arquitectos en España 2011-2012. Noortia Editores. Portela, César. "Auditorio-Palacio de Congresos Mar de Vigo". Museo de Historia Natural de Galicia, pp. 68-79.

AUDIOVISUAL DOCUMENTS

_ Soler, Lorenzo. *Gitanos sin Romancero*. Barcelona, 1976, 1 VHS, 35'

_ Portela, César. "Acto de inauguración y conferencia. D. César Portela " [s.l.: s.n.], 1996. Ciclo de conferencia Arata Isozaki, 1 VHS tape

_ I Encontros de arquitectura Portugal. Video 3: "Portugal"/ César Portela ... [et al.] E. T. S.A., A Coruña, 1999, 6 VHS tapes

_*César Portela: Obra reciente. Stefano Rocchetto, Renato Bochi: plan de Trento*, E.T.S.A., A Coruña, 2001, 1 VHS tape

_ "Elogio de la luz". César Portela arquitectura solidaria. Radio Televisión Española, Madrid, 20 1 VHS, 20'

CÉSAR PORTELA, HACEDOR DE LUGARES
«El mejor director es aquel que no se nota.» Billy Wilder

Hay arquitectos que parecen extraer su energía y su capacidad imaginativa de las profundas raíces que les vinculan a su tierra de origen. La identificación con la propia tierra, en vez de disiparse en un acto de autocomplacencia, pasa a ser, entonces, un factor activo, una fuerza desencadenante. Así ocurre con Sverre Fehn y Noruega o con Luis Barragán y México, por poner dos ejemplos distintos de simbiosis entre un arquitecto y su contexto cultural. En parecidos términos cabe hablar de la relación que la arquitectura de César Portela establece con Galicia. Esto no significa que el trabajo de estos artífices pueda reducirse a una mera condición localista, pero sí puede afirmarse, en cambio, que la universalidad de su obra surge, paradójicamente, del arraigo a un sitio, de la asunción consciente de las limitaciones que ello comporta.

El territorio gallego se ha caracterizado históricamente por el entrelazamiento entre el mundo habitado y el mundo natural, por el intenso diálogo entre hombre y naturaleza que constituye la base del paisaje antropizado. La morbidez del relieve, el delicado encaje entre las formas de la tierra y el mar, el rico y variado manto vegetal, la articulada topografía de los valles, la atmósfera húmeda y la luz propicia a las distinciones y matices, todo ello ha contribuido a forjar esa imagen de Galicia en que la dispersión del asentamiento humano no equivale a una profanación de la naturaleza sino, más bien, a una exaltación de su sacralidad y de su insustituible papel referencial.

César Portela parte de esa realidad, pero es consciente de su condición precaria e inestable. Sabe que para preservar ese difícil equilibrio no basta con la defensa abstracta de determinados valores, sino que también resulta indispensable generar proyectos concretos de arquitectura que apunten a la transformación positiva del territorio.

Desde ese punto de vista, lo importante no es el proyecto en sí mismo, sino la sintonía y el acuerdo que este logre establecer con aquel lugar único y reconocible sobre el que opera. El lugar está ahí antes de que nosotros hayamos llegado, y ahí seguirá estando cuando nosotros hayamos desaparecido. Por ello, el éxito o el fracaso de todo proyecto debe medirse por su mayor o menor capacidad para mejorar el lugar y extraer de él todas sus potencialidades.

Así, la arquitectura es, ante todo, un escenario cuidadosamente preparado para que la vida tome posesión de él con toda su fuerza, variedad y riqueza. De este modo, la obra se concibe como el soporte de una experiencia vital, e incluso cuando es vista en su más desnuda soledad aparece poblada de rastros y de huellas que le otorgan una peculiar vibración. Este acaba siendo el hecho decisivo para juzgar el acierto del arquitecto: el grado en que la vida, que es otro modo de nombrar a la naturaleza, se adueña de la obra y dialoga con ella abiertamente.

A lo largo de su ya dilatada carrera profesional, César Portela ha ido perfilando una serie de estrategias orientadas a conseguir que la arquitectura se instale en el corazón mismo de la naturaleza, como si, en cierto modo, hubiese estado allí desde siempre. No se trata de someter la obra a una operación de camuflaje, sino de alcanzar esa naturalidad propia de la cultura popular que aún hoy constituye, para el observador atento, un ejemplo insuperable de cómo intervenir en el territorio sin menoscabarlo ni destruirlo.

Una de esas estrategias consiste en apostar por la *invisibilidad* del proyecto, renunciando al carácter objetual de la arquitectura para entenderla, más bien, como un sistema de relaciones que activa y pone en valor aspectos de la realidad que ya existían pero que, gracias a la discreta labor de mediación que el proyecto efectúa, cobran un nuevo sentido. Lograr esa clase de invisibilidad requiere un esforzado y largo entrenamiento que César Portela practica desde hace tiempo. Esta es la razón por la que en su trabajo no hay el menor rastro de esa ansiedad de mostrarse, de exhibirse a toda costa, que a menudo encontramos en muchas obras contemporáneas.

En algunos de sus últimos proyectos todo parece gravitar en torno a una idea central: la construcción de los lugares públicos en la naturaleza. Con ello se pretende dar respuesta a una aspiración humana que, aun siendo permanente a lo largo de la historia, adquiere en el mundo contemporáneo un tono acuciante y perentorio. Estos lugares públicos inmersos en la naturaleza no tienen por qué ser ajenos a la estructura urbana, ni excluir la presencia de la arquitectura en tanto que artificio. Tan sólo se requiere de ellos que el protagonismo recaiga en los elementos naturales, dejando que la intervención humana se limite a una labor de contrapunto. Basta pensar en dos grandes ejemplos de la arquitectura del siglo XX como son el Cementerio del Bosque, en Estocolmo, obra de Erik Gunnar Asplund y Sigurd Lewerentz, y el Peine de los Vientos, en Donostia, obra de Eduardo Chillida y Luis Peña Ganchegui, para dejar claro a qué nos estamos refiriendo.

La estructura territorial de Galicia permite una constante confrontación con la naturaleza, y no resulta difícil encontrar el reflejo de esa experiencia en la trayectoria de César Portela. Obras como el Acuarium de Villagarcía de Arosa, la intervención en las riberas del río Arnoia a su paso por Allariz, o la recuperación para usos culturales de las islas de San Simón y San Antonio en la ría de Vigo constituyen algunos de los hitos más significativos de este acercamiento a la naturaleza que es, a la vez, un proceso de conocimiento de la propia realidad. No obstante, en cinco de sus obras más recientes es donde se hace más patente el dominio que su autor ha alcanzado en este terreno. Son obras muy distintas entre sí: un faro y un pequeño cementerio rural junto a la abrupta Costa de la Muerte, un museo dedicado al mar y un auditorio-palacio de congresos sobre las ruinas de dos antiguas fábricas, y el acondicionamiento de diversos espacios festivos en las *carballeiras* situadas junto a la villa de Lalín.

Estas obras representan otras tantas situaciones geográficas características del territorio gallego: el perfil de la costa sobre el mar abierto, la ría como ámbito intermedio entre la tierra y el agua, y los extensos y frondosos bosques del interior. A pesar de sus diferencias, en todas ellas se plantea la misma cuestión de fondo: hacer accesible y habitable la naturaleza a través de una calculada serie de intervenciones que involucren a los elementos naturales como parte sustancial de ese amplio juego de vínculos y relaciones que instaura la arquitectura.

No se pretende que estas ideas sean novedosas o inéditas. Al contrario, hay un explícito reconocimiento de su pertenencia a una larga tradición que se remonta a las construcciones megalíticas de la prehistoria, y, pasando por las ágoras de la ciudad helénica o las plazas medievales abiertas sobre el paisaje, llega hasta los monumentos en pleno bosque o en mitad de la campiña, tal como fueron pensados por la cultura de la Ilustración. Si hay algo nuevo en estas propuestas tal vez sea el modo específico en que, a partir de ocasiones fragmentarias o incluso marginales, se consigue prolongar esa cadena de lugares públicos ligados a la naturaleza que tan intensamente caracterizan la realidad física de Galicia.

La arquitectura de César Portela logra conciliar, sin esfuerzo aparente, la rotundidad de su sentido del espacio con la capacidad de integración a un territorio y una cultura específicos. Ahí reside el secreto de su vitalidad y de su atractivo. A pesar de la contundencia de sus construcciones, César consigue, en sus proyectos, que su intervención pase desapercibida o acabe confundiéndose con la acción del tiempo. Prevalece en él el sentimiento de pertenencia a una larga cadena cuyos eslabones van transmitiendo con naturalidad el saber legado por una dilatada tradición. César Portela es un hacedor de lugares, para lo cual se requiere modestia e inteligencia y una firme vocación de diluirse en su propia obra, como los restos humanos acaban por reintegrarse en la naturaleza.

Atender al lugar significa reconocer la individualidad de los espacios habitados, y comprender que su formación sólo es posible a partir de la sedimentación y de la pluralidad de las acciones desplegadas en el curso del tiempo. Todo lugar está arraigado a la tierra, pero se transforma registrando las huellas del tiempo. Todo lugar preexiste, más o menos oculto. El humano lo desoculta y lo revela a través de la arquitectura, ya sea esta una acción constructiva o una simple mirada. Todo lugar es un espacio dotado de memoria.

César Portela posee el instinto del lugar y sabe que lo que garantiza la bondad de su trabajo es que el lugar prevalezca y se enriquezca, mientras el autor recorre su lento camino a la gloria del más absoluto anonimato.

Carlos Martí Aris
Profesor de Proyectos
Crítico de Arquitectura
Barcelona, diciembre de 2007

POÉTICA DE LA ARQUITECTURA EN CÉSAR PORTELA

«Lo que desde nuestra primera infancia hemos sentido, pensado, querido está ahí, inclinado sobre el presente con el que va a reunirse, presionando contra la puerta de la conciencia que querría dejarlo fuera.» Henri Bergson

La arquitectura es pensamiento, palabra que se articula con el espacio. Una palabra de naturaleza singular, pues se recibe desde dentro, habitando en ella. Su efecto apenas precisa un golpe de vista, pues su sentido trasciende la lógica que la inspira y se trasmite en el flujo de las meras sensaciones. Como sucede con la música, emociona sin que sepamos los principios de su composición, pero sólo conociendo cómo y por qué se produce disfrutamos plenamente de ella.

Hay una raíz poética en la concepción del espacio arquitectónico que unida al saber hacerlo realidad da forma a la memoria del acontecer humano. Para comprender cabalmente un espacio proyectado es imprescindible llegar a esa raíz que da sentido a la obra y la pone en comunicación con el conjunto de la cultura de su época.

La arquitectura de César Portela nos ha parecido siempre, en cada una de sus obras, palabra en el tiempo, y también, de manera conspicua, palabra en la tierra. Palabra que se dice para los hombres concretos de lugares concretos. Pero es al considerarla junta cuando descubrimos su verdadera dimensión: situadas unas frente a otras, en mutua correspondencia, nos invitan a entender plenamente su universo. Entonces, las que parecían preciosas cuentas sueltas componen la cifra que arroja luz sobre lo actual y es puente con los arcanos de la existencia. Reunidas, traslucen una pauta en su constitución que es trasunto de la estructura profunda del conocimiento, sólo que dibujada con el brillante y escueto dictamen de una constelación en la noche.

En su trabajo nos parece distinguir una figura espiral, de vuelta y paso. Vuelta, en torno a un foco cada vez más preciso, inmaterial e intemporal, arquetípico; y paso, hacia lo hondo y adelante, en circunvolución de desnudez y claridad crecientes. Sentimos que lo que impulsa y dirige ese trabajo es el gusto por la vida y la naturalidad en la expresión, y comprendemos que el propósito de esta arquitectura de formas esenciales no es resolver de una vez por todas los espacios que proyecta, sino descubrir la infinita variedad de la experiencia de ellos. Cuanto más intensa se hace esa experiencia —es decir, más profunda y compleja, más plena de plasticidad y ritmo, más musical, más tupida de sorpresas, de evocaciones, de correspondencias con el arte de todos los tiempos, con los dones de la naturaleza, con el paisaje, con la casa del hombre—, más elemental y simple se torna su soporte. El viaje resulta más rico cuanto más ágil y segura es la barca y más ligero el equipaje.

El proyecto de estación de ferrocarril en El Prat ilustra bien esa pauta, pero no es más fiel a ella que cualquier obra anterior, como la estación de autobuses de Córdoba, la Casa de las Palabras, o el faro de Punta Nariga; o como las casas unifamiliares, desde las primeras, en las que inicia, despliega y culmina su periplo el concepto raíz del espacio vertical central. Este es fijado a la tierra como un árbol, vaciado de materia e investido de significado y función rectora, y transustanciado por la apertura cenital y

la morosa administración de su caudal de luz hacia los planos de cerramiento, hasta su mezcla en las ventanas —umbral y arco entre la intimidad y el horizonte— con las luces, líneas y voces exteriores, con las brisas y la vegetación, la presencia del mar, el paso de las horas o, simplemente, la distancia.

El aplomo de los edificios y su condición poética hacen de los lugares escenarios, cajas inmateriales y mágicas en las que fuerzas y movimientos concurren y se apaciguan en el equilibrio de una total y medida disposición. El mar, no como espectáculo, no como accidente, sino como origen y oráculo, inmediato o simplemente presente, ha sido, las más de las veces, el teatro natural propicio para estos proyectos: mares de Vigo, Cádiz o Ayamonte, de Almuñécar o de Finisterre, casi siempre en la ambigua y fértil frontera entre el interior y el exterior, entre lo dulce y lo salado, entre lo cultivado y lo salvaje. Ante él, los edificios conjugan todas las dimensiones de su invocación: las horizontales del camino y del paisaje, de lo cercano y lo lejano, de la perspectiva; y la vertical, del tiempo, de la vida y la muerte, de la gravedad y de los sueños.

La infancia guarda la impronta del encuentro primero con el mundo. Las concavidades de esa huella serán vasos a los que durante toda la vida volveremos para beber agua clara, retenida del torrente intratable y turbio del tiempo. Allí queda todo lo que se llega a poseer verdaderamente: unas conchas de la playa o el olor de la hierba luisa del patio, el baño en el mar, la tibia caricia de la arena dorada, la gracia en el caminar de nuestras primeras amigas, el tacto y la precisión en el decir o la naturalidad en las maneras que nos gustaron y aprendimos de los padres, los amigos o los maestros, la seducción de las personas y los lugares desconocidos, lo infinitamente diverso y atractivo de la ciudad, la hondura imponente de la noche en el campo o de la soledad en el mar.

La arquitectura es también vaso, estanque del tiempo. Aunque su forma sea expresión cambiante del lenguaje que le es propio, su sentido es la detención de la fuga que deja vacías las horas. El espacio arquitectónico logrado las encierra en su calma junto a todos los vientos. Las obras de César Portela nos hacen sentir ese equilibrio que es quietud, vuelta y descanso en el ser, parada a la sombra en el camino.

Damián Álvarez Sala
Sevilla, octubre de 2007

CÉSAR PORTELA, EL ARQUITECTO Y EL MAR

Que César Portela tiene una especial relación con el mar es evidente. Que consiga trasmitirla con lo que construye es algo que requiere una cierta reflexión, porque no se trata propiamente del mundo del mar, esa amalgama de barcos, marinos, viajes, aventuras o sueños tan tangible en los recuerdos de Conrad o en las aventuras de Hemingway. Tampoco es el mundo de las sensaciones físicas en la lucha de Swinburne con las olas, ni los recorridos de Stevenson, ni las sutilezas del discurrir de Bachelard sobre el agua objeto. Ni de los acercamientos planos y detallistas de Canaletto, sutiles de Turner o tempestuosos de Delacroix.

César no transmite un mar bronco o apacible, de inmediatez o lejanía, somero o de verde hondura. De hecho, al mirar sus obras no hay mensajes concretos sobre el mar, basta su presencia o acaso su presunción, manifestadas desde lo construido. Todo en su especial arquitectura se presenta con el rasgo esencial de estar *junto al mar*. Sus obras son motor o catalizador de una especial relación entre el mar y quienes las miran. Movilizan pasiones, afectos, inquietudes, añoranzas; son capaces de modular una particular percepción impregnada de mar.

Se trata de la misma diferencia que hay entre naturaleza y paisaje. El mar está ahí, pero de la manera de *verlo*, de relacionarse con él, surge el paisaje. César elige un sitio, se instala en él y construye un lugar, y es, quizás, en la manera de instalarse donde se encuentra la clave de esa relación. En las obras costeras de César Portela siempre hay respeto por el mar, pero también afecto. Nunca se ubican de forma prepotente, aunque se trate de un faro que debe alzar una linterna a 45 metros de altura o de un dique que haya de confrontar el oleaje.

En esos lugares de forzado dominio, escoge una geometría contenida y respetuosa que devuelve la tranquilidad a la confrontación. Esta es asumida, por necesaria, pero se muestra con ropajes primigenios que recuperan maneras ancestrales de estar junto al mar. Nada de aquellas funestas ideas de conquista o victoria sobre las fuerzas desatadas, nada de la soberbia de quien se sabe vencedor de una obligada lucha. Nada de la ostentación orgullosa propia del gran ventanal o de la estructura volada sobre el acantilado. Nada de los detalles retóricos propios de una pre o posmodernidad para demostrar su pertenencia a una reconocida tendencia.

Puede que, desde un estricto punto de vista arquitectónico, sus edificios *de secano* tengan tanto o más interés que sus obras costeras, pero es junto al mar donde mejor se manifiesta su capacidad de construir paisaje. Su obra muestra un envidiable acierto para establecer un diálogo legible con el mar, tanto con la enorme masa furiosa o engañosamente tranquila del *mar de afuera* como con la recóndita placidez de los pliegues del interior de la ría.

Por todo ello, es recomendable visitar pausadamente todas sus obras costeras. Eso permitirá apreciar los diferentes perfiles mostrados por la particular relación de cada una con el mar. Un variado repertorio que, sin duda, vale la pena.

Miguel Aguiló
Doctor Ingeniero de Caminos, Canales y Puertos
Febrero de 2012

CIERTAS EMOCIONES

Uno de los atributos del arte, en todo tiempo y lugar, es, sin duda, su capacidad de conmover. En la reinterpretación de la vida, en el retrato diagonal de lo que somos, en el entretejido de las formas, los sonidos o las palabras, se produce a veces una obra, vale decir una pieza, un suceso, un objeto, con la suficiente capacidad de encantamiento como para tocar las fibras de nuestra alma y cambiarles el tono para siempre.

A partir de entonces, ya no somos los mismos. Despés de entrar en contacto con la obra de arte, irreversiblemente nos transfiguramos. Una película como *Milagro en Milán*. Una escultura como la Victoria de Samotracia. Una canción como *Piedra y camino*. Un poema como el *Canto a Bolívar*. Un cuadro como *La danza*. Un libro como *El hombrecillo de los gansos*. Y así otras muchas piezas, sucesos y objetos. Yo anoto en lo indeleble de la memoria el registro de mis propios encuentros con el misterio de la creación humana; cada quien alberga en el recuerdo su propia lista y, a lo largo de la vida, la va modificando y enriqueciendo.

Sin embargo, no es tan fácil, y aquí creo que estoy entrando en materia, cuando de lo que hablamos es de arquitectura. Porque la arquitectura es un arte, hay que reconocerlo, que no permite intimar demasiado suavemente. En ella hay un estremecimiento de la conciencia más extraño, más escaso y mucho menos claro. Yo he experimentado de modo natural ese arrebato ante algunas obras de arquitectura. No muchas, la verdad.

Puedo citar el Panteón romano, que me marcó con una presencia de lo esencial, de la cual no he podido liberarme, ni quiero hacerlo. La capilla de San Miguel de Celanova, desmesuradamente ambiciosa en su modestia rural. El indescriptible espacio del Aula Magna de la Universidad Central de Venezuela, que, una vez y otra vez, aprieta nuestro corazón en un puño para buscar extraerle lágrimas.

Digo estas cosas y acudo a estos ejemplos porque entre las emociones (repito: extrañas, oscuras y muy poco abundantes) que ha despertado en mí la arquitectura, no puedo dejar de nombrar aquí las que me produjeron algunas obras de César Portela. Nombrándolas, las vuelvo a revivir, las vuelvo a levantar como si yo mismo fuera el proyectista.

César es, sin ninguna duda, el arquitecto que más me ha llegado al fondo de este acontecer sin fondo con el que convivo. Admiro todas sus obras, las respeto, las tengo presentes, las reconozco en su exacto valor en la historia de la arquitectura de nuestro tiempo. Sin embargo, hay algunas de ellas, unas cuantas, que, en determinados momentos y situaciones de mi vida, significaron para mí un encuentro con el otro lado de la luna.

Una nueva emoción, desconocida, que no es la misma en cada caso, sino siempre distinta, se apoderó de mi ánimo cuando visité la estación de autobuses de Córdoba, el cementerio de Fisterra o el Museo del Mar de Vigo. Tres obras maestras.

En la estación comprendí como el pasado y el porvenir se entrelazaban en un punto, y quedé mudo, sobrecogido. En el cementerio aprendí de golpe, porque no lo sabía, lo que significaba la fusión absoluta del arte con la naturaleza. Me invadió la sensación de caminar por un ámbito civilmente sagrado, y una señal de vida en la muerte se me quedó prendida en la retina. En el museo descubrí una ventana a la ría de Vigo que siempre había estado cerrada para mí, o que, más bien, ni siquiera existía, inimaginable en sus perspectivas y los dibujos del paisaje. Incliné mi cabeza y me bauticé a mí mismo de nuevo con la imagen de esa agua salada. Luego no fui el mismo de antes. Quedaron marcas, huellas o, tal vez, cicatrices.

Desde entonces le tomé miedo a César. Tiene demasiado poder a la hora de inventar y suscitar emociones.

Farruco Sesto
Doctor Arquitecto
Ministro de Cultura de la República Bolivariana de Venezuela
Caracas, agosto de 2003

UNA PROFESIÓN: ARQUITECTO

«Arquitectura es aquello que la Naturaleza no puede hacer.» Louis Khan

Todos los seres vivos tienen necesidades; los seres humanos, además, tenemos deseos.

El arte es aquello que nos aproxima, que nos acerca a nuestros deseos, a nuestras pasiones. La ciencia es otra cosa. En ella también es imprescindible la imaginación, como en el arte, pero lo que impera es la razón.

Los hombres sólo hemos encontrado, a lo largo de nuestra existencia, dos caminos para explicar los misterios del mundo y los nuestros propios, el camino de la ciencia y el del arte, aparentemente muy diferentes, casi opuestos, pero en el fondo, no tanto. Porque, al final, las teorías de Einstein tienen bastante que ver con los cielos de Van Gogh.

El arte satisface una parte sustancial de nuestros deseos; la arquitectura, además, tiene que dar satisfacción a una parte importante de nuestras necesidades, y a algún que otro capricho, creando espacios habitables que, además de ser bellos y proporcionar libertad a nuestros espíritus, den seguridad, abrigo y confort a nuestros cuerpos. Por ello, si en nuestras obras no conseguimos dar satisfacción a estas necesidades, no seremos buenos constructores, y si lo conseguimos pero no logramos que estas obras colmen nuestros deseos, por la belleza y la emoción que transmiten, seremos malos artistas. En ambos casos, no seremos buenos arquitectos.

Pero, ¿qué es la arquitectura? La arquitectura se refiere básicamente a la construcción del espacio. De igual manera que la pintura especula con el color, la escultura con la forma, la literatura con la palabra, la fotografía con la imagen, la música con el sonido y el cine con la imagen y con el tiempo, la arquitectura lo hace con el espacio. Lo definía de forma certera y anticipatoria Lao Tse cuando afirmaba que «la arquitectura no son sólo cuatro paredes y un techo sino, y sobre todo, el aire que estos encierran». En definitiva, la arquitectura especula con el espacio, utilizando para ello materiales, formas, texturas y colores.

La concepción de ese espacio, el sueño inicial que desencadena el hecho arquitectónico –imaginar, soñar una estancia, una casa, una plaza, un parque, un barrio, una villa, una ciudad…– es parte imprescindible dentro de un proceso creativo mucho más amplio. Sin ese sueño, sin imaginación, sin esa faceta creativa, no es posible la arquitectura. Soñar es, pues, necesario, podríamos afirmar que imprescindible, pero no suficiente. Los arquitectos tenemos que ser unos soñadores empedernidos, pero no podemos –o no debemos– limitarnos simplemente a soñar, tenemos también que construir, que materializar esos sueños. Y los materiales que empleamos para ello tenemos que conocerlos, escogerlos, trabajarlos y sacarles el máximo partido, de acuerdo con sus específicas cualidades. Todo esto nos traslada inevitablemente al terreno de la técnica.

La arquitectura es arte y técnica a un tiempo, pero arte y técnica al servicio de la sociedad, a la vez que expresión de quien o quienes la realizan. Esta función social de la arquitectura es esencial, porque es la que la justifica en primera y última instancia. Es esa faceta social de la arquitectura la que la mantiene, o debería mantenerla, al margen del peligroso ensimismamiento que con frecuencia padecen otras expresiones artísticas, y lo que la convierte en algo de necesaria utilidad, en algo imprescindible y no gratuito.

La arquitectura que no está bien construida padece humedades, no aísla lo suficiente del calor o del frío, o se cae. Por ello, es mala aunque sea bonita. Aquella otra que está bien construida, pero no emociona, tampoco es buena, no llega a ser arquitectura, se queda en simple construcción.

El arte, la pasión, nacen con uno, nos acompañan, los llevamos dentro. La técnica, el oficio, es algo que se adquiere. La pasión y el arte hay que dejarlos que afloren, que salgan, que se manifiesten. La técnica y el oficio hay que aprenderlos, con esfuerzo y con tiempo.

Si los arquitectos no somos capaces de darles salida, de expresar nuestras pasiones a través de nuestra obra, fracasamos como artistas, también como arquitectos y, posiblemente, nos volvamos locos como personas. Si lo logramos, si esos espacios y esas formas que construimos son emocionantes y expresan nuestras pasiones de artista, pero no están bien construidos, fracasaremos como técnicos y como arquitectos.

Al artista parece que debería bastarle con el corazón, con la pasión, pero no es así, porque cualquier manifestación artística, ya sea poética, pictórica, escultórica, musical, literaria… o arquitectónica, requiere siempre una cierta dosis de oficio.

Por eso el arquitecto, además de corazón, necesita cabeza, y ambos deben compensarse, equilibrarse e ir de la mano. Si manda demasiado el primero, estaríamos hablando, más que de un arquitecto, de un artista, de un poeta del espacio. Si la que manda es la segunda, hablaríamos de un técnico a secas. En ambos casos no estaríamos hablando de un arquitecto.

En arquitectura es difícil, pero indispensable, mantener un equilibrio permanente entre corazón y cabeza, entre emoción y oficio, entre pasión y razón, entre arte y técnica. De ese caminar constante por el filo de la navaja, a caballo entre el mundo de la técnica y el del arte, entre lo útil y lo bello, entre la razón y la emoción, entre el teorema y el poema, surge esa casi permanente esquizofrenia que padecemos los arquitectos y que nos acompaña constantemente, inevitablemente, en el ejercicio de nuestra profesión.

En arquitectura, no basta con intuir y sentir el espacio, ni siquiera con visualizarlo y conseguir plasmarlo en un proyecto: hay que ser capaz de construirlo. Es indispensable concretar esa abstracción, formalizar esa idea, materializar ese espacio, construir esa pasión.

A veces ocurre que sentimos esa pasión, pero no tenemos ni el oficio ni la técnica que hacen falta para materializarla. Otras veces conocemos el oficio y disponemos de la técnica necesaria para realizar una obra, pero carecemos de la pasión suficiente para impregnarla de emoción. En el primer caso no sabremos construirla, o la construiremos mal; en el segundo la construiremos, e incluso la construiremos bien, será una obra técnicamente correcta pero falta de emoción, carente de pasión, al fin una obra fría producto de la técnica pero ajena al arte, nada que ver con la arquitectura.

Esa dialéctica permanente, esa tenaz confrontación, esa lucha feroz y constante entre lo que queremos y lo que podemos, entre lo que imaginamos y soñamos y lo que somos capaces de materializar, entre lo que somos capaces de sentir y lo que somos capaces de construir, configura el arduo y espinoso camino de la arquitectura. Un camino tortuoso, difícil, lleno de emociones, de frustraciones y, al tiempo, de alegrías. En todo caso, un camino largo, duro, que exige mucho esfuerzo, enorme sacrificio, pero que también produce grandes satisfacciones.

Por eso es por lo que os animo a transitar por él, enfrentando, sorteando y padeciendo las dificultades y a la vez, aunque parezca una contradicción, disfrutando con ellas. Sabiendo que lo importante de todo camino, y eso es la vida y no otra cosa, es el propio camino, más aún que el destino al que conduce, como muy bien nos lo recuerdan Homero en la *Odisea*, Kavafis en su *Ítaca*, Buñuel en *La Vía Láctea* o Picasso con su inquebrantable quehacer cotidiano a lo largo de toda su vida. Y tantos y tantos compañeros nuestros que cada mañana se levantan y se dirigen sin aspavientos, sin focos, sin cámaras, sin llamar la atención, sin pensar en las revistas, ni en los premios, ni en las críticas o los críticos, al *tajo*, es decir a su tablero o a su andamio, para defender, desde esas sus trincheras, sin otra arma que el lápiz, el ordenador o el metro, y casi siempre en solitario, el buen hacer de la obra y el confort y la calidad de vida de unos futuros y casi siempre desconocidos usuarios. Es decir, para defender en medio de un mundo competitivo y materialista, en el que lo que prima es el éxito y el dinero, la utilidad y la bondad de unos espacios, la belleza de unas formas y el bienestar de unas personas, sin esperar reconocimiento ni agradecimiento, porque la mayoría de las veces ni siquiera los conoces.

Y todo ello en detrimento, en ocasiones, de nuestra vida privada y la de las personas allegadas: ya sea la familia o los amigos. Carlos Caba, gran novelista extremeño, aunque poco conocido, y gran amigo de mi padre, que era a su vez un magnífico dibujante, escribió, cuando yo era joven, en el diario de mi madre: «Ser esposa es muy difícil: ser esposa de un artista, más difícil todavía. Un artista –aquí podríamos incluir a los arquitectos– tiene siempre una amante: la imaginación. Y, como todas las amantes, tiende a excitar sus neuronas mientras la esposa –o la familia– tiene la obligación de comprenderlas y justificarlas». Y todo ello, ¿por qué? Por necesidad, para poder realizarse como artista y como persona. También por propia satisfacción. Porque pocas cosas pueden producir más satisfacción que lograr el milagro de pasar a un papel, a un lienzo, a una piedra, a una construcción cualquiera, la emoción de la vida. Y en esa construcción, en esa piedra, en ese lienzo o en ese papel, dejarla vibrando. Y saber que alguien puede luego emocionarse a su vez y disfrutar con ello.

CÉSAR PORTELA FDEZ-JARDÓN
Pontevedra, diciembre de 2011

CEMENTERIO DE FISTERRA, 1998-2000. CÉSAR PORTELA.

Colección Archivos de Arquitectura (Colegio de Arquitectos de Almería)
CONVERSACIÓN EN EL CEMENTERIO. Un pausado diálogo entre César Portela y Carlos Martí.

1. LOCAL / UNIVERSAL

Carlos Martí: Al hablar de tus obras es inevitable referirse al binomio formado por las categorías local/universal. Tú siempre has tenido un interés especial en proyectar fuera de Galicia y lo has logrado ampliamente (por un lado, Andalucía y, recientemente, Cataluña; por el otro lado, Japón, Egipto y Venezuela). Sin embargo, son precisamente las obras más sujetas a las circunstancias de tu mundo cotidiano las que te han valido el mayor reconocimiento como arquitecto. A tu juicio, ¿cómo influyen estos aspectos en la tarea del proyecto?

César Portela: A decir verdad, no encuentro gran diferencia entre lo local y lo universal. Para mí todo es local y todo es universal al mismo tiempo, no sé muy bien dónde situar esa línea roja que separa lo uno de lo otro. Me es más fácil diferenciar lo que es bueno de lo que no lo es: si está bien o mal ubicada la actuación; si está dentro o fuera de escala; si se acertó o no con el volumen, con la forma, con los materiales, con los colores; si el resultado es útil, bello y confortable o no lo es; si transmite emoción o te deja como si nada hubiera pasado.

Cuando me encargan cualquier proyecto lo primero que trato de saber es a quién va destinado, qué se quiere obtener con él y dónde pretende construirse. Y digo que es lo primero porque puede ocurrir, como de hecho me ha ocurrido en alguna ocasión, el tener que declinar algún encargo porque mi trabajo no encajaba con los gustos o los deseos de mi cliente, o porque me parecía mejor no construir nada en el sitio que se me ofrecía. Ahora esto ya no me ocurre; tengo una obra detrás y los que piensan en hacerme un encargo saben ya cómo hago lo que hago, lo que sé hacer y lo que no sé hacer. También lo que no estoy dispuesto a hacer.

Una vez superada esta primera prueba y aceptado el encargo, trato de profundizar en el conocimiento tanto de los futuros usuarios (estudiando sus necesidades, sus gustos y sus deseos) como del lugar (no solo desde el punto de vista topográfico y climatológico que conforman su naturaleza, también desde la perspectiva de la historia y la cultura que determinan el carácter del sitio).

A continuación viene un largo proceso, una auténtica carrera de obstáculos que es, a la vez, una carrera de fondo, en la que hay que acertar con la *escala humana* y con la *escala territorial* a un tiempo; con el *lenguaje formal* y con el *lenguaje constructivo*, haciendo que ambos lleguen a fundirse en uno solo: el *lenguaje constructivo*, y que este, sin buscarlo, sea un lenguaje personal, propio, pero que entiendan los futuros usuarios y dé respuesta a sus requerimientos.

En este arduo y laborioso proceso unas veces avanzas y otras retrocedes, lo cual obliga a intentarlo de nuevo, una y otra vez. Todo ello requiere tiempo, ilusión, esfuerzo. Poner toda la carne en el asador, como si fuera el primero que haces. También asumir una gran responsabilidad, como si fuera el último proyecto de tu vida.

Si, además, nos acompaña la suerte, el resultado puede ser el Museo Etnográfico de Toga-Mura o el puente Azuma, ambos en Japón, o bien la Escuela de las Artes de Ciudad Bolívar en Venezuela, la Estación de Autobuses de Córdoba o el Parque de los Toruños de Cádiz, obras todas ellas pegadas a un lugar, y por ello tan locales como las viviendas para gitanos en Pontevedra o el cementerio de Fisterra y el faro de Punta Nariga, ambos en la Costa da Morte, o el Museo del Mar de Galicia, en la ría de Vigo.

Creo que son obras que puede entenderlas cualquiera, porque son claras; en ellas no hay, como suele decirse, ni trampa ni cartón. También creo que pueden emocionar a cualquiera y en esa medida son universales, ya que lo universal no es otra cosa que lo local sin barreras, sin complejos, sin prejuicios.

C. M.: Probablemente estaremos de acuerdo si digo que todo ello no puede ser únicamente el fruto de un pensamiento racional, sino que requiere de un cierto instinto, algo así como un impulso interior. ¿En qué medida existe consciencia de todo ello en tu modo ver la arquitectura y de afrontar el proyecto?

C. P.: Creo ser consciente del camino andado, pero eso ocurre solo después de recorrerlo, no antes. Uno camina, o debería hacerlo, por donde le lleva el corazón. La cabeza sirve o debería servir para evitar, en el camino de la vida, tropezones, para esquivar precipicios, para no pisar ninguna mina de las muchas que te encuentras, cada día, transitando por el campo abierto que la vida nos ofrece. A mí fue el corazón lo que me llevó primero a estudiar Arquitectura y después a instalarme en mi pueblo, Pontevedra, para hacer obras que pueden considerarse locales por su proximidad. Pero la misma motivación me llevó luego a intentarlo en otros lugares de la geografía española, en Asia, África o América, en lugares lejanos en la distancia pero próximos en lo esencial, si eres capaz de llegar a comprenderlos.

Al final lo que determina una obra es el clima, la cultura y las necesidades de los hombres, y los hombres somos todos más parecidos de lo que nos creemos. La esencia de la arquitectura también. Una casa en el valle de Toga-Mura, rodeada de nieve frecuentemente es, en esencia, muy parecida a una *palloza* de la Sierra de Os Ancares, en Galicia: en ambos casos todo el espacio gira y se estructura alrededor del hogar, del fuego. Es el «espacio del humo», como lo denomina Yago Bonet. Y en una casa caribeña, lo esencial es su espacio central, el «lugar del fresco» del que nos habla Alejo Carpentier, análogo al de las casas-patio andaluzas y alrededor del cual se organiza toda la vida. En definitiva, que uno se guía por la cabeza pero quien te empuja o te arrastra, quien manda, es el corazón. Al menos en mi caso.

Eso no nos exime de emplear la cabeza, aunque solo sea para que no se nos acabe atrofiando el cerebro, como ocurre en tantos casos. En el proyecto hay que tratar de expresarse siempre como uno es, no poner la cabeza por delante programando las cosas hasta el punto de decir «esta obra, como está aquí al lado de donde vivo, la voy a hacer de estilo gallego y esta otra, que está en Japón, de estilo japonés». Si empleas los materiales y las técnicas adecuados y se encuentran a gusto los gallegos o los japoneses, el resultado es una obra gallega o japonesa. Y, además, una buena obra.

Las obras hay que hacerlas como te las pida el sitio y los futuros usuarios, empleando los materiales y los oficios más adecuados, pero también sabiendo acomodarte al presupuesto del que dispones. Es la única manera de que puedas rematarlas y bien, o, al menos, no demasiado mal. Después ya vendrán los críticos y los historiadores y dirán lo que tengan que decir. Y si lo que dicen es razonable, que de todo hay, tomaremos buena nota. Al final, los hombres, de donde más aprendemos, es de nuestros propios errores, aunque hay algunos que no aprenden ni de sus propios errores, porque no los reconocen, porque se creen infalibles.

2. LA LECCIÓN DEL MAESTRO

C. M.: Háblame un poco de la colaboración profesional que mantuvisteis Aldo Rossi y tú en el proyecto del Museo del Mar. ¿Hasta dónde llega su participación en el proyecto?

C. P.: Cuando la Consellería de Cultura de la Xunta de Galicia decidió construir el Museo del Mar de Galicia en Vigo, en el borde litoral, en un terreno ocupado por unas naves conserveras en ruinas, el Director Xeral de Patrimonio, que sabía de mi amistad con Aldo, me pidió que le pusiera en contacto con él y se fue a Milán a encargarle el proyecto. A la vuelta me llamó por teléfono y me dijo: «Es un tipo encantador, me atendió muy bien, me invitó a comer y me dijo: "Acepto el encargo pero con una condición: que lo hagamos conjuntamente los dos, yo y César"». Por desgracia, tras esta decisión pasó demasiado tiempo sin que el asunto arrancase. Entre tanto, Aldo murió. Así que luego fui yo quien desarrolló el proyecto y me ocupé de la dirección de obra, aunque las ideas eran compartidas, y digo que eran compartidas porque cada trazo, cada decisión que tomaba a lo largo del proyecto y de la obra, pensaba siempre en él y me preguntaba qué solución, de entre las posibles, le habría gustado más a Aldo.

C. M.: Durante los años en que se produjo su emergencia, la arquitectura de Aldo Rossi no dejó a nadie indiferente: las reacciones iban del rechazo visceral a la adhesión inquebrantable. Hoy vemos este fenómeno con una cierta distancia. Desde esa distancia, ¿cuáles son los aspectos que te parecen más perdurables de su trabajo?

C. P.: De Aldo como arquitecto yo distinguiría, ante todo, su extraordinaria labor teórica. Su trabajo como proyectista quizá sea menos importante, aunque me gustaría señalar cuatro obras suyas que considero extraordinarias: el Monumento a la Resistencia en Cuneo, el edificio residencial Gallaratese en Milán, el cementerio de Módena y el Teatro del Mondo de Venecia. Ninguna de ellas desmerecería formando parte de una antología de las principales obras de arquitectura del siglo XX.

Su reflexión teórica, contenida especialmente en el libro *La arquitectura de la ciudad*, fue como un faro en el océano o una estrella en el desierto, que nos iluminó y nos enseñó que la arquitectura es mucho más que edificios, que además de espacios cerrados, cubiertos y privados, hay espacios abiertos y públicos, espacios vacíos que constituyen los intersticios entre los edificios y que, casi siempre, acaban siendo los más importantes; y que la ciudad es la suma de todos esos elementos y de sus mutuas relaciones. Hoy esto lo sabe y lo dice mucha gente, aunque sean muy pocos los que se lo creen de verdad y lo practican, pero Aldo Rossi fue el primero que lo dijo y lo argumentó. Ese hallazgo justifica con creces toda una vida y por sí solo le hace merecedor de un puesto relevante en la historia del pensamiento arquitectónico.

Yo fui discípulo y amigo de Aldo Rossi, como lo fuiste tú. La amistad es para mí uno de los mayores valores que existen en la vida, si no el mayor, y como tu pregunta da pie a hablar de ello, te diré que, a nivel personal, Aldo fue una persona muy generosa, una de esas personas que dan más, mucho más, de lo que reciben. Por eso fui su amigo y le quise como a un hermano. Por eso le tendré siempre presente. Lo mismo que te ocurre a ti.

3. NATURALEZA Y LUGAR PÚBLICO

C. M.: En tu trabajo hay un elemento que siempre aparece y que, paradójicamente, cuanto más pequeña es la obra, más importancia adquiere. Me refiero a la geografía, es decir, a la interpretación humana de la naturaleza. El estudio de algunos de tus proyectos me ha ayudado mucho en la elaboración de esa reflexión teórica que estoy llevando a cabo sobre la construcción de lugares públicos en la naturaleza.

C. P.: Un proyecto siempre es el resultado de confrontar dialécticamente un programa de necesidades y un lugar, y de poner todo eso en relación con la peculiar manera de entender y configurar el espacio propia del proyectista. Y, a su vez, todo ello encajado dentro de límites temporales, económicos, normativos, etc.

Siempre creí, y cada vez con mayor convicción, que lo más importante cuando vas a actuar en algún lugar es observarlo y estudiarlo con detenimiento, aproximarte con cuidado y penetrar en él de puntillas, con respeto, o mejor aún, de rodillas, como si de un santuario se tratara. Creo que con mi trabajo he transformado muchos *espacios comunales* en *lugares públicos en la naturaleza*, como tú los denominas. La diferencia tal vez esté en la capacidad de transformar un ámbito natural en un lugar urbanizado,

hacerlo más accesible y confortable, pero sin que se note apenas, sin que pierda su carácter original, su frescura, o sea, manteniendo vivo el vínculo con la naturaleza.

Algo parecido a lo que hace un joyero, cuando es bueno, con una piedra preciosa que, cuando la talla, logra que conserve sus valores y los acreciente, porque no los destruye sino que los sublima. Todo lo contrario de lo que supone entrar como un elefante en una cacharrería y destruir o cambiar algo, algún valor, sin necesidad o sin sentido. Los arquitectos tenemos en esto una gran responsabilidad, porque siempre existen dos opciones: ayudar a construir el paraíso en la tierra o colaborar en la ceremonia de la destrucción y del caos. Solo algunos eligen el primer camino. A mí me gustaría contarme entre ellos, pero, ¡ojo!, es muy fácil equivocarse y, casi sin darse cuenta, cambiar de ruta. Hay que estar siempre en guardia y hacer un gran esfuerzo para no desviarse, para reorientarse constantemente y no perder el rumbo.

Hay que esforzarse en aprovechar la naturaleza y la belleza del lugar para configurar y ubicar nuestro proyecto. Este debería ser el principal objetivo de los arquitectos, además de su más inexcusable obligación. Y, cuanto más limitados sean los medios económicos de que dispongamos, más debemos ser capaces de aprovechar los valores, la potencia y las sinergias del lugar que están ahí, que no cuestan, que son un regalo, para depositar y asentar en él, con cariño y con cuidado, nuestro proyecto, hasta el punto de aproximarnos a la situación ideal de poder retirarlo, llegado el caso, devolviendo el lugar a su estado natural, tal cual estaba antaño.

C. M.: Recientemente he dirigido una tesis doctoral que considero muy valiosa, hecha por una arquitecta portuense: Madalena da Silva. En ella analiza el tema de la plaza en la ciudad contemporánea y, refiriéndose a esa clase de lugares públicos que aparecen con frecuencia en tu arquitectura (como por ejemplo la isla de San Simón o el Museo del Mar en la ría de Vigo, las carballeiras de Lalín o el propio cementerio de Finisterre), las llama «plazas geográficas».

C. P.: Creo que el principal valor de mis proyectos es haber sabido respetar y sacarle partido al entorno geográfico. Con frecuencia me pregunto: ¿qué sería de la *carballeira* de Lalín sin la arboleda? ¿O del faro de Punta Nariga sin ese enclave rocoso en que se asienta y sin el océano como telón de fondo? ¿O del Museo del Mar de Galicia sin la ría de Vigo y las islas Cíes como límite? ¿O del cementerio de Finisterre sin Finisterre? ¿O de la Escuela de Bellas Artes de Ciudad Bolívar sin el Orinoco bañándola y envolviéndola? ¿O del puente Azuma sin el río Uchikawa discurriendo debajo de él? La respuesta va siempre acompañada de una autocrítica encaminada a corregir errores, de un recordatorio para futuros proyectos y, sobre todo, de la firme voluntad de colocar ese ego que todos tenemos en su sitio, para que no sea él el protagonista, para que nos permita contemplar plenamente los valores del lugar y respetarlos.

Estoy orgulloso de haber afrontado esos y otros encargos como lo hubiera hecho un artesano (o sea, lo contrario de una estrella); también de habitar un territorio con miles de años de historia y de poder proseguir la tarea de tantos otros constructores cuyo nombre nos resulta desconocido y colaborar en ese proceso que nos permite dar el salto conceptual de la arquitectura edificatoria a la arquitectura de la ciudad y de ésta a la del territorio, acompañado en ese viaje por amigos como Aldo y como tú. ¿Qué más se puede pedir?

4. UN CEMENTERIO ASOMADO AL FINIS TERRAE

C. M.: Lo primero que llama la atención al visitar el cementerio de Finisterre es la libertad en la elección de las formas y en su disposición sobre el terreno, sobre todo tratándose de un tema tan pautado y repleto de convenciones como es el cementerio. ¿Qué condiciones han debido concurrir en este proyecto para que fuese posible plantearlo en estos términos?

C. P.: Toda obra es, en cierta medida, autobiográfica. Esta también, y mucho. A mí siempre me gustó andar libre y suelto por la vida, no en manada. Por eso, estos cubos que son aparentemente iguales, como aparentemente lo somos las personas, ya que todos tenemos cabeza, cuerpo y extremidades, a medida que te aproximas a ellos descubres que aun los más parecidos son diferentes porque ocupan un lugar diferente y ello les permite adoptar posiciones diferentes, tener cada uno su particular punto de vista y ver la vida, en este caso, el océano, con una perspectiva propia.

Por ello, aunque a primera vista el conjunto pueda parecer una manada de cubos de piedra, andan todos sueltos, a su aire, y entre uno y otro se generan espacios distintos que marcan las diferencias. Son, en definitiva, como a mí me gustaría ser y como me gustaría que fueran las relaciones entre las personas: solidarias, pero libres. En este conjunto de cubos no hay jefes, no es una manada. Se asemeja más a un grupo cuyo vínculo es el respeto mutuo, la fraternidad, la autonomía, la independencia y la libertad; cada uno tiene su particular posición y punto de vista, no invade ni pisa el territorio del otro, sino que lo respeta, lo acompaña y aporta sus sinergias al conjunto.

C. M.: El cementerio que has construido plantea una abierta confrontación con uno de los paisajes más extraordinarios que existen: el de la Costa da Morte de Galicia. Hay que tener el pulso muy firme y la cabeza muy bien asentada para atreverse a intervenir ahí sin caer en el ridículo. Una opinión general entre los que conocen estos temas es que tú lo has conseguido plenamente. ¿Qué recursos formales has manejado? ¿De qué referencias te has valido?

C. P.: La Costa da Morte es la más occidental de Europa, permanentemente enfrentada a un mar bravo y a continuos temporales de viento y de lluvia. Está formada por un rosario de puntas y cabos (*finisterres*) que avanzan y se adentran en el mar, y con frecuencia desaparecen envueltos en nubes o nieblas, dejando atrás, a su socaire, rías, radas y ensenadas en las que buscan abrigo los barcos y los cultivos, y cobijo los hombres.

De los habitantes de estas costas, en su mayoría marineros, se dice que nacen en la cama y mueren en el mar. Y cuando esto ocurre, tienen dos opciones: permanecer en el fondo marino cubiertos por un sudario de algas y arena, o ser enterrados bajo tierra en una ladera rocosa mirando al mar. Uno de estos finisterres, el que adopta para sí el nombre genérico, es el cabo Fisterra: un lugar mítico y mágico; un lugar solitario, de gran belleza, profundamente misterioso, testigo mudo del permanente enfrentamiento de fuerzas indómitas, en donde la sensación de soledad y de libertad pueden reconfortar al hombre consigo mismo, y hacerle sentir, con plenitud, la realidad primordial.

En este lugar, la naturaleza sobrecoge y minimiza la presencia del hombre. Pero si le prestamos atención, iremos detectando los vestigios de múltiples construcciones y caminos que evocan unos proyectos que daban satisfacción a múltiples necesidades sin destruir ni violentar la naturaleza ni el paisaje. Por eso la primera cuestión que debía plantearse a la hora de abordar este proyecto y pensar en actuar constructivamente en el cabo Fisterra fue la de si era necesaria o podía evitarse la presencia del hombre en este lugar.

Si fuera necesaria y no se pudiera evitar dicha presencia, la segunda pregunta derivaría de la relación que se establece entre lugar y arquitectura, entendida esta como la respuesta espacial a las necesidades que dicha presencia demanda, y debería formularse así: ¿es la arquitectura algo que se debe imponer al lugar o, por el contrario, es el lugar el que debe imponerse a la arquitectura?

Parece evidente que ciertos elementos arquitectónicos se han impuesto a su contexto territorial, potenciándolo e incluso, a veces, creando su propio paisaje; la Acrópolis de Atenas acude inmediatamente a nuestra memoria como ejemplo de arquitectura dominante sobre el territorio que le da soporte. Por otra parte, encontramos ejemplos de lugares que parecen provocar su propia arquitectura, como ocurre con la casa Kauffmann de Frank Lloyd Wright, conocida como la Casa de la Cascada, en la que la arquitectura está inspirada por el bosque que la envuelve, por el río y por la pequeña cascada que la penetra.

En ambos casos nos estamos refiriendo a arquitecturas de gran calidad, lo cual quiere decir que la respuesta a la anterior pregunta (que también podría formularse así: ¿qué arquitectura hacer en este lugar?) jamás se podrá expresar de una manera rotunda, porque paisaje y arquitectura mantienen entre sí un equilibrio de fuerzas siempre dialéctico que, según los casos, se puede romper a favor de uno o de otra. Y así, existirán paisajes «provocadores» de la acción arquitectónica y paisajes «provocados» por esa misma acción. ¿Cuál de los dos tipos de paisaje se da en el cabo Fisterra? En el cabo Fisterra, nos encontramos ante un paisaje mágico y mítico. Pero este carácter no solo proviene de la geografía o del dramatismo con que la naturaleza ha construido este último encuentro entre la tierra y el océano.

En su *Oficio de vivir*, Cesare Pavese nos dice que «(...) el lugar mítico no es el individualmente único, tipo santuario o similar, (...) y sí el de nombre común, universal: la selva, la pradera, la isla, la playa, que con su indeterminación evoca todas las islas, todas las playas, (...) y las anima a todas con su estremecimiento simbólico». Este nombre común y universal que caracteriza a cabo Fisterra no es otro que el mar, y su paisaje es el del océano.

Admitida la presencia del mar como elemento primordial en la configuración de estos paisajes, nos surgirá de inmediato otra pregunta, la tercera: ¿cómo ha de ser la arquitectura que enfrentemos a ese océano? La arquitectura que pide el cabo Fisterra, al menos la que a mí me pide, es una arquitectura entendida como prolongación del propio paisaje, disuelta en la naturaleza, silenciosa, casi inexistente. ¿Cómo asumir esta condición de la arquitectura a la hora de proyectar sobre este territorio un cementerio?

Nuestra cultura actual ha interpretado el cementerio como un recinto, un «camposanto», limitado, acotado, cerrado. Como un ámbito arquitectónico que tiene un «adentro» y un «afuera». Por el contrario, la alternativa que aquí se contempla, viene de la mano de una tipología de cementerio «libre» en cuanto a su estructuración que no implique la realización de grandes desmontes, procurando al máximo la adaptación a la topografía y minimizando así el impacto arquitectónico que un cementerio al uso, «compacto», provocaría en el paisaje.

La propuesta, en síntesis, contempla la construcción de un cementerio, «fragmentado» en un conjunto de pequeñas edificaciones, articuladas en torno y a lo largo de pequeños caminos existentes que discurren por las laderas de la montaña, carente de cualquier tipo de cierre, y con la presencia continua del mar como telón de fondo. La ruptura del concepto de recinto y la disolución de sus límites, la supresión de muros, implica también la pérdida de referencias del espacio habitual. ¿Cómo superar esta dificultad? Echando mano de otros límites, de otras referencias. ¿Cuáles? Aquellas que jalonaban los antiguos enterramientos celtas: el mar, el río, la montaña, el cielo. Un cementerio cuyos muros son la colina, la montaña, el río y el mar, y cuyo techo es el cielo.

C. M.: Uno de los problemas más difíciles de resolver en esta clase de intervenciones es la necesidad de proceder a una construcción por etapas que impide concebir el proyecto como una forma cerrada. Parece existir una contradicción entre esa in-

determinación de la forma y los requerimientos rituales que son propios de la arquitectura funeraria. Sin embargo, en tu proyecto esa supuesta contradicción aparece
resuelta. ¿Cómo lo has logrado?

C. P.: La arquitectura configura también el territorio y, en este caso, quizás no sea
más que una interpretación sensible de él. Esta interpretación sensible estriba en
proyectar trascendiendo el lugar estricto del proyecto. No se trata de definir objetos
ensimismados, sino de que estos se apropien de todo aquello que les rodea: de su
geografía y de su historia. Los objetos así entendidos resultarán inseparables de su
entorno. Y viceversa, el entorno territorial asumirá como propios los objetos incorpo-
rándolos a su geografía, su geometría y su memoria.

El proyecto que se propone reconoce las preexistencias, se basa en ellas, las aprovecha, las utiliza y las integra como partes de un todo, creando unos cuantos objetos
nuevos, pero sobre todo creando nuevas tensiones. Porque lo importante aquí no es
el módulo de piedra, que puede resultar reiterativo, o incluso torpe, sino las relaciones
entre módulos.

Lo importante no son los objetos, ni tan siquiera el proyecto, sino la estrategia. Los
nichos y las sepulturas se diseminan a lo largo de un camino, de una red de caminos
ya trazados que descienden sinuosamente hacia el mar. Su estudiada diseminación
responde a la intención de que sean encontrados al azar, como queriendo recordarnos
que la muerte y los muertos están allí donde vayamos, allí donde el camino de la vida
nos lleve. Al fin y al cabo no hace falta que nos la encontremos ya que siempre, de
alguna manera, nos acompaña.

¡Uf! Pero nos estamos poniendo demasiado solemnes con esto del cementerio y los
muertos, y quizás no vendría mal recordar aquella famosa frase, «si fuera posible, debería hacerse reír hasta a los muertos», que se atribuye nada menos que a Leonardo
da Vinci.

Enero de 2010

01_ VIVIENDAS PARA UNA COMUNIDAD DE GITANOS. CAMPAÑÓ, PONTEVEDRA. En el año 1970, una asociación caritativa denominada Patronato de la Vivienda Gitana encargó el proyecto y la dirección de obra de siete viviendas para otras tantas familias de gitanos, a construir en el claro de un bosque que domina el último meandro del río Lérez, antes de su confluencia con la ría, lugar en el que se asienta la ciudad de Pontevedra. Después de varios intentos de agrupación de las viviendas en un único edificio y de escuchar a los futuros usuarios, se optó por pequeñas construcciones aisladas de tipología muy definida, con antecedentes en el carro gitano, el hórreo y el vagón de literas, lo que dio como imagen resultante la de un campamento gitano integrado por carros que también recuerda, por el tipo de asentamiento sobre una topografía accidentada, a un campo de hórreos. Las viviendas, de pequeña superficie y bajísimo costo, debían albergar familias numerosas de entre siete y trece miembros cada una, lo cual aconsejaba una disposición de dormitorios y camas análoga a la de un vagón de literas. Los materiales y técnicas constructivas debían ser tales que permitieran, en gran medida, la autoconstrucción; por ello, se eligió la fábrica de ladrillo enlucida y pintada como elemento resistente y divisor. Las fachadas descansan sobre unas vigas prefabricadas longitudinales, soportadas a su vez por pilares circulares de hormigón que absorben los desniveles topográficos, elevaban el piso habitable del terreno húmedo y permiten, entre ambos, almacenar la leña, albergar cerdos o gallinas, secar la ropa o tender una manta, echar una partida de cartas o tocar la guitarra. La cubierta se resolvió con planchas de filón blanco ancladas a cimbras semicirculares de madera, asegurando con ello un alto grado de impermeabilidad para la vivienda y creando un desván accesible, muy útil como fayado.

02- MERCADO Y LONJA MUNICIPALES. BUEU, PONTEVEDRA. En el centro del borde marítimo de la villa de Bueu en un solar ocupado anteriormente por un mercado y una lonja de pescado, ambos en estado ruinoso y que no cubrían las necesidades actuales, se proyectó este nuevo edificio que, por su significado y emplazamiento, tendría una importancia decisiva en la configuración de la fachada marítima de esta villa, que en gran medida vive del marisqueo y de la pesca. El edificio, concebido como un volumen único, dispone de un soportal perimetral en el que pueden instalarse los vendedores de un mercado quincenal de productos agrícolas de la comarca. En la planta baja, el edificio está formado por dos cuerpos diferenciados y separados 15 metros entre sí. En la planta superior, ambos cuerpos se comunican merced a la continuidad de las fachadas, que en el interior vuelven a abrirse creando un patio central exterior. Esta disposición volumétrica permite que se pueda contemplar la dársena del puerto y el mar desde la calle principal, que desciende suave y perpendicularmente al paseo marítimo. Por dentro, ambos cuerpos son amplios espacios a doble altura, delimitados perimetralmente por puestos de venta construidos con paneles de hormigón prefabricado y cubiertos por chapa translúcida de filón sobre estructura metálica. Esto permite una gran iluminación y que, a su través, se proyecte constantemente la sombra dinámica de las gaviotas en vuelo. En el exterior, la cubierta blanca semeja un aerostato suspendido en el aire que de noche se ilumina y sirve de referencia en toda la ría.

03_ ACUARIO. VILAGARCÍA DE AROUSA, PONTEVEDRA. La Galicia litoral es una permanente dialéctica entre la tierra y el mar que se convierte en paradigma en las Rías Bajas, especialmente en la de Arousa. En el fondo de esta ría, y formando parte del paseo marítimo que une el puerto de Vilagarcía con el de Carril, se construye este edificio que, avanzando perpendicularmente a la costa, se introduce en el mar. Su alargada silueta y su clásica imagen pretenden contrarrestar, en parte, el inquietante efecto visual de unos bloques de apartamentos que, por su pésima calidad y por su altura, forman una pantalla edificatoria cuya presencia es negativa. Dicho edificio consta de una planta y una semiplanta rectangulares, estrechas y alargadas, con cubierta a dos aguas, y se apoya sobre pilares circulares para no obstaculizar el movimiento del mar. La organización espacial se basa en dos ejes: uno longitudinal, que permite la visión del mar desde la tierra a través del propio edificio; y otro vertical, que posibilita, desde su interior, la visión simultánea del mar y del cielo. El material básico empleado es el hormigón armado, para conseguir una estructura monolítica y resistente que le permite defenderse del fuerte medio en que se implanta.

04_ CASA CONSISTORIAL. PONTECESURES, PONTEVEDRA. El edificio de la nueva casa consistorial se proyecta en un solar alargado que tiene frente a una vía del casco y a la avenida de Circunvalación. El régimen de propiedad de los terrenos en la zona y la diferencia de cotas existente plantea dificultades de comunicación entre ambas vías, lo que obliga a resolver su enlace sobre esta parcela de propiedad municipal mediante sendas escalinatas que discurren a ambos lados del edificio proyectado. Esta preocupación urbanística, la organización espacial interior, la compacidad volumétrica exterior y la dialéctica interior-exterior son los aspectos más notables del proyecto. En la planta a nivel de accesos se ubican el vestíbulo, las oficinas generales y el salón de sesiones, espacios todos ellos a doble altura y que se definen mediante volúmenes prismáticos transversales situados en una planta superior, donde se alojan los despachos del alcalde, del secretario y del interventor y la sala de juntas. Todas estas dependencias elevadas se comunican a través de sendas pasarelas a las que se accede desde el vestíbulo y las oficinas. La separación de los tres grandes volúmenes a nivel de planta baja se consigue mediante mamparas de vidrio y dobles puertas que, abiertas, permiten convertir toda la planta en un único espacio. Los muros exteriores de hormigón armado sirven de cerramiento y soporte de las cerchas metálicas.

05_ CASA ARTURO ESTÉVEZ. Esta casa unifamiliar puede considerarse un ejemplo representativo de edificación en el medio rural de la Galicia litoral atlántica. Está concebida para ser habitada permanentemente por una familia de economía modesta que vive en el campo y, en gran medida, del campo. Los rasgos tipológicos que la definen son un volumen alargado compuesto por una planta baja, la principal, y otra planta bajo cubierta, delimitado por muros de piedra de granito que, a la vez, constituyen la estructura vertical, con una escalera principal exterior que desemboca en una galería adosada a la fachada principal, en sentido longitudinal y orientada a mediodía. La planta baja alberga una serie de dependencias —bodega, almacén, taller, garaje— que pueden disponer de mayor o menor amplitud, según se necesite, y que tienen un desahogo bajo un porche delantero formado por pilares que soportan la galería. La planta principal alberga la vivienda propiamente dicha, si bien ésta puede prolongarse con alcobas ubicadas en la planta bajo cubierta, que, de no ser así, serviría como desván. Se ha utilizado la simetría como valor representativo y simbólico de la forma, y como materiales esenciales se ha empleado la piedra, la madera y el vidrio. Se ha buscado establecer un fuerte contraste entre la solidez de los prismas de piedra, más propensos al cobijo y a usos concretos, y la ligereza de los prismas de vidrio, que sirven de contrapunto a aquellos y que permiten múltiples usos. La cubierta, dotada de notables pendientes y de clara voluntad de cubrimiento unitario de todos los volúmenes prismáticos mencionados, permite, junto con la austera geometría de los muros de cerramiento de aquellos, una expresión plástica compacta del conjunto. Se ha asignado al hogar un espacio significativo, como centro que es de la vida familiar en el que convergen todas las fuerzas centrípetas del conjunto, dotándolo de un gran volumen a doble y triple altura característico de la arquitectura tradicional de Atlántico norte, también conocida como la «arquitectura del humo».

06_ CASA DANIEL PINO. VILAXOAN, PONTEVEDRA. Esta vivienda unifamiliar aislada en el borde litoral de la ría de Arousa, la más grande y bella de las Rías Bajas, fue diseñada para ser habitada todo el año por una familia de clase media compuesta por una pareja de profesionales y una hija y un hijo en edad escolar. Su emplazamiento está condicionado por la forma de la parcela (estrecha y profunda), por las vistas y orientaciones dominantes (al norte, vistas; al sur, calor) y por la localización de una edificación preexistente que se conserva y utiliza en parte como soporte de la nueva edificación, resolviendo en su interior funciones complementarias de garaje, almacenamiento de embarcaciones y útiles de trabajo. La edificación se ha dispuesto en el extremo norte de la finca, próxima al borde litoral, utilizándola como un elemento ordenador que protege el resto de la parcela de los vientos dominantes del norte y que ofrece vistas desde el paseo marítimo, permitiendo con ello un mejor nivel de confort y de intimidad.

07_ CASA MANOLO NEIRA. COTOBADE, PONTEVEDRA. El encargo contemplaba la rehabilitación de una vieja construcción —que en su día albergó a una familia campesina, con sus correspondientes establos, bodega y almacén para útiles de labranza— en una casa-vivienda para una familia que, en principio, pensaba usarla como segunda residencia y acabó viviendo en ella permanentemente. Todo ello, además de lo ajustado del presupuesto y la voluntad del propietario en participar como autoconstructor, determinó la concepción del proyecto y el desarrollo de la obra, que se llevó a cabo con la colaboración de un cantero, un carpintero y un instalador, todos ellos vecinos del lugar. Como elementos arquitectónicos cabría señalar el aprovechamiento de casi todos los muros de piedra (unos de perpiaño y otros de mampostería), que se encintaron de nuevo y se pintaron en los interiores para quitarles frialdad y hacerlos más confortables y alegres, y la colocación de lucernarios en diversos puntos de la cubierta para permitir la entrada de luz en lugares estratégicos (cocina-comedor, pasillos, zona de lectura, estar, vestíbulo-jardín interior...). Además, se ha habilitado una gran galería adosada a la fachada que da a la huerta-jardín y que permite la estancia en el exterior de las fachadas de piedra. Esta galería está protegida de las inclemencias del tiempo (viento y lluvia) y permite tener abiertas las puertas y las ventanas de todas las estancias, con lo que se agranda el espacio interior y se hace posible la comunicación y la articulación del conjunto. Al igual que en las artes marciales orientales, en las que se aprovecha el impulso del contrario para derribarlo y vencerlo, aquí hemos aprovechado una parte sustancial de los valores heredados, rehabilitándolos y enriqueciéndolos con nuevos elementos espaciales, formales y materiales hasta lograr articular un nuevo conjunto arquitectónico en el que lo nuevo enriquece a lo anterior y viceversa, creando entre lo uno y lo otro sinergias y valores nuevos, positivos y complementarios.

08_ CASA DE LA CULTURA. CANGAS DEL MORRAZO, PONTEVEDRA. Se trata de un edificio destinado a albergar un conjunto de actividades culturales en la villa marinera de Cangas y ubicado en el centro geográfico de la ensenada del mismo nombre, al norte de la ría de Vigo. La importancia del edificio es grande, además de por su función, por su volumen y por su emplazamiento estratégico en la fachada litoral, que lo hacen visible desde la ciudad de Vigo, situada en la orilla de enfrente, y desde buena parte de la ría. Se han cuidado especialmente los aspectos tipológicos que hacen referencia analógica a arquitecturas tradicionales del litoral gallego, como tinglados portuarios, astilleros y fábricas conserveras, enriquecidos con la presencia de un soportal perimetral y de galerías. También se han cuidado, además del tipo, la textura y el color de los materiales y el espacio interior y las formas, entre los que adquieren singular importancia los sillares de granito rosa de las fachadas de la planta baja, el revestimiento de conchas de vieira en las fachadas altas —que confieren al conjunto del edificio un tono rosa nacarado— y una imagen etérea muy peculiar. Todo ello, dentro de una gran austeridad formal.

09_ CARBALLEIRA SANTA MIÑA. BRIÓN, A CORUÑA. Lo que se da en llamar Carballeira de Santa Miña constituye un *locus* poblado por robles centenarios de planta sensiblemente cuadrada que ha quedado delimitado en tres de sus lados por una carretera comarcal y dos pistas de servicio parroquial. En sus bordes, y por orden cronológico, se ha edificado al norte, la ermita-santuario de Santa Miña; al sur, la Casa do Concello; al oeste, la taberna-*pousada* y al este, la Casa de la Cultura. Estos edificios han ayudado a construir y a definir este espacio de gran calidad ambiental, situado en el centro geográfico del municipio rural de Brión. El objetivo prioritario de la intervención era conjugar dos aspectos esenciales. De un lado, el respeto a la tradición, al patrimonio cultural, histórico y artístico de un pueblo, materializada en este singular y mítico lugar de fuerte personalidad, caracterizado por la presencia de la *carballeira* y la ermita. Del otro lado, la incorporación de soluciones constructivas que den respuesta a necesidades actuales que favorezcan la continuidad del hombre en su territorio. Las recientes actuaciones —el acondicionamiento de la *carballeira* y la construcción del ayuntamiento, la biblioteca, el estanque, los emparrados y el Palco de la Música— pretenden superar dialécticamente ambas realidades.

10_ EDIFICIO BASE BUQUE CABLERO. VIGO, PONTEVEDRA. En el extremo sur del antiguo muelle de trasatlánticos del puerto de Vigo, se ha construido este pequeño edificio de oficinas —base del buque cablero *Atlántida* de la Compañía Telefónica Nacional de España— de planta rectangular y volumen prismático, con cubierta a dos aguas, análogo a los viejos tinglados del puerto. Las dimensiones, la forma de la planta y el volumen están muy condicionados por el programa dado y por la normativa urbanística. No obstante, dentro del estrecho margen de actuación, se ha acentuado el contraste entre el prisma principal, pétreo, y los dos menores, de vidrio, para que se contrapongan entre sí y se expliquen mutuamente. Se han empleado como materiales básicos la piedra granítica en el exterior, la madera de castaño en el interior, y el acero inoxidable y el vidrio como cerramientos.

11_ FARO DE PUNTA NARIGA. MALPICA DE BERGANTIÑOS, A CORUÑA. En el extremo oriental de Punta Nariga, en plena Costa da Morte, sobre un agreste acantilado golpeado por el mar y por incesantes temporales, se ha construido este faro de 50 metros de altura de plano focal y 22 millas de alcance luminoso. En este contexto de indómita naturaleza, un faro, con su presencia, introduce un nuevo factor dialéctico: el artificial. La secuencia cabo-faro-mar es paradigmática y mutante con las distintas épocas del año y las horas del día. Con tiempo calmo y despejado, la quietud del entorno serena la imagen y acrecienta el estatismo del faro; en días tormentosos, los cambios de luz y el movimiento de las nubes transmiten al conjunto un constante dinamismo. De día, la solitaria silueta parece dormitar de pie, mientras que al atardecer de pronto cobra vida y comienza a hacer guiños y a emitir destellos y ráfagas de luz que rasgan las tinieblas y se adentran en el mar. El conjunto edificatorio se estructura en cuatro cuerpos bien definidos. El primero lo constituye una plataforma de acceso público, a modo de basamento de planta triangular. El segundo cuerpo, de forma prismática y base también triangular, inscrita en la anterior, alberga los cuartos de instalaciones y de almacén, en la primera planta, y las dependencias del farero, en la planta superior. La cubierta plana se convierte en una plataforma-mirador elevada siete metros sobre la anterior. El tercer cuerpo lo constituye el fuste, un volumen cilíndrico de planta circular de 5,50 m de diámetro exterior y 25 m de altura. El cuarto, situado en lo más alto coronando el conjunto, lo conforma la linterna. La relación y el contraste funcional y formal de estos cuatro elementos, de geometría bien definida, y de ellos con el terreno en que se asientan y el mar que los rodea, constituyen la esencia del proyecto.

12_ ACTUACIÓN EN LAS ISLAS SAN SIMÓN Y SAN ANTONIO. REDONDELA, PONTEVEDRA. A lo largo de esta obra he ido tomando conciencia de que la verdadera función de la arquitectura no es tanto protegernos de las inclemencias físicas, que también, como salvaguardarnos de la intemperie cultural y moral que constantemente nos acecha. También que lo que de verdad sustenta la buena arquitectura son los principios sociales, éticos o constructivos, no los estilos. Los estilos uniformizan y acaban por esclavizar, ya que cada uno deberíamos tener nuestro propio estilo. También a lo largo de esta obra, he luchado constantemente contra ese fortísimo ego que los arquitectos arrastramos y que nos induce a reafirmar constantemente nuestra presencia, poniendo la obra al servicio de este personal divismo en lugar de compartirla con los demás. He intentado que fuera la obra y no el autor, que fueran la propia funcionalidad y la belleza de la obra y no la autoestima del autor, los verdaderos protagonistas. El resultado es una arquitectura escueta, sobria, silenciosa, al margen de estilos y de modas, que busca configurar unos espacios para ser disfrutados y no consumidos, que cada mañana se enciende con la luz natural y cada atardecer se apaga con las sombras... Entonces las nuevas lámparas, las nuevas galerías, los nuevos miradores y los nuevos lucernarios, todos ellos de vidrio, con los que se enriquecieron las tipologías arquitectónicas preexistentes, se encienden con la luz artificial y se comportan como auténticas lámparas que atraen y reúnen a su alrededor a personas y a todo tipo de aves e insectos, convirtiendo a los unos y a los otros en encantadas *volvoretas*.

13_ ESTACIÓN DE AUTOBUSES. AYAMONTE, HUELVA. El emplazamiento de la nueva estación de autobuses de Ayamonte, en el límite de la ciudad en su encuentro con la marisma, sobre el antiguo enclave de la desmantelada estación de ferrocarriles, permite conservar su uso funcional al renovarse como lugar para el transporte público de viajeros. La reorganización de su parcela origina un nuevo espacio, la plaza-jardín y la terraza-mirador sobre la marisma, con lo que se convierte en una pieza urbana de primer orden. La parcela, sensiblemente cuadrada, organiza dos recintos bien definidos: el delantero, el patio de viajeros, que incorpora una vía de servicio para taxis y turismos, un área de aparcamientos y una gran plaza en el frente de ingreso, y la zona de andén-dársenas, cubierta por la marquesina sustentada por una doble hilera de columnas que organizan las diez dársenas proyectadas. El edificio de viajeros respeta el volumen central de la antigua estación, creando en su interior un representativo vestíbulo. El resto de la construcción es de nueva planta, con dos volúmenes gemelos a ambos lados del cuerpo central, conectados con él a través de recintos acristalados que lo significan y constituyen áreas de espera resguardadas que dotan al conjunto de una gran transparencia. La zona de andenes se percibe desde la plaza de ingreso y viceversa, cosa que realza el volumen central que preside la composición. A ambos extremos de este vestíbulo se desarrollan las alas del edificio de viajeros. La sucesión de estos espacios constituye el eje principal de la estación. En el exterior, a ambos extremos del andén, se sitúan, adosadas a los cuerpos laterales, unas escaleras para acceder a las terrazas, que son auténticos miradores sobre el paisaje de la marisma.

14_ ESTACIÓN DE AUTOBUSES. CÓRDOBA. «*Romana y mora, Córdoba callada.*» Antonio Machado. La estación en su conjunto es un recinto cerrado por un muro que ejerce de límite contextual, que delimita y cierra un espacio, y marca una drástica diferencia entre el exterior y el interior, recreando su propio mundo. Este muro se manifiesta dual y ofrece dos caras. Una es escueta, austera, seca, dura, insolente, casi romana. La otra cara es sutil, sensual, árabe. Cuando pensaba en la solución y cerraba los ojos, veía muros, grandes muros de piedra que delimitaban espacios, definiéndolos radicalmente y también uniéndolos sutilmente. Veía la luz que acometía, muy fuerte, muy espesa. Y, del otro lado, la sombra, también espesa, también fuerte, aguantando estos muros. Dentro, una ciudadela, una *casbah*, un *caravansar*, un zoco, un cúmulo de construcciones y de espacios vacíos entre ellas, formados por planos diversos —unos verticales, otros horizontales— situados a diferentes alturas, unos rectangulares, otros circulares. Todos ellos para defender de la luz, para dominarla, para apresarla, para mitigarla, para desangrarla convenientemente, para atenuarla y repartir sus fulgores y utilizarla una vez domesticada. Veía grandes planos de sombra aletargados o dispuestos como si lo estuvieran y, al mismo tiempo, rendijas de luz por todas partes, en movimiento, pero ya sin el vigor sofocante y deslumbrante de afuera. Veía la luz estrellarse contra los muros de piedra granítica que despedían miles de estrellas centelleantes, batiendo sobre el color interior, sobre planos amarillos, azules, verdes y blancos opalinos, todos estucados. Percibía masas de vegetación mezcladas con ráfagas de perfume, remansos silenciosos y sonoros chorros de agua. Veía rincones amables en esos puntos donde la sombra pasa de los objetos al espacio, creando ámbitos misteriosos y sensuales. Veía geometrías maestras, con sus exactitudes y sus imposiciones. Geometrías esenciales, también sutileza. Eso es lo que veía cuando cerraba los ojos y pensaba en el proyecto.

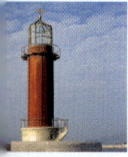

15_ MUSEO DEL MAR DE GALICIA. VIGO, PONTEVEDRA. El Museo del Mar de Galicia se configura como un cabo, mitad naturaleza, mitad artificio, en este paradigmático lugar del borde litoral, próximo a la ciudad de Vigo, que incorpora la Ría como una parte más del proyecto, sin duda la más importante. El conjunto se concibe como un único e inequívoco ámbito espacial, delimitado en parte por un muro perimetral y en parte por el propio mar, lleno a su vez de espacios menores dotados de fuerte personalidad, en los que tienen cabida los más diversos usos que el programa museístico contempla. Al tiempo que estos espacios se recorren, iremos encontrando secuencias insólitas y sorprendentes, capaces de transportarnos a través de jardines, edificios, patios, plazas, paseos, pasarelas, muelles... desde tierra firme hasta el mar. Todo ello logrando un continuo armónico donde los espacios públicos y los privados se suceden los unos a los otros, se combinan y se funden como partes de un todo en el que tiempo y espacio se ponen al servicio de la cultura, sin perder nunca de vista el mar. Todo el complejo edificatorio, formado por dos familias de naves y una pasarela elevada que las relaciona, puede considerarse un observatorio para contemplar y disfrutar el mar. Los huecos practicados en sus muros de piedra son como ojos dotados de geometría que captan escenas marinas allí donde estas se producen, las enmarcan, se apropian de ellas, se las acercan y se las muestran a los visitantes, como si de una colección de estampas se tratara.

16_ CEMENTERIO MUNICIPAL. FISTERRA, A CORUÑA. Cuando proyecté y construí el Cementerio de Fisterra, lo primero que quería era ofrecer a unos muertos el descanso que se merecen en un lugar sublime en el que la arquitectura fuera capaz de fundirse positivamente con la naturaleza, igual que lo han hecho en ese mismo lugar, desde siempre, la tierra, el mar y el cielo. Con esta obra también quería —igual que ocurre con una palmera solitaria que es capaz de dar respuesta a la grandiosidad del desierto, o la vela de un barco, por pequeña que sea, a la inmensidad del océano, o una ráfaga de perfume a la noche toda y convertirla en embrujo— dar respuesta a inquietudes culturales, antropológicas, espirituales y a toda la humanidad, que, de manera insensata, camina hacia una sociedad globalizada, de pensamiento único que, so pretexto de superar el aislamiento y el atraso, arrasa la diversidad, la complejidad y la identidad que cada grupo o cada individuo poseemos, convirtiéndonos a todos los humanos, no en ciudadanos del mundo, sino en aldeanos globales, consumistas desaforados de un único mercado transnacional y condicionando, destruyendo los sentimientos, la filosofía, la ciencia y el arte, todo aquello que nos muestra lo rico, lo profundo y lo maravilloso que puede llegar a ser el hombre y la vida en general. Quería por último demostrar que cabe la esperanza, que al sistema siempre es posible darle respuesta, con cualquier obra y en cualquier lugar, aunque se trate, como en este caso, de un lugar tan distante como Fisterra y de una obra tan insignificante como es este cementerio.

17_ EDIFICIO DOMUS. A CORUÑA. Insertar un edificio en un lugar no es sólo dotarlo de una geometría que le permita acoplarse con facilidad a la topografía del terreno —en este caso, a las formas más o menos caprichosas del macizo rocoso de la antigua cantera abandonada en que se asienta—, es además propiciar un feliz encuentro con el aire que lo rodea, con el agua del mar que casi baña sus cimientos, pero también con sus habitantes, con las necesidades que estos tienen, con sus deseos, con sus gustos, con sus costumbres, con su forma de sentir, disfrutar y organizar el espacio... Por ello, el encuentro del edificio con el macizo rocoso preexistente se confía a una serie de espacios de diversa funcionalidad y variada configuración formal, como son el baluarte, la plaza, la escalinata, las terrazas o bancales, los soportales, el jardín, el balcón-mirador, la plazoleta emparrada y la explanada, todos ellos patrones o elementos de composición arquitectónica de fuerte sabor tradicional, pero que han sido concebidos y resueltos con clara voluntad innovadora. El nítido perfil de cada uno, bien definido y diferenciado de los demás, no ha menguado su papel de elementos integrantes de un conjunto de mayor entidad y orden superior en el que se integran armoniosamente. Estos espacios diversos, de carácter público y con una fuerte autonomía funcional y formal, se comportan como polos de un campo magnético cuyo centro lo constituye el volumen edificatorio y en cuyo entorno y a su abrigo se configuran y organizan.

18_ PUENTE PEATONAL SOBRE EL RÍO ARNOIA. ALLARIZ, OURENSE. El río Arnoia a su paso por la villa de Allariz lo cruzaban dos puentes: uno, el Puente Viejo, medieval y estrecho, eminentemente peatonal, y el otro que, además de peatonal, permitía que el tránsito de la antigua carretera Ourense-Madrid cruzara el núcleo urbano. El desarrollo de la villa y la reciente potenciación del río, que ha hecho posible la recuperación de sus márgenes y de una serie de antiguas fábricas de cueros y viejos molinos como museos y lugares de restauración y ocio, hizo necesaria la construcción de un nuevo puente peatonal, el Puente Nuevo. Dicho puente cruza el río en el punto más estrecho y necesario, y aprovecha la presencia de una pequeña isla para apoyarse. Sobre este apoyo se construye una estancia cubierta, más ancha respecto al resto de la pasarela, que permite la colocación de bancos para descansar y disfrutar de las vistas y el sonido de las aguas en su continuo discurrir por el cauce entre piedras y árboles. Al puente —construido enteramente con vigas y tablones de madera de castaño, excepto el cubo que le sirve de apoyo sobre el cauce y los estribos laterales, que son de fábrica de piedra— se accede por una de las márgenes mediante una escalera y una rampa, mientras que por la otra el tablero enrasa con el camino que bordea el río. El conjunto es un puente delicado que vuela sobre el río, pero es firme en sus apoyos, un artificio que desafía a la fuerza de la gravedad, que se contrapone a la naturaleza, pero que es capaz de hermanarse e integrarse en ella no por camuflaje, sino por contraste, como debe y suele hacer la arquitectura.

19_ PUENTE AZUMA. SHINMINATO, JAPÓN. Cuando al movernos por un territorio tropezamos con un accidente geográfico, o con un obstáculo cualquiera, tratamos de evitarlo. Los ríos, los vadeamos y, cuando no podemos, tendemos un puente. Un puente es «una fábrica de madera, piedra, ladrillo, hormigón o hierro que se construye sobre los ríos para poder pasarlos», pero también debe ser «un poema tendido entre dos orillas». La solución propuesta, además del *paso*, posibilita la *estancia*, constituye un *refugio* para protegerse de las inclemencias meteorológicas y un *mirador* para contemplar el entorno. Formalmente consta de tres cuerpos bien diferenciados. Uno central alargado, la pasarela, más bajo, más ligero y más calado, con cubierta a dos aguas y abierto por los laterales. Este volumen está acotado y flanqueado por los otros dos cuerpos, de planta cuadrada y de mayor altura —cerrados perimetralmente con vidrio y cubiertos a cuatro aguas— que a modo de baluartes definen las cabeceras del puente. De noche, estos cuerpos iluminados semejan grandes lámparas que jalonan y balizan el río. A través de estos cuerpos se accede desde las orillas (lo firme, el mundo de la realidad) al río (lo fluido, el mundo de la fantasía). El arte japonés, en sus momentos más tensos, cuando alcanza las cimas más altas, nos revela esos instantes de equilibrio entre la *realidad* y la *fantasía*, entre lo *estático* y lo *dinámico*, entre la *vida* y la *muerte*. La dialéctica funcional, formal y constructiva que se establece entre estos tres cuerpos, y entre ellos, las orillas y el río, constituye la esencia del proyecto. La arquitectura japonesa, en sus ejemplos más lúcidos, nos muestra una perfecta simbiosis entre la *fantasía formal* y la *economía de medios*, y en esto coincide con las mejores arquitecturas occidentales de todos los tiempos.

20_CENTRO SOCIAL Y MUSEO ETNOGRÁFICO. TOGAMURA, JAPÓN. La propuesta considera una cuestión ineludible el encuentro con el lugar, que simboliza la ocupación del espacio de la montaña por el hombre y pretende materializar una de sus máximas aspiraciones: conquistar la naturaleza sin destruirla, es decir, sublimarla mediante actuaciones artísticas. El tamaño, la diferencia de cota y la orientación de las tres plataformas que constituyen el sitio elegido para la ubicación del edificio, así como los accesos posibles, determinan la organización funcional y compositiva resuelta en tres niveles y dos cuerpos, de volúmenes bien diferenciados. El ubicado en la parte delantera, de planta rectangular, situado sobre la plataforma de cota inferior, constituye el basamento o zócalo del conjunto, y está a nivel de una plataforma-mirador en la que confluyen las dos escaleras y la rampa central de acceso. Este cuerpo delantero está adosado al otro cuerpo posterior, el cual constituye el volumen principal del conjunto, que se organiza en dos ámbitos: uno central destinado a teatro, que es a la vez sala de reuniones y de usos múltiples; y otro, destinado a museo, que es también sala de exposiciones y se organiza en dos niveles que rodean el teatro. En invierno, en el centro de esta plataforma y bajo el lucernario central, se descubre un fogón y la sala se convierte en un salón-hogar en el cual los fines de semana los vecinos del valle se reúnen y charlan alrededor del fuego. La cubierta es a cuatro aguas y dispone de un lucernario central que de día permite iluminar el interior y, de noche, mediante reflectores, ilumina y genera una referencia visual para la totalidad del valle.

21_ESCUELA DE BELLAS ARTES. CIUDAD BOLÍVAR, VENEZUELA. En el borde la ciudad, sobre la margen izquierda del río Orinoco, tres viejas casonas abandonadas de tipología tradicional han servido para acoger el programa de la nueva Escuela de las Artes del Estado de Bolívar, situado en el centro de Venezuela, a medio camino entre el Caribe y la gran sabana, entre la selva amazónica y el delta del Orinoco. El proyecto y luego la obra han buscado en todo momento: -Conservar los valores de todo tipo –arquitectónicos, históricos, constructivos, paisajísticos...– existentes en el conjunto. -Recuperar antiguos valores, hoy dañados o desaparecidos. -Introducir nuevos valores, como consecuencia de los nuevos usos, compatibles con los anteriores. La actuación, además de respetar escrupulosamente el programa de necesidades, ha buscado convertir todas las terrazas de la escuela en auténticas plazas públicas para lograr que sirvan de lugar de encuentro de alumnos, profesores o visitantes y de privilegiado mirador para la contemplación del insólito y maravilloso espectáculo que ofrece el discurrir del río a su paso por Ciudad Bolívar.

22_MANZANA Nº14 DEL MALECÓN. LA HABANA, CUBA. El Malecón constituye una pieza urbanística esencial en la configuración de la ciudad de La Habana. Su desarrollo, de unos siete kilómetros desde la Avenida de la Marina, en el corazón de la bahía, hasta la desembocadura del río Almendares, configura la fachada marítima de la ciudad y la mejor expresión arquitectónica de su evolución a lo largo de la historia. Uno de estos tramos, el más característico, el más emblemático y, también, el que demanda una intervención más urgente, es el comprendido entre el Castillo de la Punta y la Plaza de los Estudiantes. Dicho tramo constituye el salón urbano por excelencia al que acude a lo largo del día y durante todo el año, como lugar preferido de esparcimiento, la población de los distritos de la Habana Vieja y Centro Habana, además de los vecinos de otros barrios y de multitud de forasteros. La manzana nº 14 reúne las condiciones óptimas de intervención por su estado de conservación y su posición de cabecera respecto del conjunto. Se nos ofrecían tres alternativas: a) Restaurar y rehabilitar los edificios existentes, respetando fielmente las tipologías edificatorias originales, adecuadas para sus anteriores moradores pero absolutamente inadecuadas para los actuales. b) Demoler las actuales edificaciones que aún quedan en pie y plantearse otras nuevas, fieles a nuevos parámetros arquitectónicos, olvidándonos de los valores que el conjunto aún conserva. c) Remodelar el conjunto partiendo del respeto a los verdaderos valores arquitectónicos que aún conserva –su carácter, la atmósfera, las fachadas...–tratando de dar respuesta a las verdaderas necesidades de los nuevos usuarios. Obviamente se ha elegido esta tercera opción, respetando a la vez los grandes valores que el Malecón conserva como pieza urbanístico-arquitectónica y como fachada emblemática de la ciudad de La Habana.

23_PASEO MARÍTIMO DE LA HERRADURA. ALMUÑÉCAR, GRANADA. El lugar es una estrecha franja de terreno en el borde litoral, situada a lo largo de la playa de La Herradura, en la costa occidental de Granada. La propuesta ofrece una solución funcional y formal a problemas de definición espacial y de accesibilidad del Paseo de Andrés Segovia, el núcleo urbano de La Herradura, la playa y el mar. La solución contempla una actuación blanda pero clara, dispuesta a lo largo de dos ejes peatonales bien definidos por su ubicación y configuración. Uno, longitudinal, está orientado en sentido Este-Oeste, ligeramente elevado sobre la cota del terreno, y permite recorrer el seno de La Herradura de punta a punta, bordeando la playa sin interferencia con el tráfico rodado, por lo que constituye una senda-paseo paralela al borde marino. El otro, perpendicular al anterior, se orienta en dirección Norte-Sur y configura una rambla-espigón que inicia su recorrido en el núcleo urbano de La Herradura y lo termina 25 m mar adentro, después de discurrir a cota variable sobre la Rambla del Espinar y de cruzar elevado sobre el Paseo de Andrés Segovia y la playa. La senda-paseo es un sistema construido enteramente en madera, de sección constante y de 2,50 m de ancho, que se apoya en pilares y delimita espacial y funcionalmente el Paseo de Andrés Segovia y la playa. En su recorrido de aproximadamente 1.800 metros va engarzando, como si de las cuentas de un collar se tratara, una serie de elementos singulares que avanzan sobre la playa formando sendas, plazas y miradores. En la rambla-espigón podemos distinguir cuatro partes con características bien definidas: el paseo elevado sobre la Rambla del Espinar, el puente sobre el Paseo de Andrés Segovia, el espigón sobre la playa y el mar y el Pabellón del Mar, que, situado sobre el anterior, hace las veces de refugio-mirador, permitiendo la contemplación del núcleo, la playa, el seno de la bahía y el mar.

24_PABELLÓN DE ESPAÑA EN LA EXPO 92. SEVILLA. La solución propuesta entiende que la relación del público visitante con el lago y con el pabellón debe percibirse como un momento privilegiado y, por ello, agrupa el programa de necesidades en un orden tal que permita: 1. Respetar y potenciar la línea litoral dotándola de una adecuada definición y continuidad, construyendo para ello un verdadero paseo de borde en dos niveles: uno, el superior, estrictamente peatonal, sombreado por una pérgola que resguarda el paseo del sol y que se comporta como malecón y antesala exterior del pabellón; y otro, inferior, también peatonal, pero que ocasionalmente se usa como muelle de servicios. 2. Construir el pabellón propiamente dicho como un edificio que emerge del lago, separado de la tierra, para conseguir el nivel más alto de individualización y simbolismo, propios de un edificio representativo. El edifico se resuelve mediante un doble cuerpo en cuyo centro se ubica una singular plaza de planta cuadrada. Entre ambos cuerpos se sitúa un estanque de aguas claras y poco profundas. La plaza central está cubierta por una estructura metálica deslizable, y, como si de un gran *plateau* se tratara, permite la exposición o representación, sin olvidar su principal papel de gran *hall* central rodeado de agua, que lo convierte en un lugar de encuentro y en el verdadero «corazón» del conjunto. 3. Situar, próxima al pabellón y flotando sobre el lago, una plataforma que simboliza la vocación española de navegar por ultramar, al tiempo que posibilita, al público que lo use, disfrutar del entorno, bailar, contemplar espectáculos nocturnos sobre el lago o servir de escenario flotante, constituyendo así el verdadero espacio de la fiesta, que puede contemplarse y disfrutarse desde el pabellón o desde el paseo de borde.

25_AUDITORIO - CENTRO CULTURAL Y VIVIENDAS. VILALBA, LUGO. La solución adoptada conoce la importancia de las funciones culturales, didácticas, lúdicas y residenciales que contempla, así como el protagonismo arquitectónico-urbanístico que representa la actuación para el conjunto urbano en el que se inscribe. Asume la bondad de integrar en el proyecto las preexistencias del lugar cuando se trata, como es el caso, de una muralla romana, una torre medieval y la iglesia parroquial, valores todos ellos notables, no sólo de carácter histórico sino también arquitectónico y social. Saca provecho de la escarpada topografía del terreno, asentando sobre ella los nuevos edificios y los nuevos espacios públicos, asignando a cada uno de ellos el lugar idóneo y la cota más favorable, aprovechando su privilegiada situación de borde y convirtiendo cada uno de los espacios proyectados, y también el conjunto resultante, en auténticos balcones-miradores, desde los que poder contemplar y disfrutar la belleza paisajística del rico entorno construido y del extenso y llano territorio de la Terra Chá. Por último, trata de conseguir su integración en el tejido urbano existente configurando con nitidez su límite norte, e intenta transmitir la inequívoca sensación de que es allí donde acaba la villa y comienza el campo.

26_AUDITORIO, CENTRO CULTURAL Y CONSERVATORIO. VILAGARCÍA DE AROUSA, PONTEVEDRA. El edificio auditorio es un potente prisma que alberga las siguientes funciones: -En la planta semisótano se encuentran los locales complementarios del escenario: camerinos individuales y colectivos, almacén general del edificio y las salas de instalaciones. Todo ello con acceso independiente desde el exterior, además de las necesarias interrelaciones interiores. -En la planta baja está el acceso principal del edificio, las taquillas, el punto de información, el guardarropía, los aseos generales y una cafetería, elementos articulados por medio de un gran vestíbulo, un espacio

alargado de triple altura y de planta rectangular que se extiende a lo largo de toda la fachada del edificio dotado de una fuerte volumetría y expresividad, que sirve además como apoyo y prolongación de la sala de exposiciones y se abre a la nueva plaza a través de grandes paños acristalados. Desde aquí se accede a las filas inferiores de la sala de auditorio y parte la escalera principal, que comunica con las otras entradas de la sala, las dependencias de la administración y las salas de prensa. Otro vestíbulo, perpendicular al primero, da acceso a la sala de exposiciones, a la sala de conferencias, a los aseos generales y a la cafetería. -En la planta primera, se encuentra la administración del edificio, tres aulas-seminario y otros aseos generales. Otro gran vestíbulo, relacionado espacial y visualmente con el de la planta baja, articula las aulas-Seminario. -En la planta segunda, se ubican tres salas de ensayo con sus respectivos aseos y vestuarios. Se ha optado por un lenguaje formal claro y austero, que prescinde de anécdotas, para dar una escueta respuesta a las necesidades planteadas por un tipo de edificio de estas características. En coherencia con el lenguaje formal, el constructivo ha optado por dar respuesta a los requerimientos planteados con una también austera y reducida gama de materiales, con los que se ha pretendido conseguir una fuerte expresividad.

27_ CENTRO DE ESTUDIOS AVANZADOS. SANTIAGO DE COMPOSTELA, A CORUÑA.
El Centro de Estudios Avanzados, situado en el Parque de Vista Alegre, al noroeste del centro histórico, es un edificio emblemático de la Universidad de Santiago de Compostela. Pretende ser un edificio de su tiempo, fiel expresión de esos estudios avanzados que en él tendrán su sede, concebido para generar entre sus muros una atmósfera que propicie el estudio, la creatividad, el intercambio y la estimulación para el desarrollo de ideas vanguardistas, capaces de fecundar todos los campos del saber en una universidad que opta por ser un semillero de inquietudes, además de un depósito de conocimientos. Se trata de una edificación eminentemente racional en su concepción constructiva, que emplea la piedra, el acero y el vidrio como materiales básicos. Una construcción de formas puras, escuetas, una caja de piedra de planta cuadrada formada en su interior por dos cajas prismáticas de igual volumen, separadas entre sí por una grieta de luz por la que asciende una larga y etérea escalera que comunica todas las plantas. El cerramiento de piedra de estas cajas, allí donde la funcionalidad lo requiere, se transforma en vidrio para permitir que la luz penetre en el interior y la visibilidad desde el exterior. A través de estos huecos practicados en las fachadas y la cubierta, la luz y el sol penetran en los recintos interiores y se mueven libremente por ellos, creando una atmósfera de ingravidez misteriosa, auspiciada por infinitos juegos de transparencias que enriquecen los espacios y estimulan y alegran las vidas de quienes los usan y los disfrutan.

28_ CENTRO CULTURAL. ALCALÁ DE GUADAÍRA, SEVILLA.
El nuevo Centro Cultural de Alcalá de Guadaíra será un equipamiento ambicioso y singular, pensado no sólo para la ciudad sino para la comarca. A ello contribuye, además de su capacidad para acoger un amplio programa de actos –conciertos musicales, representaciones operísticas y teatrales, celebración de seminarios y clases de música, taller de pintura, archivo, biblioteca, hemeroteca, etc.–, su singular emplazamiento en las faldas norte y sur del cerro de la fortaleza-castillo que domina las riberas del Guadaíra. Como principio compositivo del proyecto se ha querido integrar los nuevos volúmenes con la espléndida arquitectura existente en este privilegiado paisaje. Así se ha optado por estructurar el centro cultural en dos áreas bien diferenciadas. En la zona norte, caracterizada por el perfil del castillo y de las murallas de la ciudad vieja, se han situado la sala del auditorio y sus anexos, dispuestos cerca del caserío para dejar inalterada la punta de la vertiente sobre la que se asienta la alcazaba. La biblioteca central se sitúa en la vertiente sur, al pie del arrabal, el denominado barrio del Águila. Los volúmenes necesariamente más potentes del auditorio quedan encajados con los lienzos de muralla, farallones y torres defensivas, quedando así vinculados visualmente al perfil del castillo, mientras que los de la biblioteca, con sus torres-depósitos, patios y lucernarios, componen una arquitectura de perfiles más fragmentados en concordancia con la composición de volúmenes cúbicos de las casitas del arrabal. Ambos conjuntos se relacionan con el casco urbano mediante áreas acotadas y ordenadas como jardines y, entre sí, por el paseo ribereño que se propone paralelo al meandro del río y por el enlace directo que ofrece la recuperación del paso en túnel del antiguo ferrocarril Sevilla-Alcalá de Guadaíra, denominado popularmente «tren de los panaderos».

29_ CASA DE LAS PALABRAS VERBUM. VIGO, PONTEVEDRA.
«Fue el lenguaje el que creó al hombre, y no el hombre al lenguaje.» Edgar Morin. Palabras más sintaxis igual a lenguaje. He aquí su analogía con la arquitectura, con el lenguaje formal y la sintaxis constructiva que lo va engarzando todo, al tiempo que crea espacios, espacios diversos según quien maneje la luz, quien haga hablar a esos materiales. La Casa de las Palabras ha de ser el templo del lenguaje. Su arquitectura no puede ser una arquitectura cualquiera y menos una arquitectura banal, de esas que hablan por hablar, que promete mucho pero que a la postre no dice nada, o al menos nada interesante. La arquitectura de la Casa de las Palabras pretende ser una arquitectura expresiva, reflejo fiel del esfuerzo por crear un espacio confortable y bello. Una arquitectura expresiva y analógica que semeja el esfuerzo del hombre por encontrar la palabra precisa para expresarse mejor en cada ocasión, en cada situación, en cada caso. No hemos querido, en esta obra, en este Templo del lenguaje, renunciar al espectáculo, pero hemos tratado de conseguirlo a base de calidad espacial, formal y constructiva, dando respuesta a cuestiones fundamentales con soluciones arquitectónicas y esenciales. Y, ¿cuál es la esencia de la arquitectura? Lo decía Celibidache a propósito de la música: «los que creen que la música es belleza solamente no saben aún lo que es la música. Claro que la buena música debe ser bella, pero, sobre todo, debe ser verdad». Lo mismo vale para la arquitectura. Por eso, en la Casa de las Palabras hemos pretendido buscar la verdad y conceder al espacio y a la palabra todo el protagonismo que se merecen. También a la luz, que es en definitiva quien configura, ilumina y permite contemplar el espacio.

30_ CENTRO TECNOLÓGICO DE AUTOMOCIÓN DE GALICIA (CTAG). O PORRIÑO, PONTEVEDRA.
La industria del automóvil busca la perfección y puede marcar ritmos y cuantías casi exactos, tanto en el proceso de producción como en el resultado final. En la de la construcción, los plazos y los resultados son, con frecuencia, imprevisibles o difícilmente previsibles. Por eso, cuando acepté hacerme cargo de esta obra, sabía de antemano los riesgos que entrañaba tener que someter el resultado de la misma a unos promotores formados y mentalizados en el campo de la industria automovilística y, por tanto, acostumbrados a la racionalidad, a la precisión, a perseguir y rozar la perfección. Pero también sabía que la que se me ofrecía era una oportunidad para intentar construir unos espacios de trabajo capaces de acoger una serie de pruebas y experimentos mecánicos, y otros para uso administrativo y docente, que tuvieran el grado de utilidad requerido y un alto rigor conceptual. Cuando acepté el encargo me propuse que la imagen edificatoria resultante fuera la fiel expresión de sus contenidos y por ello se nos apareciera como un producto tecnológico vanguardista, de formas puras, escuetas y elegantes que, emulando los productos de la industria automovilística, alcanzara un alto nivel de calidad y de seguridad sin renunciar por ello al confort y a la belleza.

31_ ESTACIÓN TÉRMINO FFCC. CÁDIZ.
El contrapunto que se establece entre la ciudad-fortaleza abaluartada de maciza fábrica pétrea y la estructura metálica, ligera, acristalada y transparente de la nueva estación, con el parque de por medio, constituye la esencia tipológica, formal y constructiva de la presente solución, que así expresa la diferencia funcional y la distancia que en el tiempo separa ambos proyectos, y que ya se apuntaba entre el volumen de la antigua estación y la muralla. Este proyecto pretende ser un proyecto de vanguardia, tanto por su lenguaje constructivo como por su lenguaje formal y espacial, pero, a la vez, pretende ser muy respetuoso con la ciudad de Cádiz y su historia y, también y sobre todo, con los futuros usuarios, por su funcionalidad, su confort, su riqueza espacial y su fácil conservación y mantenimiento. Un factor determinante de este espacio, además del volumen y las proporciones, es la luz que penetra a través del sistema de lucernarios, dispuestos en la cubierta, y de los grandes ventanales laterales que se abren al parque próximo, a través de los cuales se ven elementos tan determinantes de la ciudad histórica como son los baluartes y la muralla.

32_ ESTACIÓN CENTRAL. VALENCIA.
La nueva Estación Central de Viajeros de Valencia se integra con la actual Estación del Norte, de Demetrio Ribes, configurando un inmejorable punto de intercambio modal por su gran centralidad respecto al conjunto de la ciudad y su amplia oferta de servicios de transporte público. En ella confluirán trenes de alta velocidad, larga y media distancia, cercanías, tres estaciones de metro, autobuses urbanos, de cercanías y larga distancia, taxis y un amplio aparcamiento para vehículos privados. El lenguaje formal se basa en geometrías maestras y esenciales, pero también sutiles, que darán lugar a espacios concatenados, secuenciales, ligados por un preciso código de opciones y de sorpresas; espacios de escueta y radical volumetría, dotados de fuerte expresividad, que facilitan la clara identificación

de cada uno de los usos contenidos, que buscan siempre el contacto directo y natural entre la institución y la función que albergan y el usuario que la disfruta. Lugares serenos en los que la luz aporta el componente simbólico, esa luz de Levante que tan bien reflejaron Sorolla en sus cuadros y Blasco Ibáñez en sus escritos. Arquitectura potente, alejada de modas pasajeras, pensada para la permanencia, para un uso racional del espacio y para reflejar noblemente el paso del tiempo. Arquitectura que no renuncia al espectáculo, que lo busca, pero no un espectáculo fácil, gratuito, sino aquel que ofrece la proporción de los espacios, el acierto combinatorio y el entendimiento mutuo entre lenguaje formal y lenguaje constructivo, y de ambos con la función que satisfacen.

33_ESTACIÓN INTERMODAL. EL PRAT DE LLOBREGAT, BARCELONA. La estación es una puerta de llegada y salida de la ciudad, y como tal pertenece por derecho propio al listado de elementos urbanos monumentales. Su acogedora geometría elíptica flanqueada por las espirales de sus rampas, a modo de remolino espacial, constituirá un lugar común y de encuentro para los miles de pasajeros que la utilicen cada día. El espacio, la luz y la claridad de su funcionalidad recibirán y despedirán a los viajeros, proporcionando seguridad y confort a sus cuerpos y libertad a sus espíritus. La inserción en el contexto se efectuará con suma naturalidad hasta el punto de que nos parezca lógico y normal encontrarnos este gran volumen que, expresando claramente su función de estación intermodal, parezca a la vez el pabellón del parque, en el que los vecinos de El Prat y los forasteros se encuentren a gusto. El lenguaje formal se basa en geometrías maestras y esenciales, pero también sutiles, que darán lugar a espacios concatenados, secuenciales, ligados por un preciso código de opciones y de sorpresas; espacios de escueta y radical volumetría dotados de fuerte expresividad que facilitan una clara identificación de cada uno de los usos contenidos, que buscan siempre el contacto directo y natural entre la institución, la función que albergan y el hombre que la disfruta.

34_ESTACIÓN INTERMODAL. A CORUÑA. Las estaciones, los aeropuertos y los puertos son las nuevas puertas de la ciudad contemporánea. Las estaciones intermodales son imprescindibles como alternativa al transporte privado, y si estas son necesarias en cualquier lugar, aún lo son más en Galicia, dado el tradicional grado de dispersión de la población en el territorio. La nueva estación intermodal de A Coruña debe ser un icono de la modernidad que genere y aproveche las sinergias derivadas del aumento de la centralidad y de la accesibilidad, así como su nuevo papel de nodo intermodal, para convertirse en polo de actividad urbana. La presente propuesta ha buscado —y creemos que logrado— lo siguiente: a) Configurar una auténtica estación intermodal, donde confluyen con facilidad todos los servicios de trasporte público terrestre (ferrocarril, autobuses urbanos e interurbanos, metro, taxis). b) Lograr la integración urbana de la estación intermodal en su conjunto. c) Aprovechar la importancia de la actuación para «hacer ciudad». d) Armonizar la nueva estación con la antigua marquesina de San Cristóbal, ubicando entre ambas un vestíbulo y dando homogeneidad al conjunto resultante. e) Ubicar y distribuir las nuevas funciones y sus contenedores arquitectónicos hasta conseguir lograr un conjunto espectacular, gracias al juego espacial de sus volúmenes, al acierto de sus formas. f) Integrar el lenguaje formal y el lenguaje constructivo mediante la elección de técnicas constructivas y materiales adecuados.

35_EDIFICIO DE 98 VIVIENDAS. BILBAO, VIZCAYA. El hombre es un ser solitario y sociable al tiempo, que necesita intimidad y recogimiento, encontrarse y estar consigo mismo, para también relacionarse con los demás. El proyecto que nos ocupa —un bloque de viviendas con bajos comerciales en una zona privilegiada del Ensanche de Bilbao, próxima a la ría y al Parque Iturriza, entre el Museo Guggenheim y el Palacio de la Música— dispone, dentro del propio edificio y entre la vivienda privada y la calle pública, de una serie de elementos y espacios comunes de diferente tamaño y funcionalidad y de carácter semiprivado o semipúblico, como son soportales, jardines, atrios o terrazas, que se engarzan y articulan a través de los diferentes medios de comunicación (escaleras, ascensores, pasarelas...). Esto enriquece la espacialidad habitual que se circunscribe a la privacidad de la vivienda o la sociabilidad de la calle, creando lugares de reunión y de disfrute y fomentando el uso y la responsabilidad colectiva de los usuarios de las viviendas, favoreciendo la relación social y ampliando con ello el límite y el confort de cada vivienda. El edificio está compuesto por dos volúmenes que alojan las viviendas, separados por un espacio central donde el protagonista es el propio espacio que acoge un jardín que asciende en vertical los treinta metros de altura del patio interior, por el que se desplazan los ascensores panorámicos y cruzan pasarelas que matizan alturas y crean sucesivos gradientes de intimidad y de espectacularidad antes de acceder a las viviendas.

36_EDIFICIO DE 70 VIVIENDAS DE PROTECCCIÓN AUTONÓMICA EN BELVÍS. SANTIAGO DE COMPOSTELA, A CORUÑA. «*Vosotros mismos sois la ciudad. Allá donde decidáis asentaros nacerá la ciudad; son los hombres, no los muros, los que forman la ciudad.*» Nicias a los atenienses en las playas de Siracusa. Podríamos afirmar con Nicias que la ciudad son sus ciudadanos, pero los ciudadanos son personas, y algo que distingue al hombre de otras especies animales, tan capaces o más que la nuestra para construirse su cobijo, es la capacidad de habitar que poseemos y de disfrutar el espacio habitado como horizonte, tanto o más que como refugio. Otra de las características intrínsecas del ser humano es su diversidad y su complejidad. Por ello es necesario tener presente el factor escala, y pensar que una ciudad es tanto más habitable cuando ofrezca una gama más variada de espacios diferentes —por su localización, configuración y escala— para satisfacer la diferente demanda de sus ciudadanos, según la hora del día, el momento del año, las necesidades y el estado de ánimo de cada uno. Por eso, a los ciudadanos que estrenan estas casas sociales de Belvís en régimen de alquiler me atrevo a pedirles que cuiden y disfruten sus alcobas, sus salas, sus servicios. Pero también sus escaleras, sus portales y soportales, el parque, los jardines, las flores y los árboles que en ellos crecen, sus bancos, sus pérgolas. En definitiva, que cuiden y disfruten su ciudad, porque es suya y de sus conciudadanos, y también de sus hijos y de los hijos de sus hijos. Que la consideren un bien público, un patrimonio social, y con ello contribuyan a hacer realidad aquella clarividente idea de ciudad —«son los hombres, no los muros, los que forman la ciudad»— que apuntaba Nicias y con la que arengaba a los soldados atenienses en la playas de Siracusa hace ya unos cuantos siglos.

37_EDIFICIO DE 67 VIVIENDAS Y SEDE DE LA SEGURIDAD SOCIAL. SANTIAGO DE COMPOSTELA, A CORUÑA. En este proyecto había que integrar en un único edificio dos programas con diferente tamaño y significado, como son sesenta y siete viviendas de 2, 3 y 4 dormitorios y el centro comarcal en Santiago de la Tesorería de la Seguridad Social, pero por encima de todo ello había que construir un trozo de ciudad al pie del casco histórico. De ahí la forma en U del edificio que configura y envuelve una nueva plaza y abriga y orienta todo el conjunto a Mediodía. La tipología del edificio y de las viviendas permiten que estas sean pasantes, de fachada a fachada, y así dispongan de doble orientación, soleamiento y luz de mañana y tarde; también enmarcan el edificio de uso público, de la Seguridad Social, entre las dos alas que acogen las viviendas, significándolo y dignificándolo, y con él todo el conjunto edificatorio. El diferente tamaño de las galerías permite apreciar y diferenciar la escala doméstica de las viviendas y la monumental del edificio social sin que entre unas y otras, ni entre los diferentes usos de los edificios, exista la menor disfunción sino, por el contrario, complementariedad y armonía, al igual que ocurre en el resto de la ciudad histórica de Santiago, entre el caserío, los monumentos y los espacios públicos.

38_AUDITORIO Y PALACIO DE CONGRESOS. A CORUÑA. En este proyecto se buscaba la versatilidad, la flexibilidad de funcionamiento, la simultaneidad, la complementariedad y la polivalencia de usos: congresos, actividades culturales y de ocio, comerciales (cines, cafeterías, restaurantes) y aparcamiento de vehículos. Destaca la facilidad de gestión diferenciada e individualizada de lo público y lo privado, favoreciendo fórmulas autónomas de gestión gracias a la doble edificación propuesta, a la estratificación horizontal de los usos y a la independencia de los accesos. Fantasía, imaginación, claridad, rigor y racionalidad de funcionamiento se hermanan en esta propuesta y permiten una nítida identificación de cada uno de los usos y sus espacios sirvientes y servidos, dentro de una gran unidad y compacidad de planteamiento, que favorece el mutuo trasvase de sinergias entre lo público y lo privado, el interior y el exterior, la ciudad y el puerto, teniendo como telón de fondo el emblemático conjunto de fachadas con galerías del Paseo de la Marina y el constante trasiego de barcos en el puerto, ya sean pequeños barcos de pesca o de recreo o gigantescos transatlánticos.

39_AUDITORIO Y PALACIO DE CONGRESOS. VIGO, PONTEVEDRA. Nos preguntamos qué arquitectura hacer en este lugar. Sin duda, una arquitectura emblemática, monumental, fiel expresión de sus contenidos, capaz de enfatizar el borde urbano y el borde litoral con su presencia. ¿Cómo formalizar esta arquitectura? Veíamos dos alternativas claras: una volcada hacia el exterior, abierta, transparente, con fachadas vidriadas; la otra, volcada hacia adentro, cerrada al exterior, con fachadas opacas. Cada una tenía sus ventajas, pero ninguna nos satisfacía plenamente; la primera por su falta de intimidad, por su carácter exhibicionista, y la segunda por su opacidad, su autismo respecto al exterior. La solución que hemos adoptado pretende ser una síntesis de ambas, tomando lo mejor de cada una de ellas mediante el empleo de una doble fachada: una de vidrio al interior y otra de chapa metálica que envuelve el edificio y muestra veladamente, a su través, las múltiples actividades que tras ella se realizan y que desaparece de pronto, dejando solo la de vidrio y permitiendo la aparición de un doble óculo que muestra a la ciudad y a la ría un gran espacio central que atraviesa el edificio de lado a lado, en el que convergen todas las circulaciones, tensiones y sinergias, constituyendo el gran *foyer* del edificio. Como si de una escena urbana se tratara, este espacio muestra al exterior toda la vitalidad que contiene el edificio, tanto de día como de noche, y a través de esos óculos o grandes vidrieras que lo delimitan sale al exterior toda la energía concentrada en el interior que el resto de la fachada metálica nos vela misteriosamente. Desde dentro, estos óculos constituyen excepcionales ventanas abiertas a la ciudad y a la ría, con ayuda del gran lucernario central, captan toda la energía cósmica y marina que el entorno ofrece.

40_ESCUELA DE INGENIERÍA DE MINAS Y TELECOMUNICACIONES. VIGO, PONTEVEDRA. El proyecto se ubica en una ladera del monte entre dos edificios existentes –la Escuela de Ingeniería de Telecomunicaciones, en el punto más alto, y la Escuela de Ingeniería Industrial, cuya cota se encuentra dieciséis metros más abajo– y consiste en la ampliación de la primera escuela y la nueva construcción de la Escuela Superior de Ingeniería de Minas para la Universidad de Vigo. Además, se pedía la configuración de un politécnico al que había que dotar de comedor y biblioteca. Para ello, el programa solicitaba el enlace de todos los edificios mencionados, para así poder transitar de un edificio a otro sin tener que salir al exterior, sometido con frecuencia a duras condiciones climatológicas. La síntesis formal llevada a cabo en el edificio deviene de un trabajo de condensación programática en el que las necesidades de cada centro se estructuran en cuatro usos fundamentales: aulas, laboratorios, despachos y servicios comunes. De esta manera ha sido posible materializar cada uno de ellos en una pieza lineal prismática, de claro orden geométrico, creando dos fajos de tres piezas (despachos, laboratorios y aulas) que convergen en un vestíbulo. De este modo se agrupan funcionalmente en haces que unen otras piezas, a modo de rótulas, con carácter vestibular. Su morfología lineal junto a las rotaciones que les permiten las mencionadas charnelas le confieren la flexibilidad suficiente para adaptarse al relieve del suelo y transformar el conjunto edificatorio en itinerario.

41_CENTRO SOCIOCULTURAL DE CAIXANOVA. PONTEVEDRA. Se suele decir que en la vida todo es verdad o mentira, depende del color del cristal con que se mira, expresando así los múltiples, casi infinitos, puntos de vista desde los que cabe contemplar cualquier cosa o cualquier hecho. El barroco es sin duda el estilo artístico que mejor expresa esta complejidad. Y si esta complejidad es una característica universal, en Galicia alcanza cotas muy altas, dada la variedad y sutileza del paisaje, de la topografía, del clima y del carácter de sus gentes, que hacen de Galicia un país paradigma del barroco. ¿Y qué es el barroco? El barroco es complejidad pero también sutileza, concierto por la vía del sentimiento y la sensualidad; es elegante, sabe contenerse en la expresión y depurarse en lo excesivo. Nunca desemboca en el rococó y mantiene estrechos vínculos con el clasicismo, despojándose de lo superfluo, intuyendo el más allá y creando misterio. Por eso yo quería que el espacio más emblemático y singular del edificio, el *foyer*, fuera un espacio de hoy, contemporáneo y vanguardista y, a la vez, fiel expresión de un país y un carácter, capaz de alcanzar esa complejidad que sólo el barroco es capaz de alcanzar y transmitir. Esto explicaría el porqué de la existencia y la disposición de esas pasarelas, y de una serie de esculturas que se colocan a nivel de cada planta, envolviendo y enriqueciendo el gran vacío central, desde las que cualquier observador, según el nivel y la posición en que se encuentre, ve el mundo de manera diferente, bajo la mirada de ese óculo cenital, vínculo permanente con el cosmos.

42_CARBALLEIRA. LALÍN, PONTEVEDRA. El proyecto de acondicionamiento de dos *carballeiras*, situadas en una margen del río Pontiñas, en las afueras de la villa de Lalín, ha ofrecido una ocasión espacialmente propicia para iniciar un proceso que apunta a la construcción de un lugar público en plena naturaleza. La propuesta respeta escrupulosamente el bosque de *carballos* existente e introduce dos tipos de artificios, arquitectónicos y escultóricos, y se enriquece con ellos. Los primeros acogen actividades concretas, crean espacios confortables para los cuerpos y para los espíritus; son auténticos refugios en el bosque, en el sentido más literal de la palabra. Los segundos contienen y emiten mensajes, son hitos y símbolos que nos elevan a estadios sublimes del pensamiento y del sentimiento. Así la naturaleza –la tierra, la piedra, la vegetación y el agua– se complementa con estos artefactos escultóricos y arquitectónicos, se funde armoniosamente con ellos y con los visitantes, formando entre todos un ente de orden superior, el bosque animado, que simboliza la tradición más honda del ser gallego, esa íntima, necesaria, inevitable y permanente comunicación del hombre con la tierra.

43_ACTUACIONES EN EL PARQUE NATURAL DE LOS TORUÑOS. BAHÍA DE CÁDIZ. En el respeto que la naturaleza requiere para ser preservada, y también en el respeto que los hombres se merecen para poder disfrutar de esa naturaleza, es donde reside la razón última de esta actuación. De ahí los puentes que cruzan volados los caños, sin afectar a los cauces de agua ni a la navegación, y de ahí las sendas elevadas que recorren las marismas, cual alfombras voladoras, que nos posibilitan el percibir esa sensación de caminar sobre la vegetación que la puebla, pero sin hollarla ni dañarla. O los pabellones, torretas y miradores, ubicados en puntos estratégicos y que descansan también sobre inofensivas patitas de madera que permiten su elevación sobre el terreno. Entre unos y otros nos facilitan el movernos y disfrutar de paseos, de estancias y de visiones asombrosas que descubren la enorme complejidad que contiene la marisma bajo esa aparente simplicidad. Todos esos elementos parecen emerger de la tierra misma, de entre la rica flora de la marisma, como si unas semillas de esta flora hubieran germinado de forma singular y se hubieran convertido en fósiles, dotados de una fuerte geometría, que, en ocasiones, semejan hitos hincados en la tierra que jalonan el territorio; en otras, templos clásicos que toman posesión del paisaje entero y miran a lo lejos lo que sólo ellos pueden ver; y en otras, balsas a la deriva que navegan sobre las altas mareas de la bahía, o simplemente varadas sobre la playa, con la bajamar, entre conchas, corales, caracolas... De esta manera, entre paisaje y arquitectura, entre naturaleza y artificio, no existe competencia sino complementariedad. Tampoco un límite definido, una barrera, como no existe entre la tierra y el agua de la marisma.

44_RESIDENCIA GERIÁTRICA. VIGO, PONTEVEDRA. Los seres humanos, a lo largo de nuestra vida, habitamos tres casas: la primera es nuestro cuerpo, la segunda es nuestra casa familiar, el hogar, y la tercera es nuestro barrio, nuestra aldea, nuestra ciudad, la casa social, el lugar de encuentro e intercambio con los otros. Una cuarta casa podría considerarse el mundo. Cuando a partir de una determinada edad y situación, el cuerpo, nuestra primera casa, empieza a debilitarse, a resentirse, a agrietarse y a tener goteras -que podríamos decir como referente constructivo-, y la cuarta casa y también la tercera se hacen inaccesibles por incapacidad física, la segunda casa, el hogar familiar, lo es casi todo a la vez: la casa, el barrio, la ciudad, el mundo. Y cuando a la discapacidad física se añade la soledad y uno ya no puede habitar siquiera su propia casa es cuando cobra sentido la residencia geriátrica, como la que nos ocupa, donde una serie de personas en situación de discapacidad, de soledad, o de ambas cosas a la vez, son atendidas por personal especializado en un espacio adecuado para ello. Por tanto, una Residencia Geriátrica es –o debería de ser– un lugar capaz de suplir al tiempo todos los espacios y todas las atenciones que la vida de cualquier persona requiere. Por ello, cuando abordamos este proyecto, tuvimos muy en cuenta que las habitaciones deberían hacer las veces del hogar, los espacios comunes las del barrio, y desde todos ellos no perder de vista la ciudad, en este caso la ciudad de Vigo. Además, consideramos necesario disponer de un patio-jardín donde cada residente pudiera encontrar «su sitio» y disfrutarlo plenamente.

45_ACTUACIONES EN EL PAZO BAIÓN. VILANOVA DE AROUSA, PONTEVEDRA. El Pazo de Baión y sus tierras son una muestra constante de mestizaje, de diversidad y de complejidad, de complementariedad entre geografía e historia, naturaleza y artificio, pasado y presente, lo culto y lo popular, lo rural y lo urbano, la razón y la belleza, lo productivo y lo lúdico, la piedra y la vegetación, la tierra y el agua. En el apretado mundo de este pazo todo es esencial y rezuma naturalidad. Incluso aquellos aspectos más artificiales son rápidamente asimilados e integrados por el conjunto, hasta tal punto que todo en él, incluso las potentes edificaciones o los muros de piedra que contiene, parecen estar arraigados en la tierra y brotar de ella con la naturalidad con que lo hacen las flores silvestres. A lo largo de este trabajo, que ha durado casi tres años, he implorado constantemente ayuda a la inspiración, preguntándome una y otra vez qué podía hacer yo para llevar a buen puerto este proyecto, y una y otra vez llegaba inevitablemente a la misma conclusión: mi papel aquí debía ser más el de un artesano que recupere, que reponga, que componga, que ponga orden, que restaure y dé sentido a lo existente, que el de un artista que iniciara, partiendo de cero, un nuevo proceso, dejando atrás olvidada la riqueza acumulada con el tiempo. Una y otra vez intuía que mi actitud debía ser algo semejante a la de un artesano que hace su trabajo de recuperación y restauración pero no renuncia a introducir nuevos conceptos o métodos más avanzados que faciliten y mejoren la producción, elaboración y conservación del vino; que no renuncia al misterio de la invención, de la innovación; que, sin olvidar y respetando lo bueno del pasado, no renuncia a la actualidad, al futuro y a la utopía.

46_TORRE DE CONTROL AEROPUERTUARIA. SHARM EL-SHEIKH, EGIPTO. Toda torre, también esta, tiene dos condicionantes: uno, la altura, en este caso, 85 metros sobre el nivel del terreno hasta la altura de la vista de los controladores; y el otro, el conjunto de necesidades funcionales y las relaciones que entre ellas deben establecerse, así como los servicios complementarios y las instalaciones para posibilitar su operatividad y mantenimiento. De la óptima organización de todo ello sale una sección, y queríamos que fuera el fiel reflejo de la estrecha relación entre la forma y la función. O, dicho de otro modo, que la imagen de la torre fuera coherente con la función que desempeña. También queríamos que por su tamaño, su función y su significado, la torre fuera un monumento, un icono del Egipto del siglo XXI, que luciera su presencia en este paradigmático y maravilloso lugar: el desierto del Sinaí, entre el mar Rojo y las montañas del Sinaí. Y que, al acercarnos por barco, camino de ida o de vuelta del Canal de Suez, o al aproximarnos o despedirnos del aeropuerto de Sharm El-Sheikh, nos ofreciera esa imagen fuerte y potente, elegante, serena y estabilizadora, que simbolizaba en otras épocas la columna *djed*, representación de la columna vertebral de los faraones.

47_NUEVA TERMINAL AEROPUERTUARIA. VIGO, PONTEVEDRA. Todo viaje es un paréntesis de excepción en la vida cotidiana de la mayoría de las personas. Cuando este viaje se realiza en avión, aún rompe más con la rutina de los desplazamientos, que habitualmente suelen efectuarse a pie o en coche. Un aeropuerto es la antesala de todo viaje aéreo. Su estructura, su configuración y su espacio deben dar cumplida respuesta a la gran complejidad de funciones y de situaciones que acoge, y también ser fiel expresión de sus contenidos y su singularidad. Por ello debería ser un espacio emblemático, luminoso, claro, alegre, confortable, que colabore a crear un clima optimista, evitando al máximo la incertidumbre y el estrés que cualquier viaje de carácter excepcional suele producir y aportando serenidad, sosiego y confianza, permitiendo así a sus usuarios —viajeros, acompañantes, tripulaciones aéreas y trabajadores de tierra— una estancia, una partida o una llegada fácil y feliz. Hemos tratado de respetar y aprovechar las virtudes y los valores de todo tipo que el actual Aeropuerto de Peinador ofrece, tales como su escala humana, sus proporciones espaciales o su acertada relación tierra-aire —todos ellos, causa de la familiaridad con que los usuarios se mueven por esta terminal—, añadiendo luz, color, confort, claridad, racionalidad y belleza con la nueva actuación.

48_CAFETERÍA DEL PARQUE ROSALÍA DE CASTRO. LUGO. Tras descartar la idea de restaurar y ampliar la cafetería existente, pues invadía la entrada principal del Parque Rosalía de Castro, borrando así su trazado original, se optó por construir un nuevo edificio. Tres eran las premisas de partida: a) ubicarla convenientemente; b) mantener las cualidades positivas del actual edificio, como puede ser su transparencia; y c) conseguir integrarla en el parque con la mayor naturalidad y sutileza posible. La solución adoptada consiste en una pieza alargada que se alinea con el cerramiento del parque, sustituyendo parte de este en ese tramo. Bajo la cubierta dos piezas prismáticas se maclan, generando con este movimiento sendos espacios para permitir dos accesos: uno desde la calle y el otro desde el parque. Una de las piezas, la que se enfrenta a la ciudad, será la que albergue los servicios; la otra pieza, volcada al parque, será la que acoja la zona de estancia. La más urbana se envuelve en una celosía que permite la entrada de luz pero matiza la visión de la calle. La otra pieza, perteneciente al parque, es totalmente transparente.

49_ACTUACIONES EN EL ESPACIO URBANO. AS BURGAS, OURENSE. El espacio público en el que se actúa es el definido por el complejo geotermal de As Burgas, que dispone de tres manantiales de interés histórico, científico y natural arraigados a la tradición, la Burga de Arriba, la Burga del Medio y la Burga de Abajo, rodeadas de sus correspondientes plazas, huertas y jardines. A lo largo de la historia estas fuentes han mantenido su enraizado carácter curativo y milagroso. Aun hoy los peregrinos, visitantes, turistas y vecinos practican un complejo ritual pagano de limpieza corporal. Con el paso del tiempo, el espacio de As Burgas ha sufrido diversas remodelaciones que han ido marcando y dejando su huella. Un minucioso estudio arqueológico nos revela aquellas que son evidentes y, debajo de ellas, otro mundo más sutil o más oculto, que perdura como una amplia colección de sustratos arqueológicos que pueden ser visitados y contemplados, constituyendo un museo arqueológico al aire libre en este paradigmático lugar donde tuvo su origen la ciudad de Ourense. La presente actuación propicia la mejora del conjunto y de su entorno, introduciendo nuevos usos compatibles con los vestigios, saca a la luz la excavación arqueológica, dota al complejo de As Burgas de nueva vida y lo convierte en el centro neurálgico del turismo de la ciudad. La intervención también contempla la construcción de una piscina termal al aire libre, la renovación de todos los elementos del espacio urbano —pavimentos, mobiliario urbano, iluminación, ordenación del arbolado o vegetación existentes y la introducción de nuevas especies—, así como mejoras del saneamiento, creando así un lugar idóneo para el encuentro, la conversación relajada, el recreo y las relaciones sociales, todo ello teniendo como epicentro el agua de As Burgas.

50_MUSEO HISTORIA NATURAL DE GALICIA. SANTIAGO DE COMPOSTELA, A CORUÑA. «*El lugar es parte de la obra y juega un papel primordial en el proceso.*» Richard Long. Hemos prestado la máxima atención y respeto a las colecciones de Geología, Botánica y Zoología que constituyen los fondos del Museo de Ciencias Naturales de Galicia, dejando abierta la posibilidad de acoger nuevas colecciones o los nuevos usos que un edificio de estas características pueda demandar. Queríamos que la presencia de este edificio fuera semejante a la de un pequeño animal que un día hubiera entrado en esta finca-parque de Vista Alegre, en Santiago de Compostela, hubiera elegido «su sitio» junto al río que la bordea, y allí, aposentado sobre el terreno, hubiera crecido hasta alcanzar su actual tamaño, desarrollando y articulando sus nítidas y peculiares formas. Formas estas materializadas en cubos que se agrupan y se amontonan o se esponjan y se esparcen, según interese. Como un ser vivo que, si algún día despertara y quisiera, podría ponerse en movimiento y abandonar la *campa* devolviéndola a su estado original, tal y como se encontraba antes de su presencia. Pero eso ya no ocurrirá, porque este singular animal configurado a base de pequeños módulos dotados de la más pura geometría, que permiten soluciones constructivas de gran racionalidad y flexibilidad, no es tal animal, sino el edificio que alberga el Museo de Historia Natural de Galicia, algo necesario e imprescindible para la ilustración y el gozo de santiagueses, gallegos y forasteros, que se queda donde está, porque este es su sitio y se encuentra a gusto en él.

51_OBSERVATORIO ASTRONÓMICO. COTOBADE, PONTEVEDRA. El lugar elegido para la ubicación de este observatorio astronómico es el Campo da Poza, en el Monte Coirego de Cotobade, cedido por la Asociación de Montes de Carballedo y que se encuentra en un alto exento de cualquier tipo de construcción y redes de servicio. El terreno está compuesto en su mayor parte por un sustrato de piedra madre. El entorno privilegiado donde se sitúa el observatorio permite el uso del aula no sólo para actividades astronómicas, sino también para otras de caracter ecológico, botánico y geográfico, así como para disfrutar del bello paisaje que le rodea. El programa requerido para llevar a cabo las actividades mencionadas consiste en una sala de reuniones, conferencias y proyecciones, una zona de trabajo donde situar los ordenadores desde los que se controla el telescopio, la cúpula prefabricada que se abre para permitir la visualización celeste desde el telescopio, un aseo y un cuarto de instalaciones que permitan su autonomía energética.

SELECCIÓN DE PROYECTOS

1973	Viviendas para gitanos. Campañó, Pontevedra. España
	Mercado de Bueu. Bueu, Pontevedra. España
	Casa Rectoral. Marín, Pontevedra. España
	Casa Consistorial. Pontecesures, Pontevedra. España
1983	Casa Estévez. Salcedo, Pontevedra. España
1984	Acuarium. Vilagarcía de Arousa, Pontevedra. España
	Rehabilitación del Parque-Jardín El Pasatiempo. Betanzos, A Coruña. España (Obra no realizada)
1984-1985	Casa de la Cultura de Cangas, Pontevedra. España
1986	Ordenación y rehabilitación de la Carballeira de Santa Miña. Brión, A Coruña. España
1987	Rehabilitación del Castillo de Soutomaior y entorno. Soutomaior, Pontevedra. España
1988	Base del Buque Cablero. Muelle de trasatlánticos. Puerto de Vigo, Pontevedra. España
1990	Rehabilitación Edificio para Museo del Juguete. Allariz, Ourense. España
	Diseño de la Exposición El Paisaje Mediterráneo en la Isla de la Cartuja. Sevilla. España (Obra no realizada)
1991	Casa de la Cultura y Biblioteca Municipal. Brión, A Coruña. España
1992	Rehabilitación de Edificio para Museo del Cuero. Allariz, Ourense. España
	Museo Etnográfico del Río Arnoia. Allariz, Ourense. España
	Pabellón de España en la EXPO 92. Sevilla. España (Obra no realizada)
	Parque Reina Sofía. Línea de la Concepción, Cádiz. España (Obra no realizada)
	Puente Azuma sobre el río Uchikawa. Shinminato, Toyama. Japón
1992-2003	Rehabilitación de las edificaciones y entorno de las Islas de San Simón y San Antonio. Redondela, Pontevedra. España
1993	Museo Etnográfico, Biblioteca y Sala de Conciertos. Togamura, Toyama. Japón
1993-1994	Museo Domus. Obra proyectada en colaboración con Arata Isozaki. A Coruña. España
	Rehabilitación de Edificio para Escuela de Bellas Artes de la Universidad de Oriente. Ciudad Bolívar. Venezuela
1993-2002	Museo del Mar de Galicia. Obra proyectada en colaboración con Aldo Rossi. Alcabre, Vigo. España
1994	Rehabilitación de Edificio para Museo de Arquitectura y Planeamiento en la Villa de Los Guaicas, Caracas. Venezuela
1994-1995	Faro de Punta Nariga. Malpica de Bergantiños, A Coruña. España
1995-1996	Edificio Multiusos. Vilalba, Lugo. España
1995	Rehabilitación del antiguo Cuartel de San Fernando para Facultad de Bellas Artes y Escuela de Restauración de Galicia. Pontevedra. España
	Fundación Neira Vilas. Ponte Ledesma, Pontevedra. España
	Estación de Autobuses de Ayamonte. Huelva. España
1996	Ordenación del borde litoral de la Playa de la Herradura. Almuñécar, Granada. España
	Remodelación Integral de la Manzana Nº 14 del Malecón de la Habana. La Habana. Cuba
1996-1998	Estación de Autobuses de Córdoba. Córdoba. España
1997	Rehabilitación de la Pousada A Lombarda. Allariz, Ourense. España
1998-1999	Rehabilitación de la Pousada O Semáforo. Cabo de Fisterra, A Coruña. España
1999	Jardín Botánico Juan Carlos I. Alcalá de Henares, Madrid. España (Obra no realizada)
2000	Casa Europa y Rehabilitación del Parque Universitario en Finca Simeón. Vista Alegre, Santiago de Compostela. España
	Cementerio de Fisterra. Fisterra, A Coruña. España
2001-2002	Ordenación del área de los Toruños-Río San Pedro en el Parque Natural de la Bahía de Cádiz. Puerto de Santa María-Puerto Real, Cádiz. España
2002-2003	Verbum, Casa de las Palabras. Museo Interactivo sobre la Comunicación Humana. Vigo, Pontevedra. España
2003-2004	Edificio Residencial de 67 Viviendas, Locales Comerciales, Trasteros y Garajes en la OE 5, Parcela 2.2., Calle Galeras. Santiago de Compostela. España
	Edificio de Oficina Integral para el Instituto Nacional de la Seguridad Social, en Calle Galeras de Santiago de Compostela. España
2004-2006	Restauración del edificio Cine Fraga para su conversión en Centro Cultural de Caixagalicia en Vigo, Pontevedra. España
2004-2010	Proyecto de Nueva Estación Central. Valencia. España
2006-2007	Edificio para Centro de Asistencia Gerontológica y de Atención a Personas en Situación de Dependencia. Barrocás, Ourense. España
2008-2009	Plan Director del Parque de Rosalía de Castro en Lugo. España
	Observatorio Astronómico de Cotobade. Pontevedra. España
2008-2010	Rehabilitación Integral de la Finca Singular "Pazo Baión". Vilanova de Arousa, Pontevedra. España
	Edificio para Estación Intermodal del Baix Llobregat. El Prat de Llobregat, Barcelona. España
2009-2010	Plan Director del Cabo Fisterra. Fisterra, A Coruña. España
	Edificio para Terminal de Cruceros de Puerto Coruña. A Coruña. España
	Cafetería en el Parque Rosalía de Castro. Lugo. España
2010-2011	Palacio de Congresos Beiramar de Vigo. Vigo, Pontevedra. España
	Complejo Cultural: Auditorio y Biblioteca en Alcalá de Guadaira. Sevilla. España
	Edificio Residencial de 98 Viviendas, Locales y Garajes en el solar 201.C de Abandoibarra. Bilbao. España
	Edificio para Museo de Historia Natural "Luis Iglesias", en Parque Vista Alegre, Santiago de Compostela. España
	Torre de Control del Aeropuerto de Sharm el Sheikh. Egipto

OBRA EN CURSO

Edificio de nueva construcción destinado a Centro de Excelencia de Vehículos Inteligentes (CEVI). Porriño, Pontevedra. España

Ampliación de la Terminal de Viajeros del Aeropuerto de Vigo, con Prointec. Pontevedra. España

Actuaciones en las torres del Oeste. Catoira, Pontevedra. España

Lonxa de pescado de Ribeira, A Coruña. España

PREMIOS Y CONCURSOS

2011	Ganador del Concurso de la Estación Término Intermodal de A Coruña. España.
	Lonja de Ribeira. A Coruña
2010	Ganador del Concurso del Museo de Historia Natural de Galicia. Santiago de Compostela. España
2009	Ganador del Concurso Torre Control Aeropuerto de Sharm el Sheikh. Egipto
2008	Ganador del Concurso Torre Control Aeropuerto de Granada. España
2007	Ganador del Concurso Estación Intermodal del Baix Llobregat (El Prat de Llobregat, Barcelona), formando equipo con los arquitectos
	Antonio Barrionuevo Ferrer y Julia Molino Barrero.
2005	Ganador del Concurso Nueva Estación Central de Valencia: Integración Urbana y con la Estación Existente. Valencia
2003	Seleccionado para el European Union Prize for Contemporary Architecture Mies Van der Rohe Award. Cementerio de Fisterra, A Coruña. Barcelona
2002	Premio Europeo Philippe Rotthier. Cementerio de Fisterra, A Coruña
	Ganador de concurso. Verbum, Casa de las Palabras. Museo Interactivo sobre la Comunicación humana. Vigo, Pontevedra
	Ganador de concurso. Palacio de Congresos y Exposiciones de A Coruña
	Ganador de concurso. Palacio de Congresos y Exposiciones Beiramar. Vigo, Pontevedra
2001	Premio de las Artes y de la Ciencia. Categoría Artes Plásticas y Arquitectura. Editorial El Mundo/Xunta de Galicia. Madrid
2000	Premio de arquitectura y urbanismo. Cambio 16. Madrid
1999	Premio Nacional de Arquitectura Española. Estación de Autobuses de Córdoba. Córdoba
	Premio Ciudad de Pontevedra. Concello de Pontevedra. Pontevedra
	Premio Pontus Veteris. Colegio de Arquitectos de Galicia. Delegación de Pontevedra
1998	Premio de la Asociación de Pizarreros de Galicia. Edificio Multiusos. Vilalba, Lugo. Sobradelo de Valdeorras, Ourense
	Primer Premio Internacional de Arquitectura en Piedra (Verona). Domus. A Coruña
	Ganador de concurso. Centro Temático, Ambiental y Cultural y Aula de la Naturaleza. Punta Teno, Tenerife
	Ganador de concurso. Edificio Itsmo. Centro de Acogida del Parque Natural de Teno. Tenerife
	Ganador de concurso. Parque Universitario y Residencia Europa en Finca Simeón. Vista Alegre, Santiago de Compostela
	Ganador de concurso. Plan director de las Islas de San Simón y San Antonio. Redondela, Pontevedra
1997	Premio Pedrón de Ouro. Patronato Rosalía de Castro. Padrón, A Coruña
	Ganador de concurso. Proyecto de reordenación del área de la Estación Ferroviaria, Dársena del Puerto y
	Baluartes de la Muralla Histórica de Cádiz. Cádiz
1996	Ganador de concurso. Ordenación del área Toruños-Río San Pedro y Edificio de Recepción y Aula de Contemplación de la Naturaleza
	en el Parque de la Bahía de Cádiz. Cádiz
	Ganador de concurso. Nuevo Instituto de Enseñanza Secundaria Obligatoria y Módulos Profesionales de Hostelería, Turismo y Textil. A Coruña
	Premio de la Asociación de Pizarreros de Galicia. Edificio Domus. A Coruña. Sobradelo de Valdeorras, Ourense
1995	Premio del Instituto Japonés de Arquitectura. Puente Azuma. Japón
	Premio Dragados y Construcciones de Arquitectura. Faro de Punta Nariga. Malpica de Bergantiños, A Coruña
	Ganador de concurso. Multiusos de Vilalba, Lugo
1994	Premio European Urban and Regional Planning. European Commission/European Council of Town Planners. Recuperación y
	construcción de los márgenes del río Arnoia. Allariz, Ourense
	Ganador de concurso. Escuela de Bellas Artes. Universidad de Oriente. Venezuela
	Ganador de concurso. Plan de Ordenación del Campus de la Universidad de Alcalá de Henares. Madrid
1993	Ganador de concurso. Ordenación del borde litoral de la Playa de la Herradura. Almuñécar, Granada
	Ganador de concurso. Facultade de Belas Artes y Escuela de Restauración de Pontevedra. Pontevedra
	Ganador de concurso. Puente Azuma sobre el río Uchikawa. Shinminato, Toyama. Japón
1992	Ganador de concurso. Pabellón de Usos Múltiples en Togamura, Toyama. Japón
	Ganador de concurso. Plan especial para la recuperación del Camino de Santiago en la Provincia de A Coruña. 1992
1991	Ganador de concurso. Plan especial de rehabilitación integral de la Ribeira Sacra. Ríos Miño y Sil. Provincias de Lugo y Ourense
1989	Premio Galicia de Arquitectura. Santiago de Compostela, A Coruña
1985	Ganador de concurso. Plan director de los Valles de Ulzama, Atez, Imoz y Basaburna. Navarra
	Ganador de concurso. Rehabilitación integral del Monte de Santa Tegra. A Guardia, Pontevedra
1983	Premio Galicia de Diseño Territorial
	Ganador de concurso. Estudio de los Elementos Naturales y Objetos Artificiales que componen en Medio Fisico de Galicia. MOPU, Madrid
1982	Candidato español al Premio Pritzker de Arquitectura. Consejo Superior de los Colegios de Arquitectos de España. Madrid
	Medalla de Oro del Consejo de Europa. Rehabilitación de la Carballeira de Santa Miña y entorno. Consejo de Europa. Bruselas
	Ganador de concurso. Rehabilitación del Castillo de Soutomaior y entorno. Soutomaior, Pontevedra
1981	Premio Nacional de Urbanismo. Plan de intervención en el Pazo de Oca y entorno. Dirección General de Urbanismo. MOPU, Madrid
	Ganador de concurso. Delimitación del espacio urbano y rural de Santiago de Compostela. A Coruña
1974	Ganador de concurso. Casa Consistorial del Ayuntamiento de Forcarei. Forcarei, Pontevedra
1972	Ganador de concurso. Delegación del Colegio de Arquitectos de León, Asturias y Galicia, en colaboración con Xosé Bar Bóo. A Coruña